학교를 살려라!

배움을
중단시키지 않는
사회로 가기

STRATEGIES to help Solve Our SCHOOL DROPOUT PROBLEM
by Franklin P. Schargel&Jay Smink
ⓒ2001 by Franklin P. Schargel&Jay Smink
All rights reserved.

Korean translationⓒ2006 by The Korean Doctors' Weekly
Published by arrangement with the EYE ON EDUCATION, N.Y., USA
PubHub Literary Agency, Korea

학교를 살려라!

배움을 중단시키지 않는 사회로 가기

Franklin P. Schargel, Jay Smink 지음
김현수, 조경진, 성장학교 별 교사회 옮김

청년의사

I Contents I

청소년의 중도탈락률을 낮추는 것은 오늘날 미국 교육자들이 직면한 가장 힘든 과제 중 하나다. 좋은 교육 없이는 새롭게 생겨나는 경제적 문제를 해결하는 데 어려움을 겪을 것이고, 젊은이들로부터 미국사회를 위한 공헌 또한 기대하기 힘들 것이다. 하지만 우리가 청소년들의 이러한 어려움을 극복할 수 있도록 도울 수 있다면 미래에 대한 전망은 밝아질 수 있다. 그래서 청소년들에게 학교생활을 올바르게 유지하고 배움의 즐거움을 알게 하며 참된 교육을 즐길 수 있는 기회를 제공하는 것이야말로 성공적 미래의 핵심열쇠가 될 것이다.

나는 중도탈락률이 가장 높은 곳 중 하나이고 또 내 고향이기도 한 네바다주에서 처음으로 학생들의 갈등과 비행, 그리고 중도탈락 문제의 해결에 관한 관심을 펼치기 시작하였다. 네바다 대학Nevada University과 지역사회 대학 평의원 위원회Community College System Board of Regents의 일원으로서 나는 모든 학생들에게 제공가능하고 실현가능한 질 높은 교육을 실천하기 위해 일했고 그래서 학생들이 고등학교 졸업 후에도 지속적인 교육을 받을 수 있도록 도와왔다. 그리고 의원이 된 이후에는 고등학교의 졸업률을 높이기 위한 모든 기회를 만들면서 점진적인 진보를 약속한 바 있다.

나는 학생들이 학교생활을 유지하게 하기 위하여 학생들, 학부모들 그리고 교육자들과 많은 대화를 나누었다. 그들의 힘든 상황에 귀 기울였고 그들로 부터 많은 것들을 배우기도 했다. 그리고 주정부와 지역사회의 참여는 중도 탈락 방지를 위해 없어서는 안 될 중요한 요소라는 것을 깨달았다. 교육을 위한 지역 사회의 변화는 학생들의 졸업률에 긍정적인 영향을 끼친다. 이것이 바로 이 책을 통하여 다루는 많은 개선책들의 내용이다.

이 책은 미국의 교육 관련자들이 교육계에서 가장 중요한 이슈로 여기는 학생 중도탈락 문제에 모든 관심을 기울이고 있다. 그리고 미국 전역의 많은 학교가 시도한 성공적인 중도탈락 예방프로그램을 소개하고 그로부터 밝혀진 연구결과와 효과적인 전략들을 소개하고 있다. 의회를 통하여 나는 이 책에서 논의되는 전략들을 포함한 학생 중도탈락 관련 법률을 입법화하기 위해 노력해왔다. 그 중 일부는 실행 가능한 해결책으로 활용되고 있고, 이미 검증된 해결책들은 하나의 지침으로 다른 학교와 지역사회의 개별적 상황에 따라 변형되어 적용되고 있기도 하다. 고등학교 졸업률을 향상시키는 문제는 바로 우리 손에 달려있다. 급변하는 새로운 21세기를 맞이하여 교육문제의 해결을 위해 학교, 지역사회, 기업, 정부가 공동으로 노력하는 것은 당연한 일이다. 그래야만 우리는 모든 학생과 학부모에게 다가갈 수 있을 것이다. 공동의 노력 뒤에야 학업 성취율과 학업 성적 향상, 졸업률을 증가시키는 데 무엇이 필요한지 더 정확히 알 수 있을 것이다. 사회는 학교기관이 행하는 여러 면에서의 개혁을 통해 모든 학생들의 삶과 직장에서의 성공을 위해 가르칠 책임이 있다. 이 책은 교육개혁을 위한 가장 바른 방법이 무엇인지를 보여주고 각계각층의 교육지도자들에게 좋은 개혁안을 제공할 것이다.

나는 여러분들이 이 책을 읽은 후 학생들이 지역사회가 제공할 수 있는 최고의 교육을 받을 수 있도록 지역사회의 다른 파트너들과 손을 잡고 함께 노력을 기울여 줄 것을 부탁한다. 우리에게는 이 나라에서 살고 있는 수십만 명의 아이들의 삶에 변화를 줄 수 있는 황금 같은 기회가 있다. 만약 우리가 학습에 대한 그들의 관심을 촉진시키고, 그들이 학교에 잘 다닐 수 있도록 도와준다면 우리는 우리 아이들의 미래뿐만 아니라 우리나라의 미래에 대한 걱정도 떨쳐버릴 것이다. 한 나라 전체가 학생 중도탈락 문제의 해결에 대해 공동으로 책임감을 가지는 것이야말로 지금 미국 교육에 있어 가장 중요한 사항이다.

The Honorable Shelley Berkley
U.S. House of Representatives
First District, Nevada

배움을 중단시키지 않는 사회로 가기

학교를 다니지 못하고 있거나, 등교를 거부하는 아이들, 학교 이외의 다른 형태로 학습과 수업을 찾는 아이들이 늘고 있다고들 합니다. 얼마나 늘어나는지는 알 수 없습니다. 서울에만 30여개 이상의 도시형 대안학교와 위탁형 대안학교가 있고, 각 학교가 20명에서 40명 내외의 학생들이 다니고 있으니까 어림잡아 서울에서만 1000여명 이상이 공교육 학교가 아닌 대안학교를 다니고 있습니다. 여기에다 교육청에서 인가한 평생교육시설 형태의 학교 학생들을 포함하면 꽤 많은 청소년들이 일상적인 공교육권을 벗어나 있습니다. 그리고 하루하루 늘어가는 홈스쿨링 부모와 아이들의 수를 포함하면 더 늘 것이고 학교를 중단하고 거리를 배회하거나 취업한 상태에 있거나 가출한 채로 지내는 청소년 수까지 포함하면 13세 이상의 아이들 중 공교육이 제공한 배움의 기회를 누리지 않거나 거부하는 청소년들의 수는 꽤 의미 있는 수가 될 것입니다. (정확한 통계의 부족으로 그 수나 이유를 제대로 파악하는 것은 현재 어려움이 많은 상태입니다.)

이 수천 명의 학생들을 위한 사회적, 교육적 대안은 무엇일까요?

이 책을 읽게 된 계기는 바로 여기에서 출발하였습니다. 제가 상담하던 많은 학생들이 학교를 그만두려고 하거나 이미 그만 둔 상태였기 때문이었습니다. 그 현실은 더 심각해지고 있습니다. 그래서 학교를 떠나는 이유와 그 대안에 대해 탐색을 하기 시작했습니다. 그리고 가장 안타까운 일은 학교를 나오는 것이 곧, 배움을 중단하는 것으로 이어지는 경우를 목도하는 일이었습니다. 학교를 나온 뒤 배움을 이어갈 수 있는 다양한 사회체계나 대안은 여전히 한국사회에서 부족합니다. 더군다나 학력, 졸업장, 학벌을 중시하는 강박적인 한국사회에서 학교를 그만 두고 나온 아이들은 더 많은 소외감과 박탈감을 경험해야 합니다. 결국 그들은 빈곤층으로 떨어지고 일부는 범죄 혹은 성매매 같은 이 사회의 그늘로 걸어 들어가고 말았습니다. 다행히 부모의 노력과 경제적 여유로 인해 대안학교를 찾아가거나 해외로 나가거나 혹은 홈스쿨링을 하는 아이들도 그 중에는 일부 있었습니다. 하지만 빈곤 소외계층에게는 손에 주어질 유연하면서도 강력한 사회적 체계가 없었으며 지금도 여전히 부족합니다. 있다고 해도 탁상공론의 정책이거나 친 청소년 중심의 접근이 아니므로 돈만 낭비하는 꼴이 반복되고 있습니다. 속상한 일이 아닐 수 없습니다. 결국 아이들은 이 사회에는 자신의 불행을 개선할 수 있는 기회가 없다고 인식하게 되고 이는 절망을 낳고 이 젊은이들의 절망은 미래의 가장 큰 부담이 될 것입니다. 이런 현실에서 한국 교육에 대해 비판을 한다는 것 자체가 진부해진 지 오래입니다.

　그래도 저는 이 책을 교육부 관료와 교사, 청소년위원회 관료들, 그리고 관련학자 및 활동가들, 그리고 기업체의 사회 공헌팀들이 많이 읽어주기를 바랍니다. 이 책의 말대로 교사들은 교실의 혁신자로 머무르지 말고 전체 교육의 혁신자가 되어야 하고 기업가들은 단지 인재를 뽑기 위한 노력에 머무를 것이 아니라 인재를 양성하기 위해 공헌해야할 것입니다. 전문가들은 실제로 효과가 있는 정책을 개발하고 엄정한 평가를 통해 제도를 혁신해야 하고 또 무엇보다 협력해서 일할 줄 알아야 할 것입니다. 교육부 관료들은 경직된 제도를 유지하기 위해 애쓸 것이 아니라 그들의 고객인 학생들에게 귀를 열어야 할 것 입니다. 학습자 중심으로 학교가 변하지 않는다는 것은 있을 수 없는 일입니다. 필연적으로 그렇게 바뀌어나갈 수밖에 없을 것입니다. 매를 맞고 가는 것보다는 먼저 가는 것이 한결 낫지 않을까 생각합니다. 청소년 위원회 및 관련 단체와 활동가들은 위기청소년에 대한 실질적 지원능력과 상담능력을 갖추어 위기를 조기발견하거나 예방할 수 있는 체계를 갖추어야할 것입니다. 단체를 키우거나 좋은 건물을 갖추고 멋진 프로그램을 하는데 신경을 쓸 것이 아닙니다. 아무도 가지 않는 멋진 시설은 부패이며, 어른들의 보수를 만들어 내기 위하여 만들어진 프로그램은 전용에 다름 아닙니다. 건물을 관리하거나 설득력 없는 상담기법을 공부하기 이전에 아이들을 지역사회 안에서 먼저 관리하여야할 것입니다. 아이들을 만나서 돌봄을 제공하는 일이 우선입니다. 각 지방자치체 또한 마찬가지라고 생각됩니다.

이 책은 비록 미국의 다양한 교육개혁 전략을 전하고 있지만 한국에 참고할 만한 다양한 개혁전략을 소개하고 있습니다. 특히 빈곤 소외계층에 대한 지원전략이 다양하게 소개되고 있습니다. 또한 학교를 강화하고 지역사회를 강화하는 전략이 많이 소개되어 있습니다. 멘토링과 관련돼서는 미국의 지도자들이 청소년과 만나고 끌어안기 위해 얼마나 많은 노력을 구체적으로 하기 위하여 훈련하고 조직하는지를 잘 보여주고 있습니다. 또 지역사회 학습이나 산학협동과 관련된 장에서는 지역사회와 기업이 청소년에게 구체적으로 배움의 기회를 제공하려고 노력하는지도 잘 소개되어 있습니다. 아마도 이 책이 더 도움이 되는 것은 미국의 교육문제가 우월해서가 아니라 그 심각함 때문일 것입니다.

각 나라마다 수월성을 중심으로 하는 교육정책도 그 중요성을 높이 하지만 배워야할 시기에 누구나 배움을 지속할 수 있도록 한다는 보편성에 대한 정책도 중요성을 높이고 있습니다. 학력인정에 대한 불필요한 많은 규정이나 학교인가에 대한 거대 자본적 규정은 모두 부패 혹은 권력과 관련이 있는 사항들입니다. 인터넷 학교도 인정을 해주는 세상에서 배움을 지속시킬 수 있는 환경에 대한 경직성은 결국 제도를 통해 살아가는 사람들을 위한 규정일 뿐입니다. 아니면 국가의 권력유지를 위한 방편일 뿐입니다. 우리는 더 많은 청소년을 포함한 배움에 대한 욕구를 가진 사람들에게 훨씬 더 유연한 평생 학습적 대응체계를 가질 필요가 있습니다.

저는 고심 끝에 배움이 중단되거나 혹은 다양한 사회적 이유로 공립학교를 나오거나 쫓겨난 아이들과 함께 성장학교 별을 만들어 운영을 하고 있습니다.

그들이 공립학교를 그만둔 것으로부터 출발하기 때문에 왜 아이들이 학교를 그만두게 되었나를 연구하지 않을 수 없었습니다. 그래서 이 책을 구입하여 혼자 읽고, 또 교사들과 함께 나누어 읽게 되었습니다. 많은 아이디어를 이 책으로부터 얻었다는 것을 숨길 수 없습니다. 초창기 성장학교 별의 아이디어는 이 책과 더불어 〈학교의 승리〉(존 스탠포드 지음, 말과 창조사)라는 책으로부터 시작되었습니다. 어떻게 하면 학교가 아이들과 함께 좋은 성과를 남길 수 있는가에 대한 힌트를 그 책으로부터 얻기도 하였습니다. 그 이후 많은 대안교육 이론가들의 영향을 받기도 하였습니다만 이 책을 읽으면서 받게 된 영감과 아이디어는 적지 않았습니다. 대안교육이론들이 갖는 신비성도 없고, 책의 목적이 미국 국가경쟁력의 강화에 대한 기여라는 사실로 인해 호감이 상쇄되는 면도 없지는 않습니다. 그리고 다양한 내용을 다루다 보니 대부분의 주제가 소개 차원에서 끝나거나 국가, 전문가들의 보고서와 그 결과들을 요약하여 전달하는 것으로 끝난다는 내용상의 한계도 있습니다. 또한 번역자들의 오역과 교육학적 지식의 부족에서 오는 한계도 인정합니다. 송구스럽게 생각합니다. 이 책을 번역하고 토론했던 모든 선생님들, 공역자인 조경진 선생님을 비롯하여 이재훈, 이은재, 배영미, 이유정, 김성수, 고현아, 김태희, 황윤호성, 오애란 선생님에게 감사드립니다. 그리고 청년의사 발행인 이왕준 선생님과 박주영 주간, 전지운, 김민아 선생님께도 감사드립니다. 저의 아내 김기해, 김세영, 김준영에게도 감사드립니다.

한국이 근대교육으로부터 벗어나기 위한 다양한 시도가 질적으로나 양적으로 확대되어야할 필요가 있습니다. 위장된 욕망이 아니라 신선한 욕망이 더 파격적으로 교육현장에서 드러나기를 고대합니다. 무엇보다 아이들의 다양한 배움에 대한 욕구가 왜곡되지 않을 수 있는 유연한 사회가 되기를 바라며, 아이들에 대한 교육이 아이들을 위한 기준으로 출발하기를 바랍니다. 오역과 거듭된 무례한 주장들에 대해 용서를 바랍니다. 감사합니다.

2006.5

성장학교 별 김 현 수

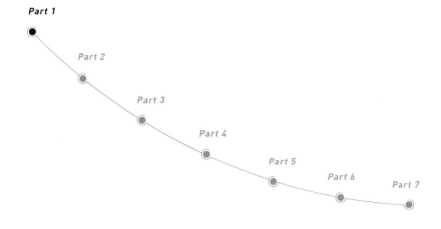

무엇이 문제인가

우리 주변에는 학교에서 중도탈락하는 학생들의 문제가 존재하고, 현재 그 문제는 매우 심각한 상황에까지 이르렀다. 중도탈락 문제를 해결하기 위하여 공동의 노력을 기울여야 한다는 데 의의를 제기할 사람은 아무도 없을 것이다. 앞으로 다룰 두 장에서 우리는 미국 사회에서의, 그리고 21세기 교육계에서의 중도탈락 문제에 관해 알아볼 것이다. 문제 해결을 위해 여러 가지 전략을 중심으로 중도탈락하는 학생들의 특징을 살펴보고 그들이 학교를 떠나는 이유에 관해 파악하여 이런 사실들을 토대로 효과적 해결방안들의 윤곽을 잡아보기로 하자.

01 들 어 가 는 말

국민들에게 교육을 시키지 않고 성공한 나라는 없다.
교육은 성장을 지속시키고 빈곤으로부터 벗어나게 하는 열쇠다.
제임스 울펜슨(세계은행 회장)

이 장에서는 오늘날 미국사회의 학교 중도탈락 문제를 살펴보려 한다. 그리고 21세기 교육계에 영향을 미친 인구 통계학과 사회적 동향의 개요를 서술할 것이다. 마지막으로 학교 중도탈락 문제를 해결하기 위한 구체적인 노력의 필요성을 밝히고 성공적인 초기 개선안들의 기본적 구성을 살펴본다.

학교를 떠나고 있다 – 국가적 문제

●   매년 수천수만 명의 청소년들이 고등학교 과정을 마치지 못한 채 학교를 떠나고 있다. 이 숫자는 해마다 증가하여 현재는 수백만 명에 달하고 있다. 1998년 10월, 고등학교에 입학하지 않거나 고등학교를 마치지 못한 16~24세의 청소년이 3천9백만명이었고 이 숫자는 그 나이 또래 전체 인구 중 11.8%로 나타났다(Dropout Rates in the United States :1998).

학생의 중도탈락 문제는 개인적으로나 기업적, 그리고 사회적인 영역에서 모두 중요한 손실이다. 고등학교 졸업생들은 중도탈락한 학생들보다 70% 더 많은 수입을 얻기 때문에(Carnevale, 1998), 중도탈락은 곧 유리한 직업을 얻을 수 있는 기회와 소득의 상실을 의미한다. 게다가, 중도탈락자들은 편부모가 되기 쉽고 생활보호 대상자나 범죄자가 되어 감옥에 가는 경향이 있다(미국 범죄자의 82%가 고등학교 중도탈락자이다: U.S. Dept. of Justice, 1998). 최저임금 노동자들 중 45%가 고등학교 중도탈락자인 반면 대학 졸업자의 3%만이 최저임금을 받고 일한다(U.S. Dept. of Labor, Time, 1999).

중도탈락의 문제가 새로운 것은 아니다. 20세기 초반, 미국의 고등학교 중도탈락 비율은 90% 정도였다(Dropouts, 1998). 그러나 1945년까지 중도탈락 학생들은 기업과 군대에 흡수되었다. 미국의 경제가 노동 중심에서 두뇌 중심으로 변화하면서, 고등학교 졸업장이 취업의 중요한 요건이 되었다. 현재 미국 일자리의 대부분은 산업 서비스 분야(78%)이다(Roberts, 1995). 이러한 직업의 대부분은 지식과 기능 그리고 과학기술을 요구한다.

현재, 중도탈락자의 60%만이 학교를 떠난 후 1년 안에 일을 찾을 수 있다(OERI, 1991). 만약 오늘 일자리를 찾지 못한다면 다가올 내일의 일자리를 찾을 가능성은 더욱 희박하다. 어느 해이건 빈곤에 시달릴 수 있는 가능성은 고등학교를 마친 사람들보다 고등학교 중도탈락자들이 약 3배가 높다(Casey Foundation, 1998, p.22). 21세기 들어 고등학교 졸업장이 없는 삶은 그나마 잘 되면 낮은 수준의 고용이고, 최악의 경우 빈곤 또는 실업 상태의 삶을 의미하게 되었다. 게다가 미국의 노동자들은 현재 세계경제 시장에서 취업을 위해 경쟁하고 있다. 국내와 국가 간 기업의 생산품과 서비스들은 더 이상 국내적 경계에 의해 제한되지 않는다. 미국의 현대산업은 외국어, 컴퓨터 활용능력, 과학기술지식처럼 다양한 범위의 전문화된 기술들을 가진 지적인 졸업생들을 위한 세계적 수준의 학교를 기대하는 것이다.

미래의 국가적 부는 물질적 자원보다 지적 자원과 훨씬 더 많은 연관성을 가질 것이다. 경제학자 레스터 서로Lester Thurow는 '21세기, 노동인구의 교육과 기술은 절대적인 경쟁 무기가 될 것이다'라고 언급했다(Thurow, 1992).

교육부 통계에 따르면 현재 미국의 중도탈락자 비율은 14%로 나타났다.[1] 그 수치가 감소했다 할지라도 미국 같은 산업화된 국가적 상황을 놓고 볼 때 여전히 높은 수치임은 분명하다. 어떤 사회에서도 이 14%라는 수치는 절대로 그냥 무시하고 넘어갈 만큼 사소한 것이 아니다.

교육환경은 어떻게 변하고 있나?

● 인구 조사국, 노동 통계국을 포함하여 노동·교육·교정과 관련된 정부의 자료에 따르면 21세기 미국 교육에 결정적인 영향을 미칠 수 있는 몇 가지 동향이 있다.[2] 이 동향은 새로운 인구관련 변화(인구 노령화, 새로운 이민 양상, 국내 이주, 가족구조의 변화)와 사회적 변화(빈곤의 증가, 10대 청소년들의 성생활과 임신, 약물 사용, 범죄와 폭력)를 포함한다.[3]

고령화 인구

미국은 빠른 속도로 고령화되고 있으며 이것은 21세기에도 계속될 것이다. 어린이 인구는 감소하는 반면, 노령층의 인구는 증가하고 있다. 인구가 고령화됨에 따라서 우리가 의존해야 할 노동자들의 수는 점차 줄어들 것이다. 그리고 이 노동자들은 교육기관에도 더 의존하게 될 것이다. 게다가 오늘날의 백인계, 비라틴계 노동자 세대들의 일자리를 소수민족이 대체할 것이고 이들은 학교교육에 대한 어려움과 높은 중도탈락률을 가질 것이다(*U.S. news*, August 14, 1995, p.11).

고령 인구는 의료적, 사회적 서비스뿐만 아니라 대중교통수단 확대 등의 다른 부분에 있어서 공적 지원을 더 많이 필요로 할 것이며 지방이나 주, 연방정부는 예산에 부담을 느낄 것이다. 공립학교 설립과 운영에는 많은 비용이 든다. 인구 고령화가 계속되면서 교육투자에 따른 가시적인 성과를 확인하려는 요구는 늘어날 것이다. 노년층 인구의 다수가 이미 학교에 대한 투자에 반대하는 경향을 보이고 있다.4) 따라서 기본적으로 개인의 교육을 위해 사용되는 돈은 훗날 국가의 큰 이익을 위한 장기적 투자라는 사실을 그들에게 알리고 설득시켜야 할 것이다.

이민의 새로운 양상

미국은 분명한 이민 국가이다. 초기 이주민들의 대부분은(1492~1965) 유럽에서 왔다. 그들이 떠나온 사회들은 잘 설립된 정부를 기본으로, 기본적 시설과 능력 있는 교사와 체계적인 커리큘럼으로 갖춰진 학교 체제를 가지고 있었다. 그리고 전통적 의무교육을 바탕으로 학교교육을 행하고 있었다.

오늘날의 많은 이주민 학생들은 의무교육이 없는 나라로부터 온다. 일부 학생들은 학교에 다녀본 적이 없다. 어떤 학생들은 영어뿐만 아니라 그들의 모국어조차도 읽지도, 쓰지도 못한다. 많은 학생들의 글읽기 수준은 심각하다. 미국에서는 나이를 기준으로 학교에 배치한다. 5세가 되면 유치원에 입학하고, 14세는 7학년이나 8학년이 된다. 그러나 학교에 다녀본 적이 없거나 중학교에 아주 잠깐 다녔던 학생의 경우 문제가 발생하는데, 아이들은 상처받기 쉬운 상황을 겪어야 하는 학년에 배치되기 때문이다. 영어를 배워야 하는 또 다른 부담때문에 아이들이 낙제하거나 유급하는 상황이 늘게 된다. 게다가 오늘날의 이민 형태는 문화적으로나 민족적으로 다양해지고 있다. 더 많은 교사들이 언어와 문화적 배경이 넓게 혼합된 학생들과 함께 수업을 해야 하는 힘든 상황에 직면하고 있다. 이주민자들의 교육정도는 점점 낮아지고 고등학교 중도탈락자는 점차 증가할 것으로 보이며 미국 토박이들을 따라잡기는 더 힘들어지는 실정이다(U.S. Bureau of the Census, Population Profile of the

United States: 1995). 이 나라 국민이 될 많은 사람들을 돕기 위해서는 시간과 노력의 지속적 투자가 요구된다.

국내 이주

사람들은 미국으로 이민을 올 뿐만 아니라 미국 내에서도 자주 이동을 한다. 미국의 6명 중에 1명이 매년 이동을 한다. 평균적으로 미국인은 일생동안 11.7번 이동을 한다(Current popualtion reports, pp. 20-481). 대부분의 이동이 국내에서 일어나기는 하지만 약 8백만 명은 매년 국가 간 이동을 하고, 약 7백만 명이 다른 주로 이동을 한다. 공교육은 주의 재량으로 이루어진다. 교과과정, 학년, 공교육의 질은 주와 주끼리, 심지어는 한 주 안에서도 이 지역과 저 지역 간에 차이가 많이 난다. 높은 교육 수준의 학교에서 수준이 조금 떨어지는 학교로 이동하는 학생은 조금 손해를 본다. 그러나 그보다 더 상황이 좋지 못한 학교로 이동하는 학생들은 남에게 뒤질지도 모르고, 용기를 잃게 될 수도 있으며 중도탈락을 할 수도 있다.

가족 구조의 변화

지난 수세기 동안 가족의 형태가 급진적으로 변했다. 결혼한 부부중심의 핵가족이 늘어나는 반면 확대가족이 갈수록 사라져 가고 아이가 없는 부부의 수가 자녀를 가진 부부 수보다 더 많아지고 있다. 가장 빠르게 늘어나고 있는 가족 형태는 어머니 혼자, 혹은 아버지 혼자만 있는 가족이다. 전체 가족 그룹의 1/3이 한부모로 구성되어 있으며 백인의 23%, 흑인의 61%, 히스패닉 가족 그룹의 33%가 한부모 가정이다. 그 중에서도 86%가 한어머니 가정이다(Day, 1993). 인구조사국에 따르면, 한부모 가정의 수가 1970년 3백8십만에서 1994년에 1천1백4십만으로 증가했다(Day, 1993). 이혼은 점차 보편화되고 있으며 그것은 한어머니와 자녀들의 경제적 행복에 많은 영향을 미친다. 이

혼 전 빈곤하지 않았던 흑인 한어머니의 1/2과 백인 한어머니의 2/3는 이혼 후 일 년 이내에 빈곤한 생활로 접어드는 경향이 있었다(Day, 1993).

남성과 여성은 과거와 달리 늦게 결혼한다. 여성들은 점점 직업을 우선시 하고 결혼과 자녀 출산을 뒤로 미룬다. 모든 가족들의 약 2/3는 현재, 어머니 에게 경제능력이 있다(직장이 있다). 양부모 가족에서 부모 두 사람이 두 가지 또는 그 이상의 일을 가지고 있는 것은 더 이상 드문 일이 아니다(Day, 1993).

가족구조와 생활방식의 이러한 변화는 학교 변화에도 영향을 미치고 있다. 학교는 현재 급식과 방과 후 교육서비스를 제공한다. 학교는 또한 운전 교육 에서 성교육까지, 수영에서 개인 위생까지 전통적으로 가족이나 교회 안에서 가르쳤던 기술을 지도하는 역할을 한다. 교사들은 학생들의 학습을 돕는 보 조자 역할뿐 아니라 가끔은 편치 않더라도 교사들이 가르쳐야 하는 전통적 영 역이나 형식적인 교육의 범위를 벗어나는 것을 가르치는 부모의 역할까지도 대신한다. 많은 어린 학생들이 일 주일 동안 가장 많이 대화를 나누는 어른은 바로 교사인 것이다.

빈곤

일반적인 믿음과는 달리, 빈곤하게 살고 있는 대부분의 집단은 고령층이 아 니라 어린이다. 약 1천5백7십만 명의 아이들이 빈곤 속에 허덕이고 있다. 현 재 미국에는 지난 30년 동안의 그 어떤 때보다도 가난에 허덕이는 아이들이 많다(U.S. Bureau of the Census, 1995, Population Profile, P.2). 노동부는 아이들의 4명 중 1명이 가난하게 살고 있다고 추정한다. 전체 학령기 아동 인 구의 17% 이상인 약 7백6십만 명이 가난하게 살고 있다(General Accounting Office, 1993). 아이들의 빈곤 문제는 학교와 교실에도 영향을 미 친다. 배고픈 학생들은 수업에 집중하는 것이 어렵다. 적절한 의료 혜택을 받 지 못하는 아이들은 학문적으로 열정을 갖는 것이 쉽지 않으며, 아동학대를 당해온 학생들은 스스로 해야 할 일들을 제대로 할 수 없게 되기 때문이다.

10대의 성과 임신

10대들은 예전에 비해서 더 어린 나이에 성경험을 한다. 한 조사에 의하면, 평균 14세 정도(Casey Foundation, 1998)로 나타났다. 카이저 재단의 가족기초조사Kaiser Family Foundation Study 결과에 의하면 12세에서 18세까지 1천 5백 명 이상의 10대 중 적어도 남자의 73%와 여자 55%가 성경험이 있는 것으로 알려졌다(*USA Today*, June 25, 1996, p. D1). 비록 성에 대한 인식과 피임 도구 사용이 증가했다 할지라도 10대의 임신률은 여전히 20%이상이다 (Casey Foundation,1998). 1996년, 임신 중이었던 10대의 2/3 이상이 결혼을 하지 않았다. 아이가 있는 10대 흑인이 10%였고, 그들은 결혼을 한 상태였다 (Casey Foundation, 1998). 게다가 고등학교를 졸업한 후 결혼하고 20세 이후에 아이를 가진 여성의 8%와 비교해 봤을 때 고등학교를 마치기 전에 아이를 가지고 있었던 결혼하지 않은 여성의 약 80%가 가난하게 살고 있었다 (*New York Times*, March 22,1994, p. B6).

약물

약물의 수용과 사용은 1960년 이후에 증가하였다. 2만2,181건의 인터뷰를 실시했던 약물남용과 정신건강서비스 조사에 따르면, 마리화나를 사용하는 10대의 수는 약 두 배 가량 증가했다고 한다. 10대들 중 7.3%─지난 1992년에는 4%─가 지난 달 마리화나를 피웠다고 말했다(*New York Times*, September 13, 1995).

약물의 사용은 단지 도시 안에서 만의 문제는 아니다. 예를 들면 뉴욕 시의 19%와 비교해서, 뉴욕 주에 있는 학생의 24%가 적어도 한 번 이상 마리화나를 사용한 경험이 있다. 뉴욕 시에서는 2%인데 반해, 뉴욕 주 학생의 4%가 크

랙Crack-값싼 농축 코카인-을 해 보았다. 전국적으로 9%의 코카인 사용률에 비해 뉴욕 주는 12%로 높았다. 백인 학생들이 히스패닉 또는 흑인 학생에 비해 약물 사용률이 높다(*New York Times*, December, 1993). 약물을 사용하는 학생들은 학업성적이 저하될 뿐만 아니라 종종 교실의 혼란을 야기시키며 또한 다른 사람의 학습을 방해한다.

폭력과 범죄

폭력과 범죄는 현대 아이들의 생활에 많이 노출되어 있다. 아이들은 폭력범죄에 대한 희생자인 동시에 가해자이기도 하다. 그들은 학교에서뿐만 아니라 가정에서 미디어를 통해 폭력을 접한다. 미국 심리학협회에 따르면, 보통 아이들은 7학년 전에 TV를 통해서 약 8천 건의 살인 행위를 보게 되고 10만 건 이상의 기타 폭력 행위에 노출된다(*New York Times*, March 3, 1992와 *USA Today*, Kim Painter, July 10, 1996). TV와 영화에서 보이는 총기사용과 폭력미화는 총기사용에 대해 수용적 태도를 가지게 했으며, 학생들은 문제를 해결하는 중요한 수단으로 폭력을 떠올리게 되었다.

캘리포니아 대학 경제학 교수인 제프리 그로거Jeffrey Grogger는 미성년자들의 경미한 폭력이 학생들의 고등학교 졸업 기회를 약 1% 낮추고, 4년제 대학 진학의 기회를 4% 낮춘다는 것을 발견했다. 중간 수준의 폭력은 고등학교 졸업 가능성을 약 5%, 대학 진학 가능성을 7%까지 감소시킨다(*Business Week*, August 11, 1997, p. 24)고 했다.

불만이 많고 종종 폭력적인 청소년이나 위험한 상태의 아이들은 다른 학생들의 태도, 행동 그리고 성과에 부정적인 영향을 미칠 수 있다. 많은 학교들이 반항적이고 학교생활에 무관심한 문제 학생들을 한 학년에 배치시키고 있는데 이것은 중도탈락의 기회를 더 증가시키고 있다고 밝혀졌다.

● 학교교육은 잘 준비되어 높은 성취동기를 가진 학생들이 상급학교에 진학하고 직장을 갖는 데 도움을 주는 것에는 성공적이다. 이러한 학생들은 대개 어떤 조건 속에서도 잘 배우기 마련이다. 학교는 기대치가 낮고 위탁부모 아래에서 자라고 정신적, 신체적 장애가 있는 학생, 학교생활에 흥미가 없는 학생들을 다루는 데 있어서는 항상 실패한다. 그리고 그 숫자는 계속 증가하고 있다.

국제적 경쟁력을 높이기 위해 미국의 각 주정부들은 학습수준을 국제적으로 높이고, 새로운 평가제를 도입하고 있다. 이를 반대하는 사람들은 국내 수준의 기준과 평가를 주장하고 있다. 그러나 미국 연방정부는 기준에 미치지 못하는 학생들을 종종 무시한다. 어떤 사람들은 1~2%의 중도탈락률은 수용 가능하다고 말한다. 그러나 학교를 떠나는 아이들에게 중도탈락비율은 100%인 것이다. 국가차원에서 그 손실이 어느 정도인지는 알려지지도, 알 수도 없다. 학교에서 중도탈락의 가능성이 있는 학생들이 숙련된 외과의사, 창조적인 발명가, 열정적인 고등학교 교사가 될 수 있을까?

중도탈락의 방지에 관한, 그리고 위험에 처한 청소년들에 관한 많은 대책들이 발표됐다. 이런 문헌의 대다수가 그 상황을 개선하고 사건을 예방하기보다는 비난에 초점을 두고 있다. 일부는 중도탈락의 원인을 부모에게 돌리기도 하고 또 일부는 사회에 돌리기도 한다. 그러나 여전히 아이들을 비난한다. 어떤 이들은 이 복잡한 문제를 단기간에 빨리 해결하려는 방법을 선택하고, 실패할 때 다른 방법을 시도한다. 많은 치료법과 해결책은 원인보다는 증상에 치중한다. 체계적인 개혁에 초점을 두는 프로그램들은 거의 없다고 볼 수 있다.

비판, 테스트, 혹은 기준상향조정 등의 측정 중심 활동들은 중도탈락률을 감소시키는 데 전혀 도움이 되지 않는다. 그것보다는 커리큘럼 구성과 진행

과정, 직원 교육에 있어 기본적인 변화가 필요하다. 이는 독창적인 기술 사용이 요구되고 주요한 후원체계도 필요하다. 우리는 현재 제시된 모든 프로그램과 새롭게 만들어지는 해결책으로 중도탈락 예방책을 만들어야만 한다.

체계적 개혁의 필요성

우리는 중요한 교육개혁 시기의 중심에 있지만 대부분의 노력들은 성공적이지 못할 것이고 다양한 이유로 실패할 것이다. 가장 대표적인 이유는 시도된 개혁들이 일시적이고, 원인보다는 증상을 다루고 체계적이지 않기 때문이다.

일시적인 것에 지나지 않는다 우선, 많은 개혁 노력은 시작과 종결, 진행과 중지의 과정을 거친다. 개혁의 움직임은 성공에 대한 열정이 있는 그룹이나 옹호자들로부터 자극을 받아 우선은 급격한 성장으로 시작할지도 모른다. 하지만 특정 시점이 되면 그것은 정체상태에 도달한다. 개혁의 지도자들은 주저하게 된다. 아마도 그들은 더 새로운 것을 찾고 그들의 진행과정을 살펴보고 평가할 것이다. 그러는 동안 무슨 이유에서든 변화를 반대하는 사람들은 그 개혁을 반대하기 위해서 자신들의 힘을 모을 것이다. 이 시점에서 그 움직임은 더 강력해지든지 아니면 쇠퇴하거나 실패하게 된다.

학교는 목표를 달성하면 그것이 끝이라고 생각한다. 사실은 그것은 단지 일시적 정체상태에 불과하다. 일단 목표에 도달하면, 새로운 계획을 발전시키고 전개해야 하며 행동으로 실천하고 결과를 평가해야 한다. 그리고 이 사이클은 계속되어야 한다.

원인보다 증상을 다룬다 두번째로 대부분의 조직은 문제의 원인보다는 증상을 다룬다. 증상은 겉으로 드러나고 명백하기 때문에 이것은 쉽게 인식할 수 있다. 게다가 사회적으로도 빠른 반응을 보인다. 우리는 방지책을 만들기보다는 앞으로 발생할 문제를 기다린다. 불을 끄기 위해서 대부분의 시간과 에너지 그리고 자원을 소비하기 때문에 정확한 근본적 원인에 대해서는 거의 관심을 기울이지 못한다.

체계적이지 못하다 세 번째로 실패하는 가장 중요한 이유는 체계적인 제시가 없기 때문이다. 모든 교육 구조들은 서로서로 연결되어 있고 연관성을 가지는 퍼즐과 같다. 한 조각 한 조각씩 위치를 바꿔가면서 전체를 완성한다. 한 조직 안에서 단지 한 부분의 변화만으로는 전체 발전을 기대할 수 없을 것이다. 부모나 교직원, 저학년 혹은 고학년 교사들 그리고 학교 등 모든 구성원이 준비하지 않은 채 단지 새로운 기술이나 과학적 프로그램을 받아들인다면 아마 실패할 확률이 높을 것이다―이것이 새로운 방법이 실패하는 가장 큰 이유이다. 전체적 상황을 파악하지 않는 개혁가들은 반드시 실패할 운명에 처한다. 교육의 복잡한 문제에 대해 한 가지 치료법만 찾는 사람들은―한 가지 문제만 해결하면 모든 것이 해결됐다라고 믿는 사람들―환상을 가진 것이라고 할 수 있다. 반대로 조직적 개혁은 근본 원인을 찾고 그것들을 없애기 위한 직접적으로 노력하고 재발생을 막는 것에 초점을 둔다.

결론

학생들의 중도탈락과 관련된 문제는 우리가 겪고 있는 가장 지속적인 교육문제 중 하나이다. 이 문제는 현대 미국의 사회구조, 다시 말해 수십 년 전의 가족 구조와는 다른 사회 속에 하나하나 엮어져 있다. 빈곤, 새로운 이민 양식 그리고 그 외 다른 사회적 이동 같은 요소들로 인해 교육 개혁의 이행 안에 중도탈락 문제에 관한 체계적 시정이 포함되어야 함은 필수적이 되었다.

The Annie E. Casey Foundation. (1998). Kids Count Data Book.

Barkley, Bob. NEA National Center for Innovation. Conversation, August 21, 1996.

Business Week, August 11, 1997.

Carnevale, A.P. (1998). Education and Training for America's Future.

Washington, DC: The Manufacturing Institute.

Current Population Reports, pp. 20-481, Geogrephic Mobility: March 1992 to March 1993.

Day, Jennifer Cheeseman. (1993). Population Projections of the United States, by Age, Sex, Race, and Hispanic Origin: 1993 to 2050. U.S. Bureau of the Census, Current Population Reports, Series P25-1104. U.S. Government Printing Office, Washington, DC.

Dropout Rates in the United States: 1998, "Status Dropout Rates."

General Accounting Office, 1993.

New York Times, March 3, 1992.

New York Times, December, 1993.

New York Times, March 22, 1994.

New York Times, September 13, 1995.

OERI. (1991). Youth Indicators 1991: Trends in the Well-being of American Youth. Washington, DC: Office of Educational Research and improvement, U.S Department of Education.

Roberts, S. (1995). Who We Are: A Portrait of America Based on the Latest U.S. Census, New York USA

Thurow, L. (1992). *Head to Head*. New York, p. 51.

USA Today, Kim Painter, July 10, 1996.

U.S. Bureau of the Census. (1995). Current Population Reports. Series P23-189, Population Profile of the United States: 1995. U.S. Government Printing Office, Washington, DC.

U.S. Bureau of the Census (1995). Statistical Abstract (115th Edition). Washington, DC.

U.S. Department of Justice, Juvenile Justice Bulletin, April 1998.

U.S. Department of Labor, Bureau of Labor Statistics. Reported in *Time* Magazine, November 22, 1999.

U.S. News, Aug. 14, 1995.

U.S. Bureau of the Census, Profile of the Nation.
USA Today, June 25, 1996.

1) 중도탈락자들을 계산하는 다양한 방법을 기술한 2장을 참조하라. 여기서 사용된 퍼센티지는 보수적인 개념을 바탕으로 한 결과이다.

2) 인구조사는 지난 10년간 주요한 이슈 43가지를 보고해 왔다. 이 책에 인용되는 인구조사는 다음에서 참고하였다.

Current Population Reports, Series P23-189, *Population Profile of the United States* : 1995, U.S. Government Printing Office, Washington, DC, 1995. Day, Jennifer Cheeseman. *Population Projections of the United States, by Age, Sex, Race, and Hispanic Origin : 1993-2050*, U.S. Bureau of the Census, Current Population Reports, Series P25-1104, U.S. Government Printing Office, Washington, DC, 1993.

Statistical Abstract, U.S. Bureau of the Census, 1995(115th Edition), Washington, DC, 1995.

3) 여기에서 말하는 인구학적, 사회적 변화는 단지 미국에 국한된 것은 아니다. 정도의 차이는 있지만 산업화된 국가 모두에서 겪고 있는 변화이다.

4) 혁신을 위한 국가센터(National Center of Innovation)의 밥 바클리Bob Barkley 는 "노인들에게 기회가 주어진다면 그들은 교육에 대한 예산문제에 체계적으로 대응할 것이다. 노인들은 그들 자신을 위한 사업과 공동체에 예산을 더 많이 투자하기를 바라며 확고한 보장이 없는 젊은이들에 대한 투자를 질투할 것이다"라고 말했다.

02 누가 왜 학교를 떠나는가?

국가는 가장 취약한 시민들을 어떻게 돌볼 것인지를 판단하고 있어야 한다.
벤야민 네타냐후(전 이스라엘 수상)

학교 중도탈락 문제를 해결하기 위한 첫번째 단계는 그 문제의 특성을 파악하는 것이다. 이 장에서는 중도탈락률을 측정하는 다양한 기준을 설명한다. 학교에서 중도탈락하는 학생들의 성격과 높은 탈락률과 관련된 요소들에 대해 좀더 자세히 살펴볼 것이다. 통계에 따르면, 중도탈락 문제는 체계적인 접근에 의해서만 효과적으로 처리될 수 있다.

중도탈락의 정의

중도탈락의 대상과 이유, 그리고 심지어는 중도탈락 학생의 수를 파악하는 것은 그다지 쉬운 일이 아니다. 각 주마다 중도탈락에 대한 정의가 다르고, 주정부들이 중도탈락자료를 수집한 학기 동안의 시간대와 자료 수집방법도 다르기 때문이다. 학교를 중도탈락한 청소년들을 조사할 때도 각기 다른 방식을 사용하고 있으며 중도탈락률의 계산방식도 다르다. 어떤 주는 전체 중도탈락 학생수에서 학교로 되돌아온 학생수를 빼지만 어떤 주는 빼지 않는다. 어떤 주는 일반 고등학교와 유사한 프로그램에 등록한 학생을 중도탈락으로 계산하는 반면, 어떤 주는 계산하지 않는다. 또 어떤 주는 고등학교 졸업장 없이 대학에 일찍 등록한 학생, 군입대나 교도소, 정신병원에 들어간 학생을 중도탈락으로 계산하지만 어떤 주는 그렇게 하지 않는다. 또 어떤 주는 학생들이 학교를 떠날 수 있는 연령대를 다른 주와 다르게 정해 놓기도 하였다.

어떤 주는 출석 증명서나 다른 대체 증명서를 받은 학생들은 보고하지 않았고, 어떤 주는 학력자격시험General Education Development: GED에 기초하여 졸업장을 수여받은 19세 학생이나 이보다 나이 어린 학생의 수를 보고하지 않았다. 정식 졸업장이 아닌 다른 과정을 거쳐 졸업증명서를 가지게 되는 학생들도 전체 고등학교 수료자 중 꽤 많은 비율을 차지한다. 예를 들어, 플로리다, 루이지애나, 오클라호마, 테네시에서는 고등학교수료자 중 19%, 혹은 그 이상이 다른 형태의 졸업 증명서를 가지고 있었다(U.S. Dept. of Education, Key Statistics, p.31).

교육자, 학교 위원회, 그리고 선출직 공무원들은 학교 출석에 관한 통계를 계산할 때 여러 가지 요소들을 사용한다. 부가적인 학교 서비스를 바라는 어떤 교육청은 학생들이 중도탈락한 이후에도 그들과 관련된 기록을 계속 남겨둔다.[1]

어떤 주는 너무 많은 중도탈락자로 '낮은 성과율'을 가진 지역으로 표시되기도 한다. 그래서 교육경영자의 최고 관심은 탈락률을 낮게 나타나게 만드는 계산 방식에 있다. 어떤 경우는 중도탈락률을 과장해 위험에 처한 학생들에게 주어지는 부가적 기금을 더 받으려는 사람들도 있다.

46개 주와 콜롬비아주 교육청은 교육 통계청에 필수과목 자료조사 Common Core of Data Survey를 통해 중도탈락에 관한 자료를 '상시적'으로 보고하고 있다(National Educational Goals Panel Monthly, p.2). 그러나 그들 중 22개 주와 콜롬비아주 교육청만이 국립교육통계청National Center for Education Statistics: NCES에 의해 채택된 중도탈락 정의를 사용했다. 교육통계청에 의한 중도탈락에 관한 정의는 다음과 같다.

학교를 중도탈락한 학생이란,
▶ 지난 학기에는 학교에 등록되었지만 현재 학기 10월 1일에 등록되어 있지 않은 학생
▶ 등록할 것이라 기대했지만(작년에는 중도탈락으로 보고되지 않음), 작년 10월 1일에 등록하지 않은 학생
▶ 고등학교를 졸업하지 않았거나, 주정부나 지역 교육청에서 승인된 교육 프로그램을 수료하지 않은 학생
▶ 다음의 예외적 상황에 해당하지 않는 학생
  · 다른 지역의 공립학교나 사립학교, 혹은 주립 승인 교육프로그램 등으로 전학
  · 정학이나 병으로 인한 일시적 결석을 학교 측으로부터 인정받음
  · 사망

중도탈락에 관한 통계는 학교배경과 밀접한 관련이 있다. 지역학교의 성공률과 실패율—종종 졸업 비율과 고등학교 출석 비율에 의해 측정됨—은 부동산 가격 결정에 영향을 미치고, 종종 다른 지역으로 이주하는 것에도 영향을 준다. 반면, 대중의 관심과 자극을 바라는 일부 사람들은 높은 중도탈락률을 시사하는 방법을 사용하기도 한다. 사실, 우리는 누가 중도탈락자인지 알려주는 표준화된 정의를 갖고 있지 않고, 중도탈락자를 파악하여 보고하기 위한 표준적인 계산방법 또한 가지고 있지 않다. 그럼에도 불구하고 특정 통계 방법은 유용하게 사용될 수 있다.

중도탈락률 통계의 유형

● 　미국 교육부는 중도탈락률을 계산하기 위해 다양한 방법을 사용한다. 각 유형은 중도탈락한 학생 수에 대해 각기 다른 전망을 하고 각각 다른 관점에서 문제들을 파악한다. 교육통계청은 미국의 중도탈락 문제에 관해 더 확실한 자료들을 제공하기 위해 4가지 유형의 중도탈락률에 관한 정의와 자료를 제시했다.

중도탈락 발생률

중도탈락 발생률은 고등학교 프로그램을 수료하지 않은 채 매년 학교를 떠난 학생들의 비율을 설명한다. 예를 들어, 1997년의 중도탈락 발생률은 1997년 10월 전에 중도탈락한 10~12학년의 15~24세 청소년 인구의 비율을 뜻한다. 이 최근 중도탈락 발생의 연간 측정치는 등록한 학생들을 학교에 계속 다닐 수 있게 하는 데 교육자들의 역할이 얼마나 중요한지에 관한 정보를 제공해준다. 최근 인구 설문조사Current Population Survey에서 수집된 통계학적 연구자료에 따라, 중도탈락 발생률은 인종, 성별, 거주지역과 세입수준을 포함한 다양한 개인적 특성을 고려하여 계산된다.

　1996년 고등학교에 등록한 1백명의 청소년 중 약 5명 정도는 고등학교 프로그램을 무사히 수료하지 못하고 1997년 10월 전에 학교를 떠났다. 제 나이 또래 대분분의 학생보다 더 오래 고등학교에 남게 되는 학생의 중도탈락률은 자신보다 어린 동료들이 중도탈락하는 비율보다 더 높다. 라틴계 학생들은 대체로 백인과 흑인 학생들보다 중도탈락을 더 많이 한다. 중도탈락 발생률은 백인과 흑인 학생 사이에서는 큰 차이를 나타내지 않는다.

누적 중도탈락률

누적 중도탈락률은 특정 연령대의 모든 청소년들의 중도탈락에 관한 누적된 자료를 제공한다. 다시 말해서, 누적 중도탈락률은 학교를 그만두고, 고등학교 증명서를 얻지 못한 16~24세 청소년 인구의 비를 나타낸다. 누적 중도탈락률은 중도탈락 발생률보다 더 높게 나온다. 왜냐하면 언제 그들이 마지막으로 학교에 출석했는가는 상관없이 모든 중도탈락자들을 다 포함하기 때문이다. 누적 중도탈락률은 전체 인원 수에서 중도탈락 정도를 드러내기 때문에, 이 비율은 또한 중도탈락자들이 경제 활동과 국민적 삶에 동참하도록 돕기 위해 고안된 것이며, 더 나은 교육과 훈련의 필요성을 측정하는 데 사용될 수 있다.

지난 10년에 걸쳐, 3십만~5십만 명의 10~12학년 학생들이 고등학교 프로그램을 무사히 마치지 못하고 매년 학교를 떠났다.―이 청소년들 중 몇몇은 학교로 돌아오고 또 대안 교육 프로그램에 참여했으나 나머지들은 이 그룹에도 끼지 못했다. 1997년 10월에 3백6십만 명의 청소년들이 고등학교 프로그램에 등록하지 못했거나 고등학교를 수료하지 못했다. 이들은 1997년 미국에서 16~24세인 3천3백만 명 중 11%에 해당한다. 중도탈락 발생률과 마찬가지로 누적 중도탈락 측정은 지난 10년 간에 걸쳐 보고된 것과 일치하지만 1970년대 초기에 보고된 것보다는 더 낮다.

백인의 누적 중도탈락률은 흑인보다 더 낮았지만, 지난 25년에 걸친 백인과 흑인의 차는 별로 크지 않다. 미국에서 라틴계 청소년들의 중도탈락률은 흑인이나 백인보다 훨씬 더 높다.[2]

동일연령집단 중도탈락률

동일연령집단 중도탈락률은 특정 기간 동안 한 연령대 혹은 특정 학년 학생들의 중도탈락률을 나타낸다. 만약 한 연령집단의 학생들이 매년 비슷한 비율로 중도탈락한다면 연간 중도탈락 발생률은 동일연령집단 중도탈락률이 증가하는 만큼 늘어날 것이다. 예를 들어, 만약 매년 9학년에서 4%의 학생들이 중도탈락한다면 12학년 말 무렵에는 동일연령 비율이 15%까지 증가할 것이다. 동일연령집단 중도탈락률은 매년 얼마나 많은 학생들이 고등학교 수료를 못 하는지 보여 준다(U.S. Dept. of Education Key Statistics, p.32).

고등학교 수료비율

고등학교 수료비율은 수료한 고등학교 졸업장을 가지고 있거나, GED 학위를 포함해서 그와 동등한 증명서를 가지고 있는 18~24세의 학생수를 나타낸다. 1970년대 초 이후 흑인과 백인 청소년들의 고등학교 수료비율은 증가했다. 1997년에 백인의 경우 90.5%, 흑인은 82%의 비율을 나타냈다. 라틴계 청소년들의 경우 1997년에도 예전과 같이 66.7%가 고등학교를 수료한 것으로 보고되었다.

학생의 대부분은 정식 과정을 수료하고 고등학교를 졸업했다. 어떤 학생들은 GED 시험과 같은 대안적 방법으로 고등학교를 수료했다. 1990년대 동안 고등학교에 등록하지 않았지만 동등한 고등 교육 증명서를 가진 청소년의 전체 수는 비교적 변하지 않았으나 고등학교 학력에 준하는 대안적인 증명서를 가진 학생들의 비율은 1990년 4.9%에서 1997년 9.1%로 증가하였다. 반면 정식 졸업장을 가진 비율은 유사한 비율로 감소했다(The Condition of Education, 1993).

국가교육목표위원회The National Educational Goals가 언급한 두번째 목표는 2000년도 고등학교 졸업률을 90%로 끌어올리겠다는 것이다. 국가교육목표위원회에 따르면 1997년 51개 주 중 17개 주에서 18~24세의 청소년 고등학교 수료율이 90%에 달했다(National Educational Goals Panel, available on line at www.negp. gov/p3-1.htm). 법무부 소속 청소년부 Office of Juvenile Justice와 청소년 범죄 방지위원회Delinquency Prevention of the Department of Justice에 의해 제출된 자료는 1년이 아니

라, 평균 3년을 기준으로 하기 때문에 결과가 다소 다르다. 다음은 각 주의 고등학교 수료 비율이다(워싱턴 D.C.를 포함한다).

주(STATE)	1991-1993	1994-1996	1996 Rank
코네티컷	90.9	96.1	1
미네소타	91.7	95.3	2
메릴랜드	91	93.4	3
네브라스카	92.5	93.3	4
노스 다코다	95.7	93	5
하와이	92.8	92.6	6
위스콘신	92.4	92.5	7
매사추세츠	90.5	92	8
메인	93.4	91.8	9
아이오와	94	91.6	10
캔사스	91.4	91.6	10
유타	94.6	91.3	11
뉴욕	87.6	90.9	12
몬타나	91.6	89.8	13
펜실베니아	90.5	89.6	14
사우스 다코다	91.2	89.6	14
와이오밍	92.1	89.4	16
일리노이	86	89.3	17
웨스트 버지니아	84.6	89.3	17
미주리	88.3	89.1	19
델라웨어	90.3	88.8	20
사우스 캐롤라이나	85.5	88.7	21
인디아나	87.4	88.3	22
미시간	88.3	88	23
콜로라도	87.2	87.9	24
D.C	87.2	87.8	25
알래스카	89	87.8	25
뉴 햄프셔	89	87.7	27
오하이오	89.7	87.7	27
로드 아일랜드	90.4	87.5	29

주(STATE)	1991-1993	1994-1996	1996 Rank
노스 캐롤라이나	84.2	87.2	31
뉴 저지	89.8	87	32
버몬트	89.6	87	32
오클라호마	81.8	87	32
앨러바마	81	86.8	35
워싱턴	89.2	86.8	35
아칸소	87.7	86.7	37
버지니아	89.8	86.6	38
미국(평균)	85.7	85.8	39
아리조나	81.1	85.8	39
아이다호	89	85.2	40
미시시피	88.6	83.9	41
테네시	77.5	83.3	42
뉴 멕시코	84.3	82.7	43
켄터키	82.6	82.2	44
루이지애나	82.5	82.2	44
네바다	83.3	81.4	46
조지아	81.9	81.3	47
오레곤	85.5	81.1	48
플로리다	84.5	80.1	49
텍사스	81.2	79.3	50
캘리포니아	78.2	78.6	51

(Adatpted form Synder and Sickmund, 1999.)

왜 학생들은 학교를 그만두는가?

● 　전형적인 중도탈락의 형태를 분석하는 것은 과연 도움이 될까? 이런 분석을 선호하는 사람들은 중도탈락 학생들이 누구인지 밝혀지면 그들을 위한 초기 진단이 가능하고 개입을 촉진시킬 수 있다고 믿는다. 반대의 입장에 있는 사람들은 특정 학생들을 중도탈락자로 구분짓게 되면 교사들은 그 학생들을 원래 그런 학생으로 낙인찍어 그들에게 별 기대를 하지 않게 된다고 주장한다.

높은 중도탈락률에 영향을 주는 요인들

전형적인 중도탈락의 모습을 알아내는 것이 가능한가? 이것을 시도하기 위한 한 가지 방법은 중도탈락 학생에 대한 자료를 조사하는 것이다. 그렇다면 높은 중도탈락률과 관련된 요인들은 무엇인가?

유급 한 학년에서 유급된 학생들의 학업 성적이 좋지 못한 이유는 학교가 그 학생을 미래 중도탈락자로 예상하는 경향 때문이다. 한 보고서에 따르면 10명의 중도탈락 학생 중에 9명이 적어도 1년은 유급했다고 보고했다. 슬래빈 (Slavin, 1991)에 따르면 유급이 되면 성취감은 더 이상 발전하지 않는다고 한다. 동기가 부여된 학생들은 그렇지 못한 학생들보다 학업성취, 개인적 적응, 자아인식과 학교생활 태도 면에서 훨씬 높은 점수를 받았다. 게다가 이행기 연구Transition Study에 의하면 한 학년 유급은 40%에서 많게는 50%까지 중도탈락 위험을 증가시키고 한 학년 이상 유급하게 되면 90%까지 중도탈락 위험이 증가하게 된다 (Slavin, pp.104-105).

빈곤 저소득층 가정의 학생들은 고소득 가정의 학생에 비하여 중도탈락이 3배가 많다(Casey Foundation, 1993, p.11). 사회 경제적으로 가장 낮은 계층의 가정 출신 여학생들은 가장 높은 계층의 여학생들에 비해 중도탈락 비율이 5배나 높고, 남학생의 경우 그 비율은 2.5배에 해당한다(Casey Foundation, 1993).

1997년, 가계 수입 정도가 전체의 하위 20%에 속하는 청소년들은 상위 20%의 가정 출신보다 고등학교 중도탈락률이 거의 7배였다(U.S. Dept. of Education, Dropout. 1993).

인종 '1999 교육목표 패널' 보고에 따르면, 학교에 등록하지 않은 18~24세

인구의 약 85%가 고등학교 과정을 다른 방식으로 수료했다(1970년대 초반 이후로 다소 증가하고 있다). 학교수료 비율은 아시아인과 백인이 85%를 초과했고, 흑인은 약 80%이다. 지난 12년 동안 국가의 전체 중도탈락률을 봤을 때 16~24세의 중도탈락 비율은 14.1%에서 11%로 떨어졌다(U.S. Dept. of Education, Reaching The Goals, p.1). 나쁜 소식은 라틴계의 졸업과 수료 비율은 증가하지 않았다는 것이다. 이것은 전체 인구에서 라틴계 인구의 증가와 함께 라틴계 젊은이들의 수가 높아졌기 때문이다(Day, 1993).

영어 능력 1995년 가정에서 영어 이외의 다른 언어를 사용하는 16~24세의 젊은이 중 영어로 말하는 데 어려움을 겪는 학생이 그렇지 않은 학생들(12%)보다 훨씬 높은 44%의 중도탈락률을 보였다(U.S. Dept. of Education, The Condition of Education, 1997).

비영어권 출신의 학생들이 영어권 출신의 학생들보다 1.5배 더 많이 학교를 떠나고 있다. 그래서 고등학교 중도탈락률은 감소하는 반면, 라틴계 학생의 경우 중도탈락률은 증가하고 있다. 16~24세 사이인 라틴계 학생들의 중도탈락률이 1990년도 30%에서 1992년 50%까지 증가했다. 라틴계의 높은 중도탈락 비율은 고등학교 졸업장 없이 1995년 무렵에 미국으로 이주해온 라틴계 이민자 집단의 1/3이 미국 학교에 입학하지 않았다는 사실과 관련이 있다(Day, 1993). 영어로 말하지 않는 라틴계 학생들의 중도탈락률은 영어로 말하는 라틴계 학생들의 비율보다 훨씬 더 높은 3~4배 사이이다(Day, 1993). 영어를 조금하거나, 전혀 영어를 사용하지 않는 외국에서 태어난 라틴계 이민자 수의 큰 증가는 현재 이 집단 사이에서 높은 중도탈락률을 설명하는 데 도움이 될 것이다.

임신 임신을 한 10대들은 고등학교를 중도탈락하는 경향이 있다. 10대 중도탈락 여학생의 30~40%가 출산의 경험이 있는 것으로 나타났다(Casey Foundation, 1998).

특수학교 통계에 의하면 많은 중도탈락자들이 특수교육을 받았다거나 비학교적 교육경로를 거쳤던 것으로 나타나고 있다. '특수 교육'은 주로 신체적 장애를 나타내는 데 사용된다. 하지만 점점 전통적 학교생활이나 학급생활에 적응이 어려운 상태의 학생들에게 해당하는 것으로 간주되고 있으며 이러한 학생들은 '학습 장애'를 가진 것으로 여겨진다. 소수 민족의 학생들이 대부분의 학습 장애 대상 특별 교육을 받는다.

한 연구에 의하면 신체 장애를 가진 특수학교 학생의 36.4%가 졸업장 수료나 졸업 증명서를 받기 전에 중도 탈락했다고 밝혔다.

지리적 위치 중도탈락 비율은 교외지역이나 중소도시보다 대도시에서 더 높다. 어떤 지역에서는 미국 내 평균의 2배에 이르기도 한다. 남부와 서부가 대서양연안과 동부지역보다 더 높다. 1998년에 중서부(8%)와 북동부(9.4%)의 누적 중도탈락률은 남부(13.1%)와 서부(15.3%)보다 훨씬 더 낮았다(U.S. Dept. of Education, Dropout, 1998, p.14). 남부 83.4%와 서부 80.4%의 수료율과 비교해 보면 북동부와 중서부 청소년들의 약 88%가 고등학교를 수료했다.

중도탈락 학생에 대한 예상은 쉬운 일이 아니다

사회적, 경제적, 윤리적, 인종적 특성이 학생의 중도탈락률을 증가시킨다 하더라도 단순히 몇 가지 요인으로 중도탈락 학생들의 특징을 단정짓기란 쉽지 않다. 1998년 한 연구에서 미국 교육부는 중도탈락 위험이 있는 학생들의 대표적인 특징 6가지를 조사했다.

- ◆ 한 부모 가정
- ◆ $15,000보다 수입이 낮은 가정
- ◆ 하루에 3시간 이상 혼자 집에서 지내는 학생
- ◆ 부모가 고등학교 졸업장이 없는 학생
- ◆ 형제자매의 중도탈락
- ◆ 영어능력의 부족

하지만 중도탈락 학생의 반 이상이(53%) 이 위험 요인들 중 어떤 것도 가지고 있지 않았고 27%가 한 가지, 20%가 2가지 혹은 그 이상의 요소에 해당되었다(National Education Longitudinal Study of 1988: A Profile). 1980년에 고교 2학년생 학급에서 중도탈락한 학생들에 대한 국가적 분석표는 다음과 같다.

- ◆ 66%가 백인
- ◆ 88%가 영어권 출신 가정
- ◆ 68%가 부모가 모두 있는 가정
- ◆ 42%가 도시 근교의 고등학교에 출석
- ◆ 80%가 아이나 배우자가 없음
- ◆ 60%가 평균 C이거나 더 높은 학점을 가짐
- ◆ 71%가 한 번도 유급하지 않았음[3]

'교육목표 달성 2000 캠페인'에 따르면 대부분의 중도탈락자가 전부 위험한 상황에 있다고는 할 수 없다. 다시 말해서, 흑인의 중도탈락률이 백인들보다 50%나 더 높고 라틴아메리카인의 2배이지만 실제 중도탈락자의 66%는 백인이고 단지 17%가 흑인이며 13%가 라틴계이다. 더욱이 대부분 중도탈락자들의 가정에는 아무런 문제가 없었고 가난하지도, 임신을 한 적도 없었다. 결과적으로, 만약 고교 졸업 비율을 90%로 올리려면 중도탈락 학생의 특징이라고 규정되는 행동이나 배경과는 상관없는 학생들을 학교에 무사히 계속 다니도록 중점적으로 신경을 써야할 것이다(U.S. Dept. of Education, Reaching the Goals, p.1).

중도탈락 학생들이 말한다

중도탈락의 주류를 이루는 당사자들은 왜 좋은 환경에 있는 많은 학생들이 학교를 떠나는지 의문스러워한다. 1990년 한 연구에서 10학년 중도탈락 학생들에게 그들이 학교를 떠나는 이유를 물었다. 그들이 말하는 중도탈락의 이유는 다음과 같았다.

이유	전체	남성	여성
학교관련 :			
학교를 좋아하지 않음	51.2	57.8	44.2
선생님과 잘 지낼 수가 없음	35.0	51.6	17.2
학생들과 잘 어울릴 수가 없음	20.1	18.3	21.9
정학을 너무 많이 받음	16.1	19.2	12.7
학교에서 안정된 느낌을 받지 못함	12.1	11.5	12.8
퇴학당함	13.4	17.6	8.9
소속감을 느끼지 못함	23.2	31.5	14.4
학교 공부를 따라갈 수가 없음	31.3	37.6	24.7
낙제	39.9	46.2	33.1
변화된 학교, 새로운 환경을 좋아하지 않음	13.2	10.8	15.8
직업관련 :			
일하면서 동시에 학교에 갈 수 없음	14.1	20.0	7.8
일을 해야 함	15.3	14.7	16.0
취업	15.3	18.6	11.8

이유	전체	남성	여성
가족관련:			
가족들을 부양해야만 함	9.2	4.8	14.0
가족을 가지길 원함	6.2	4.2	8.4
임신	31.0	-	31.0
부모가 되었음	13.6	5.1	22.6
결혼	13.1	3.4	23.6
가족을 돌보아야만 함	8.3	4.6	12.2
기타 :			
여행 가기를 원함	2.1	2.5	1.7
친구가 중도탈락	14.1	16.8	11.3

(U.S. Department of Education, National Center for Education Statistics, National educations Longitudinal Study of 1988-First Follow-up Study, 1990.)

중도탈락은 제도와 체계의 문제이다

어떤 사람들은 중도탈락을 당시의 사건으로 보지만, 교육자들은 중도탈락은 하나의 연속된 과정 중에 일어난다는 것을 깨닫고 있다. 종종 이런 과정은 초등학교에서부터 시작된다. 학생들의 학교생활을 통한 계속되는 부정적 경험은 그들의 중도탈락 가능성을 증가시킨다. 학생들이 초등학교에서는 실제로 학교를 떠날 수 없기 때문에, 중도탈락 문제는 중학교나 고등학교에서 처음으로 드러난다. 따라서 중도탈락의 가능성이 있는 학생들에 대한 관심과 대책은 초등학교 때부터 이미 이루어져야 한다는 의견이 많아지고 있다.

중도탈락 가능성은 학교를 떠나기 오래 전부터 시작된 일이다. 통계에서는 당장 떠난 학생들의 실태를 보여줄 뿐이다. 통계에 반영되는 중도탈락 현상은 중도탈락 문제의 모든 범위와 복잡성을 보여 주지는 않는다. 우리는 중도탈락을 3가지 유형으로 구분할 것을 제안한다.

1) 중도탈락 - 학교를 떠나려 하거나, 떠난 학생

2) 잠재적 탈락 - 학교에 머물지만 학습에서는 떠난 학생

3) 추방 - 정학이나 퇴학당한 학생

첫번째 그룹은 말 그대로 쉽게 확인하고 측정할 수 있다. 이 유형의 학생들이 가장 많은 예방책과 유급, 회복 프로그램을 필요로 한다.

두번째 범주는 그다지 명확하지 않다. 이 학생들은 학교에 규칙적으로 참여하거나 그렇지 않을 수도 있다. 어떤 학생들은 각 과목을 이수하고 학점을 취득하고 심지어 좋은 점수를 받기도 한다. 학교는 그들에게 있어 너무 쉽거나 지루하고 그들의 욕구를 전혀 충족시켜 주지 못하는 장소일지도 모른다. 그들이 문제를 일으키거나 수업을 방해하지 않는다면 그 누구의 눈에도 띄지 않는 존재가 될 것이고 심지어는 무시되어질 수도 있다. 그 결과, 그들은 중도탈락할 수도 있게 되는 것이다. 만약, 이 학생들이 고등학교를 수료할지라도 그 졸업장이 어떠한 가치가 있겠는가?

세번째 그룹은 말썽부리는 학생들을 포함하는데, 학교 규칙을 거부하거나 학교 안에서나 밖에서 범죄와 연관된 학생들로서 반항적이고 파괴적이며 학교 시스템에 맞지 않는 이 학생들은 학교에서 떠나도록 강요받는다. 이렇게 함으로써 학교의 문제는 해결되겠지만 학생들의 문제, 우리 사회의 문제는 그대로 남게 된다.

중도탈락의 문제는 체계적인 접근에 의해서만 효과적으로 처리할 수 있는 문제라는 것을 깨달아야 할 때이다. 우리는 학교에서 일어나는 것들에 대해 새로운 시각을 가지고 모든 것을 대해야만 한다. 우리의 우선적인 목표는 단순히 학생들을 졸업할 때까지 학교에 데리고 있는 것이 아니라 그들에게 수업을 통해 바르고 생산적인 삶을 준비할 수 있는 교육을 제공하는 것이다. 청소년 하나 하나가 독특하고 가치 있는 자원이다. 이 대부분의 자원을 가능성 있는 나

라의 보배로 만들기 위해 우리가 학교에서 할 수 있는 일은 무엇일까?

결론

● 앞장에서는 중도탈락의 문제를 다루기 전에 이 문제와 관련된 학생들의 특징을 상세하게 장기간에 걸쳐 살펴볼 필요가 있다고 말했다. 이렇게 함으로써 이 문제의 여러 측면들을 통해 어떤 것이 우리의 상식적인 생각과 다른 것인지를 밝혀낼 수 있었다. 우리는 중도탈락의 본질은 예견할 수 있는 것이 아니라는 것을 알았을 뿐 아니라, 그 문제를 진단하기 위해서는 여러 가지 다양한 기준으로 접근해야 한다는 것을 알게 되었다. 실제로 중도탈락의 문제를 연구하면 할수록 그 연구는 더욱 더 복잡해진다는 것을 알게 된 셈이다.

참-고-문-헌

The Annie E. Casay Foundation, Kids Count Data Book, 1993.

The Condition of Education. (1999). National Center for Education Statistics, NCES 1999-022. Washington, DC: U.S. Government Printing Office.

Day, J , *Population Projections of the United States, by Age, Sex, Race, and His panic Origin: 1993 to 2050*, U.S. Bureau of the Census, current Population Reports, Series P25-1104, U.S. Government Printing Office, Washington, D.C.,1993.

Headden, S. (1997). The Hispanic Dropout Mystery. *U.S. News&World Report,* pp. 64-65.

National Educational Goals Panel, available on line at www.negp.gov/p3-1.htm

National Educational Goals Panel Monthly, Vol. 2, No. 19, August 2000.

National Educational Longitudinal Study of 1988: A Profile of the American Eighth Grader.

New York Times, December 16, 1999, p. A30

Slavin, R. (1986). Effective Classroom Programs for Students at Risk.

Synder, H., and Sickmund, M. (1999). Juvenile Offenders and Victims, 1999 National Report. Washington, DC: Office of Juvenile Justice and Delinquency Prevention.

U.S. Department of Education. Dropout Rates in the United States: 1998. Office of Educational Research and Improvement.

U.S. Department of Education. Dropout Rates in the United States: 1993. Office of Educational Research and Improvement.

U.S. Department of Education. Key Satatistics on Public Elementary and Secondary Schools and Agencies: School Year 1995-96. U.S. Department of Education, Office of Educational Research and Improvement.

U.S. Department of Education. Reaching the Goals: Goal 2 High School Completion. U.S. Department of Education, Office of Educational Research and Improvement.

U.S. Department of Education. (1997). The Condition of Education 1997: The Social Context of Education. U.S. Department of Education.

U.S. Department of Education. (1989). National Center for Education Statistics, High School and Beyond Survey, Sophomore Cohort.

U.S. Department of Education, National Center for Education Statistics, National Education Longitudinal Study of 1988-First Follow-up Study,1990.

각 — 주

1) 뉴욕 주에서는 사망한 학생에 관해, 현재 출석하고 있고 심지어는 학년을 통과했다는 보고서가 발부된 적도 있다(New York Times, December 16, 1999, p.A30).

2) 높은 히스패닉계 학생들의 중도탈락률은 아마도 외국에서 태어나 이주해 온 것 때문일 수도 있다. 외국에서 태어나 미국으로 온 16~24세의 히스패닉계 학생들의 중도탈락률은 44.4 %인 반면에, 미국에서 태어난 히스패닉 학생들의 중도탈락률은 20.5% 정도에 불과했다(Dropout rates in the United States : 1998. U.S. Department of Education, Office of Educational Research and Improvement, p.12).

3) 미국 교육부, 교육 통계청의 고등학교 이후 조사에 의한 결과이다(1989). 이 조사는 1980년도부터 시작되었고, 1,015개 학교에서 각각 36명의 졸업예정자와 36명의 2학년생들을 연구하여 졸업과 졸업 후 진로를 연구했다. 첫 번째 추후관찰 결과는 1982년에 발표되었고 두 번째 추후관찰은 1986년에 이루어졌다. 이 연구는 많은 정보를 제공해 주었다.

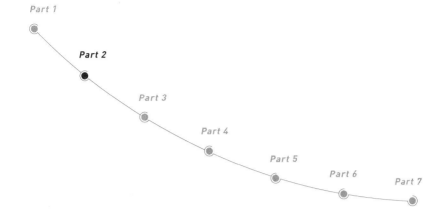

Part 1

Part 2

Part 3

Part 4

Part 5

Part 6

Part 7

성공으로 이르는 전략

지역사회, 주정부, 그리고 국가의 교육자들, 지역사회 리더들, 기업체 리더들, 그리고 정책결정자들은 학생들의 성취율과 졸업률을 높이기 위해 오래 전부터 많은 시도를 해왔다. 비록 이런 노력들이 중도탈락률 감소에 큰 영향력을 미치지 못했지만 미래 학교 개혁을 위한 교육적 토대를 제공했다. 우리는 효과적인 교육개혁의 특징을 탐구해 보려고 한다. 그리고 학교에서의 중도탈락 방지를 위한 기본적인 전략을 밝힐 것이다.

앞으로 다룰 장에서는 중도탈락 방지를 위한 전략들에 대해 살펴볼 것이다. 미국 학생 중도탈락 예방센터에서의 연구를 바탕으로 효과적인 학생들의 학교 중도탈락 방지 전략 15개를 나열하고 그것들을 좀더 발전시킬 수 있도록 자세히 살펴볼 것이다.

⑬ 중도탈락 예방을 위한 효과적인 전략 탐색

우리는 실패하기 위해서 태어난 것이 아니라 성공하기 위해 태어났다.

헨리 데이빗 소로우

이 장에서는 미국의 초창기 학교개혁에 관한 개요를 살펴볼 것이다. 학생들의 학업성취 수준향상과 졸업률을 증가시키기 위해 학교는 어떠한 시도를 해왔는지 알아본 다음, 효과적인 학교교육 향상을 위한 조치들은 무엇인지 이러한 노력의 결과를 진단해 볼 것이다. 마지막으로, 이 책의 핵심 질문으로 돌아가 중도탈락 예방을 위한 효과적인 방법이 무엇인지도 검토해 볼 것이다.

주정부와 연방정부의 초기 학교개혁

● 1983년 '위기에 처한 국가'라는 보고서가 나온 이후, 학생 교육성취 수준향상과 졸업률 향상을 위한 조치가 시작되었다. 연방정부와 많은 주 행정기관들은 환경이 불우한 아동과 그 가족들을 대상으로 한 학교개혁과 사회서비스 프로그램을 가동했다. 1987년 국가 교육위원회는 각 주가 어떻게 학교 중도탈락 문제에 대응하고 있는지를 파악하기 위해 위험 청소년들을 대상으로 주정부의 개혁조치들에 관한 조사를 실시했다(Isenhart and Bechard,

1987). 가장 공통적으로 사용된 대처 방안은 각 주의 특정 문제나 요구, 지역 사회 자원들의 욕구에 기초한 프로그램을 진행했다는 것이다. 많은 학교들이 취학전 프로그램을 도입하기도 하였다. 예를 들어, 취학 전 아동을 위한 가정교육 프로그램Home Instruction Program for Preschool Youngsters: HIPPY을 선택한 아칸소 주는 가정에서 부모들이 아이들을 잘 돌볼 수 있도록 하는 프로그램을 제공했다.

또 다른 공통된 주정부들의 전략은 학생들에게 서비스가 제공되는 방식에 체계적인 변화를 시도하는 예비적 연구들을 채택하는 것이었다. 많은 주 정부가 중도탈락의 가능성이 있는 청소년에게 가장 효과적으로 작용하는 프로그램은 다른 모든 청소년들에게도 역시 도움이 된다고 생각하였던 것이다. 예를 들어, 일리노이 주와 뉴욕 주에서는 문제아들을 위한 대안적인 프로그램이나 학교를 설치하기 위해 기금을 마련했다. 플로리다 주에서는 종합 서비스 학교Full-service-schools를 시도하였다. 이것은 복합적인 사회봉사 기관들이 지역 학교와 더 자유롭게 상호작용할 수 있게 하고, 학교 캠퍼스를 학생들과 가족들이 사용할 수 있도록 편의를 제공하자는 의도에서 만들어졌다.

또한, 지난 10년 동안 대부분의 주정부들은 부진한 학교의 학업 성취율을 높이고 중도탈락률을 감소시킬 수 있는 주 자체적인 프로그램을 만들었다. 각 주는 각기 다른 학생들, 가족들, 그리고 전문교육가들을 대상으로 하는 그들만의 접근방식을 선택했다. 예를 들어, 텍사스 주에서는 출석률, 중도탈락률, 그리고 텍사스 학문기술 평가Texax Assessment of Academic Skills에 대한 학생 성과들의 종합적 분석을 기초로 한 책임 비율Accountability ratings을 소개했다. 북부 캐롤라이나 주에서는 조기교육 프로그램을 도입했고 플로리다와 워싱턴은 종합 서비스 학교를 제공했으며 메릴랜드는 서비스 러닝 전략Service learning strategies을 학교에 적용시켰다.

많은 학교와 지역사회는 이러한 프로그램들로부터 이익을 얻었다. 하지만 학교와 학생 개개인의 성취수준과 졸업률은 지역사회 범죄, 10대 임신, 그리고 빈곤 혹은 그 이하 수준의 가족을 포함한 다른 사회·경제적 지표들처럼 그다지 썩 만족스럽지는 못하다.

학교와 지역사회 연계를 기초로 한 이런 이슈들은 연방정부의 관심을 끌어왔다. 예를 들어, 지난 10년 동안 미국 의회는 빈곤 계층의 학생 비율이 50% 이상되는 학교들에게 학교개혁을 위해 국가적 기금을 사용하도록 허용해 왔다. 1997년 의회는 여러 모로 문제점이 많은 학교의 학업 성취율을 향상시키기 위한 새로운 프로그램의 고안을 돕는 특별 기금을 공식적으로 인증해 주었다. 미국 학교 중도탈락 대책 보조프로그램 U.S. Department of Education's School Dropout Demonstration Assistance Program: SDDAP은 더 일찍 만들어져 시도되었는데, 이것은 1991년부터 1996년까지 85개 중도탈락 예방 프로그램에 자금을 제공했다. 중도탈락률을 줄이기 위해 고안된 SDDAP 자금은 학교가 있는 지역이나 비영리적 지역사회를 기초로 하는 조직과 교육 조합에 제공되었다. 학생들을 보조 지원해 준 여러 가지 방법들과 함께 SDDAP의 3년 계획 프로젝트들은 중도탈락 문제 대처에 대한 혁신적인 대안을 제공했다.

그러나 어떤 프로그램은 효과적이었음에도 불구하고, 대부분의 SDDAP 프로그램은 중도탈락을 막는 데 거의 영향을 주지 못했다(Dynarski and Gleason, 1999). 하지만 전반적인 평가에서는 이미 중도탈락을 하고 GED 증명서를 찾는 학생들에게 도움을 준 몇몇 성공적인 프로그램이 있다는 것이 증명되었다. 대안학교 역시 성공적 프로그램이었다. 그러나 출석률, 시험성적, 학점을 포함한 모든 주요 사항들을 개선시킨 프로그램은 없었다.

평가와 책임성

● 　연방정부와 주정부, 그리고 지방자치체는 학교개혁을 위한 가장 좋은 실천방법과 인정된 접근 방법을 평가할 필요를 느끼게 되었다. 1998년 미국 교육부의 교육개발향상 담당부서Office of Educational Research and Improvement: OERI는 여러 연구를 통해 그들이 지원했던 발전 가능성 있는 27개 모델 리스트를 발표했다(Tally and Martinez, 1988). 최근 연구에 따른 결과들은 OERI 리스트에 포함된 18개 모델을 포함하여 시행된 24개 학교개혁 모델들을 통해 매우 다양한 접근방법들이 고안되고 추진되어 왔음을 보여 주고 있다. 미국 조사 기관American Institutes for Reserarch(Herman, 1999)에 의해 완성된 이 결과 보고서에는 특히 다음의 3가지 부문에서 각 접근법들이 상당한 강점을 갖고 있다는 사실을 포착하여 밝히고 있다.

1) 학생성취도에 대한 긍정적 효과에 대한 근거 제시
2) 선택한 접근법에 대해 개발자들이 학교에 제공한 지지
3) 개혁 실행 첫 해에 든 경비

그러나 이 프로그램들 중 단지 3개만이 학생 성취도에 대해 확실한 긍정적 효과를 보인다는 것은 흥미로운 일이다.

거의 모든 주 교육기관들은 학생 성취율과 졸업률을 향상시키기 위해 지역 교육청과 해당 학교에 책임체계를 직결시켜 왔다. 그리고 많은 주들이 성과율이 낮은 학교를 대상으로 커리큘럼과 교육적 방법들을 향상시킬 수 있는 기술적 도움을 기꺼이 제공하기도 했다. 북부 캐롤라이나 주와 텍사스 주는 상황이 가장 좋지 못한 주들 중 하나로 이곳의 교장과 교사가 만약 학생성취 수준과 프로그램 결과를 주 기준에 맞게 올리지 못하면 실직할 가능성도 있다.

다른 주정부들도 새로운 주정부 기준을 설정하고, 다른 주나 국제사회에서

공통적으로 가지고 있는 지침들과 비교하여 학생 성취수준—학교를 무사히 마치는 것을 포함한다—을 향상시키려는 데 주안점을 둔 조치들을 만들었다. 플로리다 주의 종합 서비스 학교, 켄터키 주의 총체적 학교 개혁 측정접근 Overall school reform measure, 아리조나의 챠터학교Charter school 같은 몇몇 새로운 시도들은 긍정적 가능성으로 주목을 받았다.

지방의 많은 학교들은 자체 프로그램 개선 계획안을 만들고 있다. 어떤 계획들은 학교 전체 시스템에 있어 엄청난 행정적, 산업적 변화를 포함하는 굉장히 포괄적 성격을 갖기도 한다. 하지만 대부분의 지역학교들은 교육적 개혁조치들로서 새로운 읽기 프로그램의 도입이나 새로운 도서관 체제, 혹은 차터학교 같은 교육체제에 있어 작은 부분만을 다루는 경향이 있다. 많은 교육청들이 새로운 혁신적인 체제의 도입이나 방과후 교육센터의 개발, 혹은 대안학교의 발전을 위한 지원 등에 후원기금을 사용하는 것에 반발하고 있기도 하다. 때로는 지역 교육청에서 연방정부나 주정부들이 제시한 새로운 프로그램을 수용할 때 지역학교 수준의 임무와 목표에 대한 혼란으로 지역학교의 목표 감각을 훼손받기도 한다. 결국 많은 지역학교의 지도자들은 중요한 학교개혁의 시도에 있어 전반적인 길잡이가 되어 주지 못하고 있다. 그리고 지도력을 발휘할 수 있는 준비조차도 부실하다는 것이 드러나고 있다. 이런 이유로 연방정부와 주정부, 지방 자치체의 새로운 시도들에도 불구하고 학생들의 성취율과 졸업률은 기대와 다른 결과를 낳고 있는 것이다.

성공적인 개혁의 지표는 무엇인가

● 앞에서 제시된 자료와 인구통계학적, 경제적, 교육적 정보의 동향을 파악했다면 학교나 지역사회 리더들은 무엇을 해야 하는가? 어떻게 학교와 지역사회는 미국의 아이들에게 좀더 효과적인 교육적 경험을 가져다 줄 수 있

을까? 성공한 학교개혁 프로그램의 특징은 무엇인가?

미국, 오스트레일리아, 유럽, 캐나다에서 부적응 학생을 위한 원인과 치료에 대한 연구를 조사하면서 레바 클라인(Reva Klein, 1999)은 유사한 질문을 제기했다. 클라인은 또한 많은 정보와 좋은 실천안에 대한 누적된 경험을 어떻게 통합시킬 수 있는지, 그래서 교육 리더들이 끊임없이 새로운 방안만을 만들어 내고, 무조건 새롭거나 보기에만 그럴 듯한 것들이 좋다고 생각하는 태도를 바꿀 수 있는지를 고민했다. 그 답을 찾기란 쉬운 일이 아니었고 결국 엔 학교 중도탈락률을 빠르게 감소시키는 방법은 없다는 것을 깨닫게 되었다. 하지만 그녀는 실제 학교에서의 점진적인 개선 과정, 부적응 학생과 불우한 학생들에게 효과가 있는 성공적인 접근법, 그리고 다른 학교와 지역사회에도 쉽게 적용할 수 있는 많은 우수한 모델이 있다는 것을 보고하였다.

존스 홉킨스 대학Johns Hopkins University의 교육 연구자인 사무엘 스트링필드Samuel C. Stringfield는 지역의 프로그램이 성공하기 위해서는 변화에 대한 준비가 되어 있어야 하고 새로운 프로그램이 적용될 수 있는 방법이 제시되어야 한다고 주장했다. 〈교육주간Education Week〉의 한 기사에서 (Olson, 1999) 학교개혁에 도움이 되는 9개 해결책을 다룬 바 있는데 그 내용 은 다음과 같다.

1) 교직원들의 결정이 비밀투표를 통해 표현될 수 있어야 한다.
2) 학교개혁 계획을 지지하지 않는 교직원들에게 타학교로의 전출에 대한 기회가 제공되어야 한다.
3) 교장과 관리자들은 강한 리더십이 있어야 한다.
4) 계획은 분명하고 구체적이어야 하고, 개혁을 제안한 사람들은 어떻게 개혁이 가능한지를 명확하게 설명해야만 한다.
5) 돈과 시간은 전문적 개발·계획·협력에 참여한 학교의 모든 사람들에

게 제공되어야 한다.

6) 학교개혁을 준비하는 팀에게 구조화된 자료와 넉넉한 시간, 그리고 적합한 기술적 원조가 제공되어야 한다.

7) 학교개혁을 위해 임명된 사람들은 그 과정을 책임지고 관리할 수 있어야 한다.

8) 학교는 유사한 개혁을 추진하고 있는 다른 학교, 동료들과 관계를 가질 수 있어야 한다.

9) 지역 교육청은 학교 개혁 계획을 안정되게 지지할 수 있는 지도력이 있어야 하고 학교와 연구부처 간의 신뢰 분위기가 형성되어야 하며 예산과 고용에 대한 학교의 자율성을 수용하고 전문적인 개발과 계획을 위한 자원을 제공할 수 있어야 한다.

모든 학교와 지역사회의 요구를 만족시킬 수 있는 특정한 모델이나 과정 같은 것은 없다. 하지만 모두에게 적용되는 몇 가지 주된 원칙들은 존재한다. 미국 교육부는 지역 계획가들에게 다음의 원칙을 상기시켰다.

1) 강한 리더십은 성공적 개혁의 가능성을 증가시킨다.

2) 개혁 목표는 경제적 후원자들의 적극적인 지지를 포함하는 협력적 관계가 바탕이 되어야 한다.

3) 학교개혁은 시간이 걸리는 사업이고 위험 역시 감수해야만 한다.

4) 개혁 참여자들은 그들의 개혁을 실행하기 전에 그에 대한 훈련(준비)을 받아야만 한다.

5) 개혁 전략은 주어진 문제 해결을 위해 제시되는 여러 가지 해결책을 모두 수용할 수 있을 정도로 충분히 유동적이어야 한다.

6) 개혁은 잘 갖춰진 하부구조로 재정비하는 것을 필요로 하기도 한다.

7) 개혁은 대가없이 저절로 이루어지는 것이 아니다. 새롭게 시도되는 시스템을 지지하는 자원이나 물자들을 이용 가능할 때, 개혁의 전망이 밝아진다.
8) 개혁은 지속적인 자가평가를 요하는 진행 과정이다.

포괄적인 학교개선 계획

● 　잘 짜여지고 제대로 시행된 학교개선 프로그램은 모든 유형의 지역사회와 모든 구역에 나타난다. 그러나 학교개선 계획이 정확하게 똑같은 학교는 없다. 하지만 가장 성공적인 학교개선 프로그램은 보통 포괄적이고, 학교 전체의 철학과 비전 그리고 학습과정과 관련된 모든 구성요소들을 반영한다. 포괄적인 개선 계획은 각 과목들이 어떻게 전달되고 평가되는지 그리고 어떻게 학교의 다른 환경적 요소와 통합될 수 있는지 등 각 과목의 내용에 대한 반성과 재조망을 포함하는 전체 커리큘럼을 다룬다.

　포괄적인 학교개선 계획의 발전과 실행의 필요성은 학교 지도자들에게 이제 새로운 개념이 아니다. 그들이 새로 인식해야하는 것은 이런 개선 계획은, 폭넓은 지지와 지역의 협조가 있어야하고, 교육자를 개발에 참여시키며 타당한 예산과 책임있는 기준이 있어서, 학생의 성취도를 향상시키고, 졸업률을 증가시킬 수 있도록 만들어져야 한다는 사실이다.

　학교의 전체적 재개발을 위해서는 새롭거나 수정된 교육적 비전의 틀을 잡아주고 우선권을 가지며, 행정적이고 통치적인 구조들을 정의하고, 학교와 학생의 기대에 버금가는 자원과 시간을 할당하는 포괄적인 학교개선 계획이 필요하다. 기본적인 계획 관련 이슈 사이에 다음과 같은 운영 관련 질문이 있다.

◆ 누가 그 계획의 발전과 실행을 이끌어야 하는가?
◆ 해결되어야 할 특정 문제들은 무엇인가?

◆ 어떤 자원을 이용할 수 있는가?

◆ 어떤 시간 구조가 현실적인가?

◆ 예상되는 결과와 결론은 무엇인가?

◆ 어떻게, 누구에 의해 결과를 측정할 수 있는가?

포괄적 학교개선 계획의 5단계

이 책이 포괄적인 학교개선을 위한 계획 실행을 상세하게 설명하는 데 한계가 있기는 하지만 간략한 개요는 유용할 것이다. 학교개선 계획 과정의 기본적인 5단계는 다음과 같다.

1) 우선 순위 결정

· 지역의 전망과 우선순위에 대한 모든 구성원들의 의견을 수렴한다.

· 프로그램의 목표와 기대치를 정한다.

· 프로그램 진행과정에 참여하고 지지해 줄 수 있는 지역 위원회를 결성한다.

2) 프로그램 필요성 파악

· 필요성을 요구하는 프로그램들을 분명하게 정의한다.

· 자료 수집 계획을 계발하고, 다양한 분야에서 자료를 수집한다.

· 수집한 정보를 조직하고 분석한다.

· 현재의 정책과 그 실행에 대한 강점과 약점을 파악한다.

· 프로그램 개선을 요구하는 지역의 우선순위를 정한다.

3) 프로그램 개선안 선택

· 새로운 프로그램의 성과를 평가할 수 있는 기준을 만든다.

- 새로운 프로그램 혹은 기존 프로그램의 수정안이 갖는 정책, 성과, 방법의 장점을 밝힌다.
- 새롭게 시행할 프로그램 개선안을 선택한다.

4) 실행

- 시설, 장비, 그리고 직원들의 욕구를 반영하는 실행계획을 작성한다.
- 실행과제와 더불어 비용, 시간, 참가인력을 결정한다.
- 새로운 프로그램 개선안을 실행하고 성공적 결과를 위한 모니터 방안을 세운다.

5) 모니터와 평가

- 기존의 프로그램과 새롭게 시도되는 프로그램을 위한 평가 및 비교계획을 세운다.
- 평가 양식을 만들고 평가 자료 수집 단계에 들어간다.
- 새롭게 진행된 프로그램의 수정을 고려할 수 있는 평가자료를 마련한다.
- 새로운 프로그램의 효과와 관련된 자료를 분석한다.
- 새로운 프로그램 시행 효과에 관심을 갖는 의사 결정자들과 다른 관계자들에게 제공할 보고서를 준비한다.
- 학교개선 과정을 꾸준히 지속할 방법을 고안한다.

요약하면, 포괄적인 학교개선 계획은 학교문화를 성공적으로 만들기 위해 주어진 시간 동안 지속되어야 하는 순환적 활동이라 할 수 있다. 학생을 학교에 무사히 다니도록 하고 학업성취율을 향상시키며 졸업률 향상을 추구하는 교육 리더들은 이 계획 과정을 반드시 완수해야 한다.

중도탈락 예방을 위한 가장 효과적인 15가지 전략

● 　지역 교육 지도자들에게는 다양한 개혁 모델들, 커리큘럼, 행정구조, 다른 학교들의 개선안을 효과적으로 검토하여 가장 적합한 것을 선택하는 것이 중요한 과제가 된다. 외부 전문가 조직의 도움을 받는 지역 팀은 가능한 한 많은 정보들을 검토하고 확인하여 지역의 우선순위와 자원활용 가능성을 고려한 결정을 할 수 있어야만 한다.

　미국 중도탈락예방 센터National Dropout Prevention Center는 현재 이 분야의 중요한 자원조직 중 하나이다. 이 기관에서는 1986년부터 지속적으로 이 연구를 수행해 왔다. 이상적인 학교 중도탈락 예방 프로그램과 전국에 걸쳐 대표로 선별된 학교들과 지역사회에서 이루어지는 성공적인 안을 규명하는 데 힘써 왔다.

　미국 내 거의 모든 종류의 학교에서 실행된 프로젝트의 경험을 토대로, 중도탈락예방 센터에서는 모델 프로그램, 우수한 학교, 바람직한 행정적 리더십, 우수한 교수방법, 중도탈락 방지를 위한 전략들 간의 관련성에 대해 연구를 해오고 있다. 중도탈락의 예방문제는 곧바로 학생의 높은 성취와 졸업률 증가를 의미하므로 많은 중도탈락 예방 프로그램은 포괄적인 학교개선 프로그램의 기본적 구성요소가 된다.

　이 연구를 기초로 중도탈락률에 가장 긍정적 효과를 발휘하는 15개의 전략이 정리되었다. 이 전략들은 서로 명백하게 별개이지만 함께 적용되기도 하고 때로는 공통점을 지니기도 한다. 물론 단일 프로그램―예를 들어 멘토십과 가족관련 개입과 같은―으로도 충분히 좋은 결과를 내기도 하지만 많은 경우 이 전략들을 복합적으로 적용한다. 학교 개선 계획에 동원되는 전략의 수가 많으면 많을 수록 졸업률 향상 가능성도 더 높아질 수 있다. 이런 복합적인 전략은 농촌지역과 도시 외곽 및 도시 학교에 해당하는 유치원부터 12학년에 이르기까지 많은 학교에 성공을 경험할 수 있게 해 주었다.

여기에서 소개되는 15가지 전략은 학교 중도탈락 문제를 해결하기 위한 가장 중요한 부분이라고 할 수 있을 것이다. 여기서는 그 대략적 개요를 밝히고, 다음의 각 장에서 더 상세히 설명할 뿐 아니라 관련된 성공적 프로그램과 참고문헌, 정보를 소개할 것이다.

조기 개입

각 지역의 학교에서 필요로 하는 것들에 대한 평가와 다양한 범위에서 이루어지는 계획의 진행 과정을 면밀히 조사한 결과, 대부분의 학교 개선 프로그램은 포괄적인 범위에서 가족이 개입되어 주도하는 것으로 시작되어야 하며, 또 조기교육 프로그램과 집중적인 기초학습능력의 읽기, 쓰기 프로그램 등의 향상을 다루어야 한다. 이런 프로그램 전략의 일반적 기준이 세워지고, 특히 초등학교 단계에서 설정이 되면 그 지역의 학교들은 부가적인 전략을 선택할 수 있게 된다.

1) 가족 참여

많은 연구결과는 가족과의 연계가 아이들의 학업성취에 직접적이고 긍정적인 효과를 주고, 학교에서 학생의 성공을 돕는 가장 중요한 요소라는 것을 말해 주고 있다.

2) 조기 아동 교육

출생부터 3세까지의 교육을 통해 어린 시절에 제공되는 강화서비스가 지능을 변화시킬 수 있다는 것은 이미 알려진 사실이다. 결과적으로 중도탈락 가능성이 있는 아동의 수를 줄이기 위한 가장 효과적인 방법은 학교를 다니기 전부터 좋은 교육을 제공하는 것이라 할 수 있다.

3) 읽기와 쓰기 프로그램

읽기와 쓰기는 학교에서 가르치는 모든 과목의 효과적인 학습을 위한 기본에 해당한다. 학업 성취율이 낮은 학생들의 읽기와 쓰기 능력을 도와 주는 프로그램들은 중도탈락 예방을 위한 다른 모든 전략들의 뒷받침이 되는 요소라고 할 수 있다.

기본 핵심 전략

기초 핵심 프로그램들을 보완할 수 있는 4가지 주요 전략이 있다. 이들 각각의 전략은 전략 간의 연관성을 향상시키고 일반 학교의 환경이나 그 외의 환경에서도 학습과정의 흥미를 불러일으킨다. 이런 전략은 학생들에게 성인 역할 모델과 긴밀한 유대관계를 형성하고 수업 일수를 최대 평균 180일로 정하여 학습에 집중할 수 있는 기회를 촉진시켰다. 개인적으로나, 전체적으로나 이 4가지 잠재된 전략은 일반 학교 환경이나 전형적인 학급 활동에 적응하기 어려워하는, 수행 능력이 낮은 학생들에게 큰 영향을 줄 것이다.

4) 멘토링과 튜터링

멘토링은 일대일의 신뢰를 바탕으로 한 명의 멘토와 학생 사이의 지원적 관계를 말한다. 또한, 개인지도를 의미하는 튜터링은 학습에 초점을 둔 일대일 활동으로 특히 읽기, 쓰기, 수학 능력에 도움을 준다.

5) 지역사회 공동체학습 *

지역사회 공동체학습은 의미 있는 지역사회 봉사 경험과 학습 활동을 연결시킨다. 이 학습방법은 개인적, 사회적 성장과 경력 발달뿐 아니라 책임감을 키워 주고, 모든 학년에 효과적인 학교개혁을 위한 강력한 도구가 될 수 있다.

---

* Service Learning을 본서에서는 '지역사회 공동체학습'으로 번역한다.

6) 대안적 학교교육

대안적 학교교육은 잠재적인 중도탈락 학생들에게 졸업을 할 수 있도록 다양한 선택권을 제공하고, 학생 개인의 사회적 욕구와 졸업을 위한 학습 욕구에 특별히 주의를 기울일 수 있는 프로그램이다.

7) 방과후 활동과 학교 밖 프로그램들

많은 학교는 학습 손실을 줄이고 많은 방면에 관심을 불러일으키기 위해 방과후와 여름 방학 중 학습 향상 프로그램을 제공한다. 이런 경험들은 특히 학교 생활 실패의 위험에 처한 학생들에게 중요하다.

교수법의 향상

아이들을 학교에 붙잡아 두기 위한 노력의 일환이라도, 학급에서 일어나는 일들을 그냥 보아넘길 수만은 없는 일이다. 더 나은 교사를 양성하고 여러 다양한 학습법으로 이루어진 교수법을 적용하고 풍요한 기술적 자원을 활용하게 하는 일은 매우 중요하다. 이렇게 함으로써 각 학생의 개인적 학습 욕구를 충족시켜 줄 수 있는 전략들이 만들어지고 많은 이득을 가져올 수 있게 되기 때문이다.

8) 전문성 개발

학업에서 실패 위험성이 높은 학생들을 가르치는 교사들이 혁신적인 학습전략에 관해 배울 수 있도록 돕고, 교사의 능력과 기술을 발전시킬 수 있게 해야 한다.

9) 다양한 학습 스타일과 다중지능에 대한 개방성

교육자들이 학생들에게 학습에 대한 여러 가지 다양한 방법을 알려줄 때, 학생들은 문제를 해결하기 위한 새롭고 창조적인 방법들을 발견하고 성공을 이루며 평생 학습자가 된다.

10) 교수 기술

가르치는 기술은 학생들이 실제 학습에 참여해서 다양한 지식들을 다룰 수 있게 하며, 학생들의 학습 유형에 맞는 교육을 받을 수 있는 등 최상의 교육 기회들을 제공한다.

11) 개인화 학습

재단화된 개인 학습 프로그램은 각 학생들에게 유연한 학습 접근을 가능하게 하고 방과후 활동의 지도에도 도움을 준다.

  지역사회와의 연계 확대

학교에 다니는 학생들은 더 넓은 지역사회와 연관되어 교육을 받아야 한다. 학생들은 졸업을 전후하여 학교를 떠나면 지역사회로 되돌아간다. 지역사회와의 연계없이 학교 건물 벽 안에만 고립되어 있는 학교란 존재할 수 없다. 학생들을 학교에 다니게 하는 효과적인 노력의 일환으로 지역사회와의 연대관계를 확대, 지향해야 한다.

12) 체계적인 재개혁

체계적으로 학교교육을 다시 부흥시키기 위해서는 학교 방침, 학교 관례, 그리고 조직적 구조와 관련된 목적과 목표에 대한 계속적인 평가 과정이 요구된다. 왜냐하면 그것은 다양한 학습자 집단에게 영향을 끼칠 수 있기 때문이다.

13) 지역사회와의 협력

지역사회의 모든 성원들이 학교에 전체적인 지원을 하게 되면 그 관련 하부

조직들은 확실하게 학생들을 성장시키고 성취할 수 있도록 돕는 보호 환경을 유지할 수 있다.

14) 직업교육과 취업에 대한 준비

직업적 재능에 관한 지도 프로그램은 모든 학생들에게 필수적인 것이다. 학교-직업 연관 프로그램은 젊은이들에게 오늘날의 일터에서 요구하는 특별한 기술들을 익히게 할 수 있다.

15) 갈등 해결과 폭력 예방

갈등 해결을 포함한 포괄적인 폭력 예방 계획은 폭력에 대한 위기 대처뿐만 아니라, 잠재적인 폭력 문제도 다루어야 한다. 폭력 예방을 위해서는 모든 학생들에게 긍정적인 사회적 태도와 효과적인 인간 관계 기술을 향상시키는 일상적 경험을 제공해야 한다.

결론

● 아동과 청소년들을 위해 일하는 전문 교육자들과 지역사회 지도자들은 중도탈락 예방을 위한 효과적인 전략의 필요성을 오래 전부터 인식해 왔다. 그러나 지역사회, 주정부, 국가의 기업지도자와 정책결정자들은 중도탈락 문제에 대한 다른 관점을 갖고 있었다. 수년 간의 관찰과 연구는 이제 효과적이고 믿을 만한 전략 리스트를 제출하고 있다. 우리가 매우 심사숙고하여 포괄적인 학교개혁 계획을 적용할 수만 있다면, 소개된 15가지 전략을 통하여 중도탈락 문제를 포함한 학교의 많은 문제들을 해결하는 데 도움을 얻을 수 있을 것이다.

Boesel, D., and Fredland, E. (1999). *College for All?* U.S. Department of Education, Office of Educational Research and Improvement.

Dynarski, M., and Gleason, P. (1999). *How Can We Help?* Princeton, NJ: Mathematica Policy Research, Inc.

Herman, R. (Project Director). (1999). *An Educator's Guide to Schoolwide Reform.* Arlington, VA: Educational Reserch Service.

Isenhart, L. and Bechard, S. (1987). *The ECS Survey of State Initiatives for Youth at Risk.* Denver, CO: Education Commission of the States.

Klein, R. (1999). *Defying Disaffection.* England:Staffordshire. Trentham Books Limited.

Olson, L. (1999, April 14). Following the Plan. Wachington, DC: *Education Week.*

Pechman, E. (Study Director). (1998). *An Idea Book on Planning*, Vol. 1. U.S. Department of Education, Office of Educational Research and Improvement.

Talley, S. and Martinez, D.H. (Eds.). 1998. *Tools for Schools. U.S.* Department of Education, Office of Educational Reserch and Improvement.

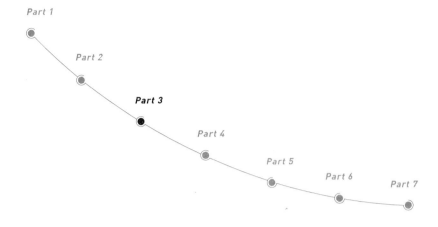

이른 교육, 이래서 중요하다

아동의 삶을 위태롭게 만드는 여러 가지 조기 요인을 밝히는 것은 아주 중요하다. 이는 오래 전부터 인정되어 온 사실이다. 가족과의 문제, 아동 교육의 문제, 읽고 쓰기와 같은 학습의 문제는 아동기에 발생하지만 지속적으로 영향을 미쳐 평생의 성장과 발달에 지장을 줄 수 있다.

04 가ㅣ족ㅣ개ㅣ입

미국 납세자들은 예방보다는
직, 간접적인 치료 비용 지불을 기본으로 하는 정책비를 대기 위해
주머니 깊숙히까지 자신의 돈을 긁어내고 있다.
카네기 재단

학생들이 학교를 잘 다니기 위해서는 다음의 3가지 기본 요소가 필수적이며, 이는 여러 연구조사와 경험에 의해 뒷받침되고 있다. 그 3가지 기본요소는 강력한 가족개입, 양질의 조기 아동교육, 그리고 확실한 읽기, 쓰기능력의 개발이다. 이 기본적 요소는 다른 모든 하위 요소들의 기반이 된다. 즉 이 기본요소가 자리를 잡아야만 다른 프로그램들을 통해 다음 단계로 나아갈 수 있게 되는 것이다. 만일 이 기본요소가 잘 이루어지지 않는다면 다른 모든 전략은 흔들릴 수밖에 없다. 중도탈락률을 줄이고자 애쓰는 학교와 지역사회는 반드시 이 기본요소를 확고히 갖추어야만 할 것이다.

가족 개입

● 학교에서 학습에 가족을 끌어들이려는 노력은 더 이상 새로운 시도가 아니다. 35년 전부터 시작된 관련 연구들은 학습과정 속에 부모와 가족을 개입시키는 것이 아동의 학습성취에 직접적이고 긍정적인 영향력이 있음을 끊

임없이 보여 주었다.

하버드 대학에서 열린 최근 세미나에서 위기 환경 속에서 아동의 성공적 성취와 관련된 논문과 연구자료가 발표된 바 있다. 그 세미나에서 발표된 두 가지 중요한 사실은 계층, 인생경로, 그리고 사회, 경제적 배경과 상관없이 대부분의 부모들은 자식들에 대해 똑같은 기대와 포부를 가지며, 그리고 그런 유사성에도 불구하고 부모들의 사회적 지원—목표 달성을 용이하게 하는 근원으로서의—에 대한 접근은 아주 다르고 다양하다는 점이다(Havard Univ, 1999).

미국의 공립 학교는 가족 배경과 상관없이 모든 학생에게 개방되어 있다. 하지만 어떤 부모들은 가정과 학교 사이에는 좁힐 수 없는 틈이 있다는 생각을 가진 채 아이들을 학교로 보낸다. "나는 내가 만나야 할 필요가 있는 부모들을 결코 만나지 못한다"고 보고하는 선생님들의 한탄을 아이들이 중도탈락하고 실패하며, 미래에 대해 밝은 전망을 갖지 못하게 될 위험경고로 생각하면 될 것이다(Bolster, 1991).

어떻게 이런 '틈'이 생겼을까? 부모들이 내켜하지 않는 것인가? 아니면 학교 측에서 반기지 않는 것인가? 학교는 이런 중요한 문제점을 인식하고 모든 구성원들이 하나가 될 수 있도록 교량 역할을 해야 한다. 조이스 엡스타인 Joyce Epstein(1987a)이 지적한 것처럼 '가족 같은 학교' 다시 말해서, 학생들에게 개별적 관심을 가지고 지도를 해서 학습에 대한 동기를 부여하는 학교가 되어야 하는 것이다. 그렇게 되면 학생들은 '학교를 가정의 한 부분'으로 느끼게 될 것이다.

가족 개입의 정의
많은 연구자들이 학교교육과 관련된 가족개입 범위에 관해 기술한 바 있다 (Anderson, 1983; Comer, 1986; Conoley, 1987; Davies, 1987; Epstein,

1987b, 1988; Loven, 1978). 그 중에서도 우리는 학생 개인과 학교, 둘 모두를 돕는 방법을 열거한 아델만Adelman에 의해서 전개된 '연속층Continuum' 이론을 선호한다.

- ◆ 학생에 대한 기본적 책임을 감당하고 학생들의 기본적 욕구를 충족시킬 수 있도록 돕기
- ◆ 학생들에게 절대적으로 필요한 문제에 대해 의사소통하기
- ◆ 학생들에게 꼭 필요한 의사 결정하기
- ◆ 가정에서의 기초학습과 발달 과정을 보조하기
- ◆ 가정과 집에서 학생들의 특별한 욕구와 관련된 문제를 해결하고 지지해 주기
- ◆ 학급이나 학교의 개선을 위해 일하기
- ◆ 모든 학교의 개선을 위해 일하기(Adelman, 1994)

학교 프로그램에 가족을 개입시키기 위해서는 상호적인 협력이 요구된다. 학교와 가족이 성공적인 협력관계에 있을 때는 학생들의 성취를 공동의 책임으로 본다. 그리고 부모, 행정가, 선생님, 사회지도자 등의 모든 교육관련자들은 이 관계가 아동의 학습에 매우 중요한 역할임을 인정한다(Funkhouser and Gonzales, 1996).

여러 가지 직장 문제와 가족 문제로 부모들은 시간적 여유가 없다. 한부모 가정이나 맞벌이 부모 가정은 매우 보편적인 가족형태가 되어버렸다. 자식과 멀리 떨어져 사는 부모들은 인종이 다르거나 소수민족일 경향이 많고 수입이 더 적으며 영어 사용에 있어 그다지 능숙하지 못한 경향이 있으며, 이런 가정의 아이들은 학교 실패의 위험이 더 크다(Smith et al., 1995). 학교 생활에 적응하지 못하거나 중도탈락 위험에 있는 학생들의 가족과 연락하는 문제에 있

어서 우선적인 책임은 학교에 있다. 학생들이 커갈수록 가족과 학교의 연관성이 줄어드는 것을 누구나 알고 있다. 어린 학생들일수록 또래들로부터의 압력이나 약물, 불량배들과 연관된 문제에 자주 노출되고 부모들의 도움이 더 많이 필요하다. 18년 동안 학교생활에서의 위기 아동들에 대해 연구하고 학교교육에 부모들을 끌어들이려 애썼던 제임스 코머James P. Comer는 가정과 학교 사이의 사회적, 문화적 차이를 극복하지 못하면 학생들의 낮은 학업성취도는 해결되지 못할 문제라는 결론을 내렸다(Comer et al., 1996). 몇십 년 동안 'Head start', 'Follow Through', 'Chapter One/Title One' 같은 연방정부 프로그램들은 부모 또는 가족들의 적극적인 개입을 요구했고 가족들을 동원해 왔다. 뿐만 아니라 수백 개의 학교와 수천 명의 교사들은 연방정부의 보조가 없는 학생들의 가족들에게도 다가가려 하고 있다.

하지만 여전히 많은 학교와 교사들은 가족을 연루시키는 것에 성공하지 못하고 있다. 어떤 부모는 교사로부터 언제, 그리고 무엇에 관해서든 통지를 받는 반면 대부분의 가족들은 아이들과 함께 학교 행사에 참여해 달라고 부탁을 받거나 그에 관해 통지받는 것이 '행운'이라고 생각할 정도로 관계가 밀접하지 않다. 종종 학교와 사회는 부모와 가족들이 직면하는 문제와, 부모들이 아이의 조기교육을 위해 적극적이고 진심어린 마음으로 학교교육에 관심을 가지도록 하기 위해 필요한, 밀접한 관계에 대해 이해하지 못하기도 한다.

가족을 개입시키는 학교와 학교 체제들은 서로 간의 교류를 방해하는 장벽을 허물기 위해 부모의 자질, 특성, 그리고 요구에 응함으로써 성공적인 출발을 했다. 이 장벽에는 부모들의 읽고 쓰는 능력 정도와 사용되는 언어, 학교에 투자할 수 있는 시간, 열정, 관심에 영향을 끼치는 책임의식과 참여, 그리고 참여하는 것에 대한 마음 상태—편한지, 불편한지—등이 포함된다.

학교는 가족 개입을 어떻게 지원할 수 있나?

갖가지 장벽들을 없애야 한다 학교교육을 위한 가장 중요한 결정단계마다 모든 가족들에게 학교를 개방하고 참여시킨다. 우선 교사들을 여러 가지 다양한 연수에 참여시킨다. 오늘날의 학생들은 다양한 민족적 배경을 가지고 있다. 이런 문화적 다양성을 이해하고 다룰 수 있는 교사만이 다양한 나라 출신의 가족들과 더 잘 교류할 수 있을 것이다. 뿐만 아니라 다양성에 대한 연수는 학생들의 각기 다른 능력, 학습 스타일을 수용하는 데 도움이 될 것이다. 학생들은 그들의 능력이나 문화적 배경과 상관없이 똑같은 지원, 똑같은 대우를 받을 권리가 있다.

가족 성원의 교육적 배경을 존중한다 많은 부모들이나 도움을 주는 사람들은 그들의 부정적 경험 때문에 학교로부터 소외감을 느낀다. 어떤 사람들은 학교에 대해 개인적으로 어려움을 겪었고 어떤 사람들은 중도탈락 혹은 학교와 전혀 접촉하지 않았을지도 모른다. 그래서 학교 측이 이런 장벽들을 깨닫고 극복하는 것이 중요하다.

좀더 많은 시간동안 적극적으로 참여하도록 한다 학교는 학교사정에 맞는 시간을 일방적으로 통보하기보다는 가족들이 참여할 수 있는 가능한 시간대를 물어 봄으로써 그들의 참여를 북돋운다. 학교는 저녁이나 주말까지 학교 참여 시간을 확장하고 그들에게 여러 가지 보고 들을 수 있는 기회를 제공하며 주요사항을 결정할 때 부모들을 참여시켜야 한다. 그뿐 아니라 부모들을 위한 평생교육 프로그램까지로도 발전시킬 수 있다. 성인교육, 아동보육, 방과후 학습, 방학 중 프로그램 그리고 심지어 여가활동까지도 가족들로부터 호감을 살 수 있다.

가정 방문을 한다 가정 방문 계획을 세운다. 가정 방문은 가족들에게 그들이 학교에서 중요한 존재라는 것을 보여 준다. 그리고 가정 환경이 좋지 못한 학생들을 알아내고 그들을 지원해 줄 수 있는 지역사회의 보조에 대해 논의할 수 있는 좋은 기회를 제공한다.

과학기술의 이용을 통해 의사소통을 증가시키고 넓힌다 디지털 장치가 많은 학교들은 가족들을 더 잘 보조해 줄 수 있다. 그러나 모든 가정이 컴퓨터를 가지고 있는 것은 아니다. 어떤 집은 전화도 없다. 가족들이 학교와 쉽게 연락할 수 있는 서비스를 제공해야 한다. 어떤 사람들은 글을 읽지 못하기 때문에 오디오나 비디오를 통한 연락방법을 사용하는 것도 중요하다.

'집-학교-사회'의 강한 결속력을 다진다 학생들이 교실 밖으로 나가 사업체나 병원, 식당 같은 곳에서 적응하도록 지역사회 공동체학습 프로젝트를 사용하여 부모들이 사회와 함께 개입될 수 있도록 한다.

어떻게 가족들을 학교 안으로 적극 참여하도록 할 수 있을까?

학교정책에 대한 흥미로움을 보여 준다 부모들은 학교 정책에 대해 알아야 하고 아이들이 이해하도록 도와야 한다. 가족들은 학교로 가서 선생님과 교장선생님을 만나서 좀더 공식적인 모임을 가지고 기본적인 부분에 대해서 관여할 수 있어야 한다.

학교 행사에 참여하게 한다 학교 활동을 통해 가족과 학교 교직원들이 친목을 도모하고 교육적인 행사에 함께 참여한다. 행사 전후에 가족들이 학교에서 자녀들과 함께 점심을 먹거나 휴식시간을 함께 보낼 수도 있을 것이다.

교육의 중요성을 강조하는 가정을 만들도록 한다 말이건 행동이건 교육을 중시하는 가정은 아이들에게 고등학교를 졸업하는 것은 정말 가치로운 것이며 달성가능한 일이라는 생각을 자연스럽게 갖게 만든다.

학교에서 자원봉사할 기회를 만든다 학교는 가족들로부터 교실, 교내식당, 도서관, 교무실 그리고 운동장 등 그들의 도움이 필요한 모든 곳에 대해 도움받는 것을 좋아해야 한다. 지역마다 다르지만 학교에서의 봉사를 부모의 의무로 정하는 학교들도 있다. 부모의 학교 자원봉사는 학교, 학생, 자원봉사자인 부모 모두에게 이득이 된다.

관련된 연구와 자료

가장 포괄적이면서 현재 진행 중인 리서치는 앤 핸더슨Anne Henderson이 만든 연속출판물이다. ≪성장의 증거The Evidence Grow(1981)≫, ≪성장의 지속적 증거The Evidence Continues to Grow(1987)≫, ≪새로운 세대의 증거 : 가족은 학생 성취의 중요요소이다A New Generation of Evidence : The Family is Critical to Student Achievement(Henderson and Berla 1995≫ 등 이 출간물들은 85개 이상의 연구를 언급하면서 가족들이 아이들의 교육과 삶에 관여하면 학생, 가족, 그리고 학교 측 모두에게 포괄적인 이득을 가져다 준다고 보고했다. 그 증거는 지금 논쟁의 초점이 되고 있는데, 바로 '부모들이 가정에서 아이들의 교육에 관여하면 아이들은 학교에서 더 잘하게 된다(Henderson and Berla, 1995)' 는 것이다.

가족 참여의 효과성을 위한 지침

다음에 서술된 지침들은 교육에서 가족 참여의 효과에 대한 전국 부모 · 교사 연맹 National Parent Teacher Association의 논평으로부터 발췌하였다.

가족 참여와 학생의 성취

◆ 부모가 교육에 개입될 때, 학생들은 그들의 사회 경제적 지위, 인종 민족적 배경 또는 부모의 교육수준과는 상관없이 더 높은 성취율을 보인다.

◆ 부모의 교육 참여가 더 많을수록 학생의 성취율도 더 높아진다.

◆ 부모가 자녀들의 교육에 더 많이 개입될 때, 학생들의 등급과 성적, 출석률이 더 높아지고 과제도 더 꾸준히 수행된다.

◆ 부모가 개입될 때, 학생은 더 긍정적인 태도와 행동을 보인다.

◆ 부모가 교육에 개입한 학생들의 졸업률이 더 높고, 다음 단계의 학교 등록률도 더 높다.

◆ 부모나 가족의 다양한 관여는 여러 가지 결과를 얻게 한다. 학생들의 장기적 발전을 위해 부모의 관여 활동은 포괄적으로 잘 계획되어야 한다.

◆ 교사들은 자신들과 협력하는 부모의 자녀들에 대한 기대가 더 높다. 그리고 그 부모들의 의견에 주의를 더 기울인다.

◆ 완전한 파트너십을 위한 부모 개입을 계획한 프로그램은 불리한 조건에 있는 학생 성취율을 향상시킬 뿐 아니라 중산층 아이들의 기준에 맞는 수준까지로도 올릴 수 있다. 게다가 뒤처진 아이들도 최고의 수준까지 올릴 수 있다.

◆ 다양한 문화적 배경을 가진 아이들은 부모와 교육전문가들이 가정과 교육기관 사이의 간극을 없애기 위해 협력관계를 가질 때 적응을 더 잘 하는 경향이 있다.

◆ 학생들의 알코올, 폭력 그리고 반사회적 행동은 부모의 교육에 대한 관여가 늘면 감소하게 된다.

◆ 만약 학생들의 부모가 학교 행사에 참여하지 않고 선생님들과 협력관계를 맺지 않으면 학교에서 일어나는 일에 대해 잘 알지 못하게 되고 학생들은 학문적 성취면에 있어 더 쉽게 뒤처질 수 있다.

◆ 부모 참여에 의한 이득은 저학년에만 한정되어 있는 것이 아니다. 모든 연령과 학년에 이득이 된다.

◆ 부모가 교육에 관여하는 고등학교 학생들이 더 좋은 학교로 진학을 하고 학습의 질적인 면을 유지하며 미래를 위한 현실적 계획을 세운다.

◆ 반면에 부모가 교육활동에 관여하지 않는 학생들은 더 쉽게 중도탈락해 버린다.

◆ 학교에서의 학생 성취율을 가장 잘 예측할 수 있는 것은 수입이나 사회적 지위가 아니라 가정이 배움을 장려하는 학습분위기를 조성하느냐, 자녀의 학업 성취와 미래의 직업에 관해 적극적인 기대감을 표시하고 합리적인 목표를 제시하면서 대화를 하느냐, 자녀 교육을 위한 학교와 지역 사회 활동에 참여할 수 있느냐의 여부이다.

가족 참여와 학교의 질

◆ 가족들과 잘 협력하는 학교가 교사들의 사기를 북돋우면서 부모들로부터 교사에 대한 더 좋은 평가를 받았다.

◆ 부모가 참여하는 학교들은 가족들로부터 더 많은 지지를 받고 지역사회에서 평판도 좋다.

◆ 같은 프로그램일지라도 부모들이 참여하는 학교가 부모나 가족이 참여하지 않는 학교보다 훨씬 더 잘 진행된다.

◆ 학생들의 학교생활 실패율이 높은 학교라도 부모가 자식들의 교육에 효과적인 협동심을 발휘한다면 급속하게 발전할 것이다.

◆ 부모의 교육 정도, 가족 형태나 결혼 상태, 심지어 학생들의 성적보다도 도시 안의 부모들을 자녀들의 교육에 참여시킬 수 있는 가장 중요한 요소는 부모에게 알리고 연관시키려는 학교의 실행 능력이다.

가족 참여와 프로그램 마련

◆ 부모와 교육자 사이의 관계가 더 포괄적이고 계획적인 협력관계로 이루어진다면 학생들의 성취율도 더 높다.

◆ 저소득층 가족들을 위해 가정방문을 실시하는 프로그램은 부모들을 학교로 방문하라고 요구하는 것보다 훨씬 더 높은 부모의 참여를 유도한다. 하지만 한 번 부모가 학교교육에 연관되고 나면 학생들은 두말할 나위 없이 더 많은 것들을 얻게 된다.

◆ 부모와 학교와의 효과적이고 빈번한 의사소통은 부모들의 참여를 증가시키고 교육자에 대한 부모들의 평가를 높이며, 프로그램에 대한 태도 역시 훨씬 긍정적으로 변하게 된다.

◆ 교육자들이 부모가 자녀들의 학교생활을 돕도록 장려하고 지원한다면 부모들은 더 쉽게 학교에 개입될 수 있다.

◆ 효과적인 프로그램은 행정가, 교육가, 부모로 이루어진 그룹들에 의해 잘 진행될 뿐만 아니라 경제적 지원도 쉽게 이루어진다.

◆ 부모들은 자신이 협력자로 대우받고, 마음 편하게 대할 수 있는 사람들로부터 관련된 정보를 들을 때 전략에 더 잘 참가하게 된다.

◆ 효과적인 프로그램을 만들기 위한 가장 중요한 해결과제 중 하나는 전문적 훈련과정에서 교육자나 교육행정가들이 부모와 가족을 참여시키는 방안에 대한 교육이 부족하다는 것이 다.

◆ 가족과의 협력은 학교개혁 전략의 기본적 요소이다.

이런 대부분의 긍정적인 내용들은 중등교육보다는 초등교육에서 더 필요한 것이 사실이다. 대부분의 중,고등학교로부터의 연구조사에 의하면 가족들은 그들의 자녀를 지도하려고 노력하지만 학교의 보조에는 한계가 있다(Catsambis and Carland 1997). 부모 개입 프로그램이 단지 부모에게 학교 프로그램에 대해 통보하는 것에 중점을 두는 것에 그치는 것이 아니라 좀더 넓게 참여하도록 하기 위한 기회를 제공하는 것으로 바뀌는 것이 중요하다.

효과적 프로그램과 실천

헤드 스타트Head Start는 취학 전 아동들의 교육을 위해 가족과 협력관계를 가지는 데 성공을 거두었다. 이븐 스타트Even Start는 1~7세까지 자녀들의 교육과 동시에, 교육받지 못했던 부모들의 교육까지 담당하는 두 세대를 위한 교육 프로그램으로, 부모들의 읽고 쓰기 능력을 향상시키기 위해 사용되었는데 궁극적으로는 그들 자녀의 성공적인 학교교육을 위해 계획된 것이었다. 이븐 스타트는 부모들이 아이들의 취학 전 활동을 향상시키고 자녀교육에 있어 그들의 역할을 이해하도록 도왔다.

미네소타 교육부의 초기 아동기 가족 교육 프로그램Early Childhood Family Education Program: ECFE은 주거 프로젝트, 영세민 아파트, 상점, 그리고 초등학교들을 다루는 센터를 통해 부모들에게 다양한 교육참여 기회를 제공한다. 각 센터들은 자금조달 전략뿐 아니라 프로그램 내용 결정까지를 포함하는 부모 자문위원회를 가지고 있다. 부모 정기모임은 교육 문제에 대한 걱정에서 영양상태, 아동과 배우자학대, 약물중독, 아동발달과 훈육에까지 부모들을 위해 제공되는 토론 프로그램을 가지고있다. 게다가 ECFE는 학급과 지역사회 도우미로 부모들을 활용한다.

입학준비를 위해 아동은 언어와 행동 면에 있어 학습에 도움이 될 수 있는 환경에 살아야 한다. 하지만 많은 어린이들은 부모가 책도 읽어 주지 않을 뿐더러, 가끔은 이야기조차 하지 않는 환경에서 자란다. 1973년 텍사스, 샌 안토니오에서 시작된 어벤스Avance라는 프로그램은 부모들에게 아동교육의 기본사항—어린이 성장과 발달, 건강, 영양, 위생 그리고 인내 등—을 가르친다. 이것은 열악한 환경의 여성들이 꿈을 포기하지 않고 자존심을 가지도록 도와 준다. 여성들은 고등학교 졸업을 위해 요구되는 사항을 채우고 부가적 교육을 추구하도록 장려된다. 이 프로그램을 시작한 엄마들 중 60%가 GED를 위한 조건을 계속해서 충족시켜 나갔다.

전국 부모교사연맹The national PTA은 미국의 가장 큰 아동지지 자원봉사기관이다. 그들은 학교와 지역사회에서 부모, 교육자, 학생 그리고 시민들로부터 이권을 추구하는 단체가 아니다. 부모들의 참여는 103년 동안 전국 부모교사 연맹의 핵심요소였다. 그들의 가장 성공적인 프로그램 중의 하나는 '성공적인 협동관계 만들기' 였다. 이것은 교육 과정에서 부모 참여의 중요성을 강조하는 미국 내 가장 주도적인 프로그램 중 하나였다. 이 프로그램의 목표는 다음과 같다.

◆ 부모나 가족 참여 프로그램의 표준적 실천에 대한 인식을 확대시킨다.
◆ '성공적 협력관계 만들기' 의 활용을 촉진시킨다. 부모, 가족 참여 프로그램 발달을 위한 가이드, 국내 기준에 대한 실천 가이드를 보급한다.
◆ 부모, 행정가, 교사, 그리고 다른 주요 관련자들 간의 의미있는 토론을 촉진시키기 위한 부모참여 관련 연수를 시행한다.

■ 추가정보
National Parent Teachers Association(PTA)
330N. Wabash Avenue, Suite 2100
Chicago, IL 6011-3690
312-670-6782
www.pta.org

The National Coalition for Parent Involvement in Education(NCPIE)
1201 16th Street NW, Box 39

Washington, DC 20036

202-822-8405

www.ncpie.org

The Partnership for family Involvement in Education U.S Department of Education

400 Maryland Avenue, SW

Washington, DC 20202-8173

800-872-5327

www.pfie.ed.gov

결론

교육에 대한 가족의 참여는 모든 학생들에게 배움의 기회를 높여 주고 실패 위험에 있는 학생들에게 그 가능성을 줄여 주는 중요한 역할을 한다. 불행히도 그런 학생들의 부모들은 종종 학교와 연계되는 것을 꺼린다. 그러므로 학교나 지역사회는 학업적으로나 사회적으로 힘든 시간을 보내고 있는 학생의 가족들이 교육에 참여할 수 있도록 가족 참여의 효과적인 전략을 체계적으로 구상해야 한다.

참고문헌

Adelman, H. S. (1994). Intervening to Enhance Home Involvement in Schooling. *Intervention in School and Clinic*, 29, 5, 276-287.

Anderson, C. (1983). An Ecological Developmental Model for a Family Orientation in School Psychology. *Journal of School Psychology*, 21, 179-189.

Balster, L. (1911). *Involving At-Risk Families in Their Children's Education.* Eugene, OR: ERIC Digest Series Number EA 58.

Carnegie Corporation. (1994). *Starting Points: Meeting the Needs of our Youngest Children.*

[on-line] http://www.carnegie.org/startingpoints/startptl.html.

Catsambis S., and Garland, J. E., (1997). *Parental Involvement in Students'*

Education During Middle School and High School. Baltimore, MD: Office of Educational Research and Improvement, U. S. Department of Education, Center for Research on the Education of Students Placed at Risk.

Comer, J. P. (1986). Parent Participation in the Schools. *Phi Delta Kappan.* 67, 442-446.

Comer, J. P., Haynes, N. M., Joyner, E. T., and Ben-Avie, M., (Eds.). (1996) *Rallying the Whole Village: The Comer Process for Reforming Education.* New York: Teachers College Press.

Conoley, J. C. (1987). Schools and Families: Theoretical and Practical Bridges. *Professional School Psychology, 2,* 191-203.

Davies, D. (1987). Parent Involvement in the Public Schools: Opportunities for Administrators. *Education and Urban Society, 19,* 147-163.

Epstein, J. L. (1987). *Toward a Theory of Family-School Connections: Teacher Practices and Parent Involvement across the School Years.* Berlin, NY: Aldine DeGruyter.

Epstein, J. L. (1988). How Do We Improve programs for Parent Involvement? *Education Horizons, 66,* 58-59.

Funkhouser, J. E., and Gonzales M. R., (1996). *Family Involvement in Children's Education: Successful Local Approaches, An Idea Book.* Washington, DC: U. S. Department of Education, Office of Education Research and Improvement.

Harvard University, John F. Kennedy School of Government. (1999). Successful Youth in High-Risk Environments. A report from the Urban Seminar Series on Children's Health and Safety. Cambridge, MA: Author.

Henderson, A. T. and Berla, N., (1995). *A New Generation of Evidence: The Family Is Critical to Student Achievement.* Washington, DC: Center for Law and Education.

Loven, M. (1978). Four Alternative Approaches to the Family/School Liaison Role. *Psychology in the Schools, 15,* 553-559.

National PTA. (1998). *National Standards For Parent/Family Involvement Programs.* Chicago, IL.

Smith, T. M., M. Perie, N. Alsalsm, R. P. Mahoney, B. Yupin, and B. A.

Young. (1995). *The Condition Of Education 1995.* Washington DC: Office of Educational Research and Improvement, U.S. Department of Education, National Center for Education Statistics.

05 초ㅣ기ㅣ아ㅣ동ㅣ교ㅣ육

교육을 시작하는 것은
한 인간의 미래를 결정하는 일이다.
플라톤

중도탈락 예방에 관한 말이 나오면 사람들은 보통, 졸업이 어려울 것 같은 고
등학생에게 초점을 맞춘다. 그러나 고등학교를 졸업할 때까지 별 문제없이
학교생활을 해나가는 학생들은 거의 없다. 많은 학생들이 오래 전부터, 심지
어는 그들이 태어나기 전부터 중도탈락의 위험 속에 있다.

선천성 vs 후천성

● 　최근 연구에 의하면 유전적 요소가 뇌 발달에 중요한 역할을 하지만 환
경적 요소 또한 심대한 영향을 미친다고 한다. 출생 전과 초기의 두뇌 발달은
빠르게 일어나고 그 범위도 넓다. 뇌세포들 간의 연결인 시냅스는 출생 후부터
3살까지 그 기초가 형성된다. 아이가 환경과 상호작용하면서 이 시냅스들은
활성화되고(Wells, 1990) 영구적인 뇌구조로 자리잡게 된다. 즉 사라지지 않
는 뇌구조가 된다는 것이다. 생의 초기에 아동의 경험은 뇌세포의 수와 연결의
수뿐 아니라 시냅스가 생성되는 방식에도 영향을 준다. 뇌발달에 있어 생의 초

기 환경이 아주 오랫 동안 영향을 끼치는 것이다(Carnegie Corporation, 1994; Education Commission of The States, 1996).

뇌 발달은 경험의 빈도뿐 아니라 경험의 유형에 따라서도 달라진다. 아동의 초기 환경은 생물학적으로도 매우 결정적인 역할을 한다. 가난과 경제적 안정은 그런 점에서 훗날 아동들의 성공여부를 짐작할 수 있게 하는 가장 중요한 요소들 중 하나이다(National Governors' Association, 1992). 1995년, 3세 미만의 어린이 중 24%가 빈곤한 환경에서 자랐다(Wells, 1990). 저소득층 학생들이 중산층 학생들보다 2.4배 높은 중도탈락의 가능성을 보였고 고소득층 아이들보다는 10.5배 높은 중도탈락의 가능성이 있었다(NCES, 1994). 가난한 환경 속의 아이들은 아래에 열거한 한 가지 혹은 그 이상의 요인들에 노출되기 쉽다.

◆ 불충분한 영양: 사회로부터의 고립, 운동신경 발달 지연, 신체적 발달 지연 등의 원인이 될 수 있다(Brown and Pollitt, 1996).
◆ 출생 전 어머니의 약물 남용에 대한 노출: 신경 발달 저해, 뇌세포 부족의 원인이 된다(Mayes, 1996).
◆ 어머니의 우울증: 아동을 더욱 움츠러들게 하고 소극적이고 집중력을 떨어지게 한다(Belle, 1990).
◆ 타인에 대한 애정 표현 부족(Brookes-Gunn et.al., 1995)
◆ 의료적 기회 부족
◆ 불안전하고 예측할 수 없는 주변 환경
◆ 가정에서의 높은 스트레스
◆ 질 낮은 가정교육

다행스럽게도 효과적인 예방법과 개입은 이 모든 상황을 바꿀 수 있다. 초기 유아교육의 형태는 발달에 영향을 준다. 만약 아이가 안전하고 활기찬 환경 속에서 자신을 돌보는 사람에게 애정을 형성한다면 시냅스들은 효과적으로 발달한다. 그뿐 아니라 연구결과에 의하면 시기 적절한 집중적 교육 개입은 초기 결함을 보강해 주면서 두뇌발달을 좋게 해준다.

이미 증명된 것들

초기 아동교육에 초점을 둔 중도탈락 예방책과 중간 개입에는 여러 가지 유형이 있다. 가장 전형적인 유형은 데이케어daycare, 유치원, 그리고 탁아소와 같은 관습적인 아동교육 프로그램이다.

아마도 가장 잘 알려지고 오랫동안 연구된 초기 아동교육 프로그램 프로젝트는 페리 취학전 프로젝트Perry Preschool Project일 것이다. 이 프로그램은 1960년대 중반 3~4세의 흑인 어린이 123명을 대상으로 시행되었다. 이 어린이들은 높은 위험상황에 처해 있는 아이들로서, 이 중 절반의 어린이들에게는 양질의 취학전 프로그램에 참여하게 하였고 나머지 절반은 프로그램을 제공하지 않았다. 5세, 8세, 15세, 19세, 26세에 이르기까지 이들에 대한 조사가 이루어졌다. 지적 발달, 학업성취 유형, 사회성숙도와 행동, 가족태도, 직업교육, 고용, 출산률, 범죄유형, 복지시설 이용 등의 심리적, 현실적 요소들이 조사되었다. 비용적 측면 또한 조사되었다. 결과를 검토하자 프로그램을 제공받은 아이들에게서 압도적으로 긍정적인 현실들이 발견되었다. 사고발생으로 인한 교육 서비스가 감소되고, 졸업률 증가와 더불어 낮은 범죄율, 약물로 인한 체포가 없다는 것도 취학전 프로그램이 제공된 아이들에게서 나타난 결과이다. 성인이 되어서도 높은 취업률을 보였고 복지시설로부터의 보조비율도 낮았다. 월급도 높았으며 자기 집을 소유한 비율도 높았다(Barnett, 1996; Barnett et al., 1984; Schoweinhart, Barnes, and Weikart, 1993). 페리 취학 전 프로젝트 참여자들에 대한 연구에서 바네Barnett는 성공적인 취학 전 교육 경험은 영구적으로, 긍정적이고 중요한 방식으로 한 개인의 삶에 성공을 가져올 수 있다고 결론지었다(Barnett et al., 1984, p. 107). 현재의 비용가치로 보았을 때 그 프로그램은 1년 비용의 7배 이상의 경제적 이득을 얻었다고 진술했다.

아동보호 서비스의 질은 초기 아동 교육 분야에 있어서 아주 중요한 부분이다. 아동보호 서비스에 관한 가장 큰 공식적인 연구 중 하나는 북부 캐롤라이나 대학의 초기발달 및 학습 센터National Center for Early Development and Learning at the university of North Carolina Chapel hill에서 이루어졌다(Peisner et al., 1999). 이 연구는 3세부터 아동보호 서비스를 받았던 아동 8백 명을 대상으로 비용, 질, 결과의 측면을 보여 주었다. 아동보호 서비스의 질과 그것이 영향을 끼치는 5세 아동의 언어, 교육, 사회성을 기초로 한 자료들이 수집되었다. 질높은 아동보호 서비스를 받은 어린이들이 유치원에서의 언어, 학습, 사회성, 모든 부분에서 더 우수한 기능을 보였고 이 영향은 초등학교 2학년까지 유지되었다.

아동건강 및 인간발달 국립연구소National Institute of Child Health and Human Development는 1991년 이후에 태어난 미국 전역의 1천 명 이상의 어린이들에 대한 자료를 수집하여 분석하였다. 초기 아동보호 서비스의 경험과 아동발달에 대한 연구는 초등학교 6학년 학생들을 대상으로 이루어졌고 고등학교 진학 이후까지 이 연구는 지속되었다. 1997년에 연구 초기단계에서의 결과가 발표되었는데 양질의 아동보호 서비스를 받은 학생들은 초등학교 3학년 경부터 이미 문제 행동의 감소는 물론이고 더 높은 인지적, 언어적 기술을 포함한 많은 면에서 차이를 나타내는 것으로 드러났다. 양질의 보호 서비스를 받은 아동들은 인지적이고 언어적인 측면에서 오로지 어머니에게서만 교육받은 아동에 비해 더 나은 과업성취를 보였다. 하지만 양질이라고 판단되지 않는 아동보호 서비스의 경우는 어머니에게 단독적으로 교육받은 것에 비해서 더 낮은 성취가 이루어지는 것으로 밝혀졌다(Jacobson, 2000).

●   초기 아동교육 서비스에 대한 접근은 크게 가정 내에서 이루어지는 것과 가정 밖에서 이루어지는 것으로 나누어 범주화될 수 있다. 물론 이 두 접근이 혼합된 것들도 있다.

가정 내에서의 초기 교육서비스 접근 전략 부모는 가정내 최초의 교사이다. 따라서 아동의 발달과정에 기여하는 역할의 중요성을 인식해야만 한다. 다음은 가정 내 프로그램들의 예이다.

◆ 하와이의 헬씨 스타트Healthy Start
  아동학대의 위험이 있는 혹은 여러 가지 스트레스를 받는 상황의 가족을 출생시부터 선별하여 서비스를 제공하는 모델
◆ 건강한 가족 미국Healthy Families America
  HFA: 하와이의 헬씨 스타트에서 발전된 아동학대 방지 프로그램으로 현재 다지역 연구 네트워크의 주체가 되고 있다.
◆ 간호방문 프로그램The Nurse Home Visitation Program: NHVP
  뉴욕의 엘미라Elmira에서 만들어진 대학 기반 교육 프로그램으로 멤피스와 덴버로까지 확장되었으며 현재 국가적 차원에서 프로그램을 모델화하고 있다.
◆ 교사로서의 부모들Parents as Teachers: PAT
  출생 이후부터 3세까지 아동들의 발달을 촉진시키기 위한 프로그램으로

미주리에서 시작되어 지금은 미국내 2천 개 이상의 지역에서 운영되고 있다.

◆ 취학전 아동을 위한 가정교육 프로그램The Home Instruction Program for Preschool Youngsters: HIPPY

3~5세 아동에게 유치원과 초등학교를 준비시키기 위한 프로그램으로 아동발달을 촉진시키고 부모가 될 수 있는 능력과 가족 부양능력을 향상시키기 위해 24개의 지역에서 가난한 가정을 대상으로 실시했던 실연 프로그램이다.

◆ 유아 건강 및 발달 프로그램Infant Health and Development Program

3년 동안 8개의 지역에서 1천 명의 아기들을 위해 마련한 프로그램으로 가정을 기반으로 하는 부모 훈련, 아동발달, 그리고 부모 교실 등을 제공하였다.

보고서 '가정방문: 최근 프로그램 평가서 Home Visiting: Recent Program Evaluations'는 이런 많은 프로그램들을 재평가하였고, 전반적으로 알아낸 사실은 다음과 같다.

이 프로그램들은 자녀를 양육하고 아동학대와 방임으로부터 아동을 방어하는 데 긍정적인 역할을 했다. 부모들은 정보와 지원에 굶주려 있었다. 프로그램의 결과는 처음 의도되었던 것처럼 커리큘럼들이 어느 정도 가족들에게 전달되었는가 뿐 아니라 직원들의 기술이나 훈련 등에 의해서도 영향을 받았다. 하지만 어느 가족이 가정방문 프로그램으로부터 이득을 얻을지, 어느 프로그램의 지역이 성공할 것인지를 예측하는 중요한 요소들은 아직 밝혀지지 않았다. 이 서비스들의 결과를 향상시키기 위해서는 현존하는 프로그램들을 적용하고 활용해야 한다.

다시 말해서 어떤 유형의 프로그램이 어떤 사람들에게 이득이 될지 결정하기 위해서는 더 많은 연구가 필요하다는 것이다. 하지만 부모가 되려는 이들에게 더 많은 직접적인 서비스들이 보장된다는 것은 분명한 것 같다.

■ 추가정보
Home Instruction Program for Preschool Youngsters(HIPPY)
220 east 23rd street, Suite 300 New York, NY 10010
212-532-7730 / http://c3pg.com/hippy.htm

가정 밖에서 이루어지는 초기 교육서비스 접근 전략 가정 밖에서 제공되는 서비스는 보통 아동보호 또는 취학전 교육의 형태로서 가정방문 서비스보다 훨씬 더 보편적이다. 저소득층 가정 4세 이상의 아동을 위해 정부로부터 자금지원을 받는 이 프로그램들은 30년 넘게 초기 아동 교육을 제공해 왔다. 데이케어나 취학전 학교의 형태로 제공되는 사적인 프로그램은 개별 가정의 선택사항이 되기도 한다.

■ 추가정보
Head Start, Administration for Children and Families
U.S Department of Health and Human Services
National Head Start association
1651 Prince street Alexandria, VA 22314
703-739-0875 / http://www.nhsa.org

이 밖의 다른 서비스들은 출생 전 아이부터 어린이에 이르기까지 다양하게 접근되고 있다. 입학 준비를 위한 준비위원회의 보고서, 〈학교입학을 위한 준비 Every Child Ready for School〉에서 저자는 "건강과 교육은 아이들의 더 나은 건설적인 삶의 준비를 위해 없어서는 안 될 2가지 요소"라고 했다. 저자는 산전교육에 투자된 연방 정부의 1달러는 현재 가치로 측정했을 때 3.50달러로 돌아오고, 초기 검진이나 진단, 치료 프로그램에 참여한 아동들에게 쓰인 의료비는 참여하지 않은 의료보호 대상 아동에 비해 13%나 낮게 나왔다고 보고하고 있다.

초기교육은 취학 후 저학년에서도 계속 되어야 한다

유치원 단계에서 뿐 아니라 전통적 학교의 취학 후 3학년까지도 아동 초기 교육에 대한 관심을 기울여야 한다. 유치원생들은 학습 준비와 사회성 발달을 이뤄진 후에 학교로 가야 한다. 다시 말해 학교에 가야 할 적절한 시기가 따로 있는 것이다. 하지만 예전보다 더 많은 어린이들이 취학 전 학교에 참석하면서 많은 학교들이 전통적 1학년 과정을 유치원과정으로 옮겼다. 여기서는 교과서와 실행교재들을 좀더 중점적으로 사용하고 있다. 이런 어린이들은 정말 배울 준비가 되어 있는 것인가? 모든 초등학교 1학년 어린이들은 정말로 준비가 되어 있는 것인가? 무엇이 초기 어린이 프로그램을 성공적으로 만들 수 있을까?

1990년 캐롤린 커밍스(Carolyn Cummings, 1990)는 공교육에서 어린 학생들에게 무엇이 적절한지에 관한 연구를 종합했다. 그녀의 결론은 다음과 같다.

◆ 교과과정은 아동 발달에 필요한 사항을 확실하게 다루어야 한다. 종이와 연필을 주로 사용하는, 경직되고 딱딱한 교사의 지시적인 교육과정은 발달적인 면에서 부적절하다.
◆ 교과내용은 반드시 통합적이고 적절한 협동적 학습으로 이루어져야 하고 혼자서 배우는 것에 초점이 맞춰져서는 안 된다.
◆ 부모의 참여가 있어야 한다.
◆ 지역사회의 참여가 있어야 한다.

◆ 유치원 입학 연령에 있어 아직 준비되지 않은 아동들이라는 가정 하에 그 아이들을 배제시켜서는 안 된다. 즉, 유치원이 그 아이들을 위해 준비되어 있어야 한다.

◆ 아이들이 허술한 제도 하의 많은 유치원과 전통적인 1학년 프로그램에 의해 나누어져서는 안 된다.

◆ 유급 혹은 재교육 교실은 학부모와 학교의 기대치를 통합하지 않으면 더 해로울 수도 있다.

카즈(Katz, 1987)는 아동의 학습과 발달은 상호작용과 경험의 이해를 도울 수 있는 프로젝트에 의해 가장 잘 이루어진다고 진술했다. 카즈는 아이가 혼자서 읽기 능력을 익힌다면 제대로 이해에 도달할 수도 없고 흥미도 유지되지 않는다고 했다. 또한 발달적 측면에서 자신의 무능력을 느낄 수 있다고도 했다. 코스텔닉(Kostelnik, 1993)은 아이들은 그룹이 아니라 개인으로 다루어져야 하며 다른 아이들과 구분된, 각기 개인에 맞는 계획을 세워야 한다고 말했다. 맥클레란McClellan과 카즈(1993)는 6세까지 최소한의 사회적 능력이 개발되지 않으면 일생 동안 위험한 상황에 빠질 가능성이 높다고 주장한다. 어떻게 공립, 사립학교들이 어린 학생들의 지적, 사회적 측면의 개별 발달에 필요한 것들을 다 충족시켜줄 수 있을까? 이에 대한 2가지 효과적인 전략이 있다. 다연령 학급과 작은 학급이 그 대안이다.

다연령 학급 다연령 학급은 보통 3년 터울의 아이들이 주를 이루지만 짧게는 2년에서 길게는 5년까지도 될 수 있다. 다연령 학급은 참여하는 아이들의 경험이나 지식 개별적 능력의 다양성에 중점을 둔다. 다연령 학급은 전통적 개념의 학년 위주의 체계보다 사회의 모습을 더 유사하게 반영한다. 다연령 학급에서 교사들은 동일 연령 학급에 비해 학생들의 개인 차를 더 잘 이해하는 경향이 있다. 또 다른 장점으로 나이 많은 학생이 어린 학생을 도울 수 있다는 점이다. 나이가 많은 학생들은 교사로부터 배운 것을 나이 어린 학생에게 가르쳐 줌으로써 자신의 학습에 대한 가치와 유용성을 익히게 된다. 나이 어린 학생은 형들로부터 배우는 것에 더 쉽게 흥미유발이 되며 이런 흥미유발 효과와 더불어 역할모델에 이르는 효과까지 이득을 가져온다. 고연령 학생들은 일반적으로 좋은 역할모델을 해야 한다는 교육자들의 기대에 긍정적으로 반응하는 편이다. 에반겔로우(Evangelou, 1989)는 에릭 다이제스트ERIC digest에서 다연령 학급이 저연령, 고연령 모두에게 긍정적인 사회적 행동 성향을 만들고 학생들의 인지적 학습능력을 증가시키며 학습내용의 이해와 내면화를 촉진한다고 보고했다.

작은 학급의 운영 미국은 1950년대 이래로 작은 규모의 학급에 대한 연구가 지속적으로 이루어져 왔다. 학급당 인원수가 많았던 저학년 교실의 규모를 줄이기 위해 각 주들이 특별법안을 통과시키고 기금을 제공하기도 했다. 하지만 작은 학급의 효과에 대해 1980년대까지 주목할 만한 연구결과가 나오지는 않았다.

1999년 초, 미국 교육부가 학급당 인원수를 15~20명의 학생으로 감소시킨 후 읽기와 수학의 성취도가 올랐으며, 저소득층의 아이와 소수 민족의 아이들이 가장 많은 이득을 보았다고 보고했다. 이 때의 이득은 단기적인 것과 장기적인 것 둘 모두를 포함한다. 1학년에서 3학년까지 소규모 학급에서 지냈던 5학년 학생들이 대규모 학급에서 학습한 학생들보다 학습성취 면에 있어 5개월이나 앞서 있었다. 1학년에서 3학년까지 소규모 학급에서 학습한 학생들은 고등학교 진학 후에도 지적 발달에 있어 꾸준한 상승을 보였고 우수반에 더 많이 속해 있었다. 소규모 학급의 교사들은 훈육보다 교습에 더 많은 시간을 할애하고 학생들의 학습과정을 더 잘 파악하고 개별지도를 해줄 수 있었다. 또한 소규모 학급은 도움이 필요한 학생들에게 더 많은 특별한 도움을 주고 학생 참여도를 높이고 학생들의 행동을 향상시켰다(U.S Department of Education 1999).

이 연구를 기초로 미국 교육부는 교실 규모 감소 프로그램을 시작했다. 이 것은 7년에 걸쳐 십만 명의 우수한 교사들을 고용하기 위한 시발점이었다. 목표는 1~3학년 학생들의 학급당 인원수를 18명으로 줄이는 것이다. 인디아나, 테네시, 위스콘신 주를 포함한 20개 주는 지금 이 학급 인원 감소 프로그램을 적절하게 잘 사용하고 있다.

■ 추가정보

Indiana Department of Education

Center for School Improvement and Performance

Division of PRIME TIME

Room 229, State House Indianapolis, IN 46204

317-232-9152 / www.doe.state.in.us/primetime/welcome.html

10대를 위한 프로그램

초기 아동기의 교육을 위한 사회제공 프로그램으로 10대 대상의 부모 교실(이미 부모가 된 학생들과 예비 부모 둘 다를 위한)을 들 수 있다. 이런 프로그램들은 학생들에게 아동 발달에 있어 환경의 중요성을 인식시켜 주고 부모로서 그들이 책임감을 가질 수 있도록 도와 주며 지역사회와 연결될 수 있는 원천을 제공한다.

■ 추가정보

The Success by Six Learning Center

Clark County School District

2832 East Flamingo Road Las vegas, NV 89121

702-799-5477

질적 측면

◉   단지 아동기 프로그램들만이 아이들의 교육적 준비와 발달에 충분한 것은 아니다. '비용, 질적 요소, 연구 성과Cost, Quality, and Outcomes Study(Peisner et al., 1999)'와 '초기 아동보호 서비스와 아동발달에 대한 연구'에서 밝혀졌듯이 프로그램의 질이 좋아야 한다. 아동보호 서비스의 질은 결국 결과의 질과 직결되기 때문이다(National Association for the Education of Young Children, 1998).

바스Baas(1991)는 자신의 저서 ≪위기 아동을 위한 보장할 수 있는 전략 Promising Strategies for At-Risk Youth≫에서 위기 상황의 아이들에게 효과적이라고 할 수 있는 프로그램의 구성요소들을 아래와 같이 나열했다.

- ◆ 학교의 적극적인 리더십
- ◆ 부모들의 참여
- ◆ 학교를 기초로 하는 해결책
- ◆ 높지만 실현가능한 기준
- ◆ 학습을 위한 대안 전략
- ◆ 직원의 끊임없는 전문성 개발
- ◆ 소규모 학급
- ◆ 학교와 사회 통합 서비스를 포함한 지역사회의 참여

아동교육을 위한 전국 연맹The National Association for the Education of

Young Children:NAEYC은 아동보호 서비스의 질적 기준 마련을 위한 가장 포괄적인 해결책 중 하나를 제공한다. 이 기준들은 교사와 학생, 그리고 커리큘럼 간의 상호작용, 교사와 학생가족과의 관계, 교직원의 자질, 전문성 개발, 행정, 시설, 건강, 안전, 영양, 음식 서비스 그리고 평가에 이르기까지 포괄적인 내용들을 담고 있다. 그 중에서도 NAEYC는 지적 발달이나 부모와 가정의 적극적 참여뿐만 아니라, 소규모 학급, 지속적인 개발을 수행하는 자질을 갖춘 직원, 다양한 개발 욕구에 적합하고 적절하며 의미있는 커리큘럼과 지원 자료들, 정서적이고 사회적인 지지들을 중요하게 생각한다.

결 론

● 　분명한 것은 초기 아동을 위한 교육적 개입과 문제 방지책을 위해서 더 많은 노력이 필요하다는 것이다. 국가 지도자 연맹National Governor's Association은 그들의 1992년 보고서에서 다음과 같은 결론을 내렸다.

가장 어릴 때 가장 위험에 처할 수 있는 아이들에게 투자하는 것은 미래의 큰 수확을 예비하는 것이다. 출산 전 태교와 취학 전 아동의 발달 프로그램에 관한 많은 연구들은 아동보호 프로그램으로부터 가장 많은 이익을 얻은 사람은 빈곤, 무보험, 경제적 불이익에 처한 아동들이었다고 보고한다.

많은 예방 프로그램들의 성공 여부는 질과 집중성에 달렸다. 아동과 가족을 위한 초기 투자는 개인적인 측면뿐 아니라 사회적 측면에 있어서까지 장기적으로 긍정적인 영향을 미친다.

개개인에게 제공되는 서비스들은 종종 다른 가족들을 돕기도 한다. 이런 도움을 받는 삶은 예방적 차원에서 즉시 향상될 뿐만 아니라 미래의 위기 가능성을 줄이기도 한다. 그래서 세대에 걸친 빈곤의 악순환을 막는 데도 한 몫 하게 된다.

예방의 시작은 이른 법이 없다. 우리는

◆ 다양한 접근법들을 사용하고 경제적 불리함에 특별한 관심을 기울여야
한다.

◆ 양질의 프로그램을 통해 기존의 악순환을 없애기 위해 계속적으로 노력
해야 한다.

◆ 장, 단기적으로 가장 큰 영향력을 줄 수 있는 자원을 사용해야 한다. 다
시 말해, 초기 아동교육에 대한 더 많은 대책에 중점을 두어야 한다.

■ 추가정보

Association for Supervision and Curriculum Development
1703 North Beauregard Street
Alexandria, VA 22311-1714
703-578-9600 or 1-800-933-ASCD
http://www.ascd.org

Frank Porter Graham Child Development Center
University of North Carolina at Chapel Hill
CB # 8180
105 Smith Level Road
Chapel Hill, NC 27599
919-966-7168
http://www.fpg.unc.edu

Intercultural Development Research Association
5835 Callaghan Road, Suite, 350
San Antonio, TX 78228-1190
210-44-1710

www.idra.org

National Institute on Education of Young Children
1509 16th Street, NW
Washington, DC 20036
202-232-8777 or 1-800-424-2460
http:// www.naeyc.org

National Institute on Early Childhood Development and Education
Office of Educational Research Improvement
U.S Department of Education
555 New Jersey Avenue, NW
Washington, DC 20208
202-219-1935
http://www.ed.gov/offices/OERI/ECI/index.html

Parents as Teachers National Center
10176 Corporate Square Drive, Suite 230
St. Louis, MO 63132
314-432-4330 / http:// partnc.org

Baas, Alan. (1991). *Promising Strategies for At-Risk Youth.* ED 328958.
Eugene, OR:ERIC Clearinghouse on Educational Management.

Barnett, W.S. (1996). *Lives in the Balance:Age-27 Benefit-Cost Analysis of the High/Scope Perry Preschool Progrem.* Monographs of the High/Scope Educational Research Foundation, 11. Ypsilanti, MI:High/Scope Press.

Barnett, W. S., Berrueta-Clement, J. R., Schweinhart, L. J., Epstein, A. S., and Weikart, D. P. (1984). *Changed Lives: The Effects of the Perry Preschool Program on Youths through Age 19.* Monographs of the High/Scope Educational Research Foundation, 8. Ypsilanti, MI:High/Scope Press.

Belle, D. (1990). Poverty and Women's Mental Health. *American Psychologist, 45(3)*, 385-389.

Brookes-Gunn, J., Klebanov, P., Liaw, F., and Dincan, G. (1995). Toward an Understanding of the Effects of Poverty upon Children. In Fitzgerald, H.E. Lester, B.M., and Zuckerman, B. (Eds.). *Children of Poverty: Research, Health, and Policy Issues.* New York: Garland Publishing.

Brown, L. and Pollitt, E., (1996). Malnutrition, Poverty, and Intellectual Development. *Scientific American, 274(2)*, 38-43.

Carnegie Corporation. (1994). *Starting Points: Meeting the Needs of Our Youngest Children.* [on-line] http://www.carnegie.org/starting-points/startptl.html.

Cummings, Carolyn. (1990) *Appropriate Public School Programs for Young Children.* ED 3218920, ERIC Clearinghouse on Elementary and Early Childhood Education, Urbana, IL.

The David and Lucile Packard Foundation. (1999). *Home Visiting: Recent Program Evaluations.* The Future of Children 9(1). The David and Lucile Packard Foundation. Los Altos, CA.

Education Commission of the States. (1996). *Brain Research and Education: Bridging the Gap between Neuroscience and Education.* Publication no. SI-96-7.

Evangelou, Demetra. (1989) *Mixed-Age Groups in Early Childhood Education.* ED 308990, ERIC Clearinghouse on Elementary and Early Childhood Education, Urbana, IL.

Jacobson, Linda. (2000). On Assignment: Research Lessons from Life: Long-Term Study of Child Development Seen as Growing 'National Treasure.' *Education Week*, July 12, 2000, pp. 42-45.

Katz, Lillian. (1987). *What Should Young Children Be Learning?* ED 290554, ERIC Clearinghouse on Elementary and Early Childhood Education, Urbana, IL.

Katz, Lillian. (1995). The Benefits of Mixed-Age Grouping. ED 38411, ERIC Clearinghouse on Elementary and Early Childhood Education, Urbana, IL.

Kostelnick, Marhorie. (1993). *Developmentally Approriate Programs.* ED 356101, ERIC Clearinghouse on Elementary and Early Childhood

Education, Urbana, IL.

Mayes, L. (1996). *Early Experience and the Developing Brain: The Model of Prenatal Cocaine Exposure.* Paper presented at the invitational conference: "Brain Development in Young Childern: New Frontiers for Research, Policy, and Practice, "University of Chicago, June 12-14, 1996.

McClellan, Diane E. and Katz, Lillian G. (1993). *Young Chidren's Social Development: A Checklist.* ED 356100, ERIC Clearinghouse on Elementary and Early Childhood Education, Urbana, IL.

U.S. Department of Education. (1999). *Local Success Stories: Reducing Class Size.* Http://www.ed.gov.offices/OESE/ClassSize/localsuccess.html.

National Association for the Education of Young Children. (1998). *Accreditation Criteria and Procedures of the National Association for the Education of Young Children.* Washington, DC, 17-66.

National Governors' Association. (1992). *Every Child Ready for School: Report of the Action Team on School Readiness,* 7.

NCES. (1994). *Dropout Rates in the United States: 1993.* Washington, DC: National Center for Education Statistics, U.S. Department of Education.

Peisner, E., Burchinal, P., Clifford, D., Culkin, M., Howes, C., and Kagan, S. L. (1999). *Cost, Quality and Outcomes Study.* National Center for Early Development and Learning, Frank Porter Graham Child Development Center, UNC-Charlotte. http://www.fpg.unc.edu/~ncedl, 1999.

Schweinhart, L .J., Barnes, H. V., and Weikart, D. P. (1993). *Significant Benefits: The High/Scope Perry Preschool Study through Age 27.* Monographs of the High/Scope Educational Reserach Foundation, 10. Ypsilantin MI: High/ Scope Press.

Wells, S. E. (1990). At-Risk Youth: *Identification, Programs, and Recommendations.* Englewood, CP: Teacher Idea Press.

06 읽 | 기 | 와 | 쓰 | 기

독서는 충만한 사람을 만들고,
협의는 준비된 사람을 만들며,
쓰기는 정확한 사람을 만든다.
프란시스 베이컨

중도탈락 예방을 위한 5가지의 효과적인 전략 가운데, 미국의 모든 학교에 한 두가지 형태로 사용되는 가장 기본적인 프로그램이 읽기와 쓰기 프로그램이 다. 비록 읽기와 쓰기가 고등학교보다 초등학교와 중학교에서 더욱 강조될지 라도, 이 프로그램은 여전히 고등학교, 특히 학업 실패의 위험이 있는 학생을 위해서 강조되어야 한다.

읽기와 쓰기는, 학교에서 배우는 거의 모든 과목들을 효과적으로 배우기 위 한 가장 기본적인 기술이기 때문에 수십 년 심지어는 수세기 동안 교육계의 지대한 관심을 받아온 부분이다. 오늘날의 교육자들은 다양하고 많은 프로그 램과 접근법 중에서 원하는 것을 선택할 수 있다. 많은 읽기 전문가와 연구자 들은 학생들이 학습적 문제가 있을 때 이 기본적 기술을 가르칠 수 있는 가장 좋은 방법에 대해 여전히 논쟁 중이다. 그리고 이것은 그리 놀랄만한 일이 아 니다. 미 연방정부는 30년이 넘게 헤드 스타트 프로그램 안에서 다양한 읽기 와 쓰기 관련 접근법들을 추진해 왔다.

포괄적인 읽기와 쓰기 프로그램 목록은 분명히 이 책에 있는 것보다 훨씬 더 많다. 어쩌면 선택된 일부 프로그램 목록마저도 부분적으로 생략되었을 수도 있다. 사립 학교들과 학교지역들은 그들이 필요로 하는 것들을 알고 적절한 접근법이나 프로그램을 결정할 수 있다.

하지만 어떤 방법을 택하느냐와 상관없이 읽기와 쓰기 기술을 증진시키기 위한 전략은 학교에서 문제가 있는 학생들을 중도탈락하지 않고 잘 다니게 하기 위한 가장 기본적인 요소—아마 가장 중요한 부분—이다. 중도탈락 방지를 위한 다른 모든 접근법들은 이 핵심사항과 연관되어야 하고 이를 지지해야 하며 이를 토대로 만들어져야 한다.

결론

● 　가족 참여를 촉진시키고 초기 아동의 발달을 도우며 모든 학생들의 쓰기와 읽기 능력을 발달시키는 프로그램에 대한 투자는 훗날 상당한 보상을 가져다 줄 것이다. 이런 중요한 전략은 다음 장에서 다루게 될 부분의 핵심적 기초라 할 수 있다.

구체적으로, 4장~6장까지 다루었던 전략은 대부분 학생 개개인의 잠재력을 개발하기 위한 것이었다. 잠재력 개발을 위해 적당한 조기 교육 후 학교에 보내는 것보다 더 좋은 방법은 없을 것이다. 7장~10장에서는 모든 중도탈락 예방 프로그램들의 기반을 형성하는 전략들에 대해 살펴볼 것이다. 그리고 11장~14장까지에서 다루는 전략들은 대부분 교실 수업과 관련된 것이다.

마지막으로 15장~18장까지는 더 넓은 지역사회에서 얻어지는 대부분의 이점에 관해 다룰 것이다. 자녀교육에 가족이 참여하는 것보다 더 나은 결과를 얻을 수 있는 방법은 무엇일까? 각각에 필요한 중요 요소들을 확립하면서 학교, 지역사회를 통해 학생들을 학교에 더 잘 적응할 수 있도록 하는 방법을 찾아나가야 할 것이다.

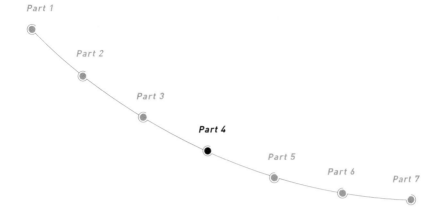

기본 핵심 전략

연구조사에 의하면 멘토링, 지역사회 공동체학습, 대안적 학교, 학교 밖 교육 프로그램 등의 4가지 주요 전략은 학교 중도탈락 문제에 가장 중요한 영향을 미친다. 이들 학생 중심의 전략들은 중도탈락의 가능성이 있는 학생들을 교실 안에서 심지어는 밖에서도 역동적인 학습자로 만들고 의미있는 학습기회로 연계시켜 준다. 전통적인 일반학교에서의 부진한 과업수행과 학습활동으로 중도탈락의 가능성이 있는 학생들은 여기 중요한 몇 가지 전략들로 달라질 수 있다. 다음 장에서 중도탈락 예방을 위한 전략을 설명할 것이고, 이런 전략들이 어떻게 미국 학교에 있는 대부분의 학생들에게 적용되는지 살펴볼 것이다.

07 멘·토·링

나는 누군가 함께 내 인생의 동반자가 되어줄 사람을 간절히 필요로 했다.
험난하고 고난스러운 인생 앞에서 사랑과 존경에 대한 영감을 제공해 줄 사람,
목표를 향하여 나아가도록 붙들어 줄 사람, 따뜻하게 보살펴 줄 사람을 필요로 했다.

개스톤 레부페

대부분의 중도탈락 학생들에게 "왜 학교를 그만뒀니?"라고 물으면 "내가 학교를 그만두든 말든 아무도 상관하지 않았어요"라고 대답했다. 부모, 친구, 교사 그 누구로부터도 강력한 개인적인 지원을 얻지 못한 학생들—관심을 기울여 주는 사람이 없는 학생들—은 학교에서나 지역사회에서나 중도탈락의 가능성이 높다. 오래 전 학생들은 정상적인 가족 안에서 친밀한 조부모와 다른 친척들, 그리고 가까운 이웃들의 많은 지지와 보호 밑에서 성장했다. 오늘날의 학생들에게도 그러한 멘토링이 제공된다면 즉, 적절한 역할모델과 긍정적인 지지체계가 제공된다면 아이들에게 학습을 위한 효과적인 전략이 될 것이다.

멘토링은 아주 오래 전부터 인정받아 온 유서 깊은 접근 방법이다. 희랍의 옛 현인들도 멘토링을 통하여 교육을 했었다. 오늘날에도 역시 멘토링은 중요 분야에서 활용되고 있는데 회사나 정치분야가 그 대표적인 예다. 멘토는 지지와 도움을 주는 현명하고 믿을 수 있는 친구라는 의미를 갖고 있다. 멘토는 학습을 지도하기도 하지만 그것이 전부는 아니다. 전통적으로 멘토링은

일대일 관계의 형태로 이루어져 왔다. 그러나 그룹으로도 가능하다. 최근에 시간을 절약하고 멘토링을 확대하기 위해 휴렛팩커드사는 텔레멘토링 Telementoring 프로그램을 개발하였다. 이 프로그램은 인터넷을 통해 멘토와 학생이 연결될 수 있도록 한 혁신적인 프로그램으로 알려졌다(Field, 1999).

왜 청소년들은 멘토가 필요한가?

● 오늘날 성장하고 있는 아이들, 특히 청소년들은 그 어떤 세대보다도 개인적이고 사회적인 압력에 더 많이 직면해야 한다. 그들이 직면하는 이슈들은 일생 동안 많은 문제들을 야기시킬 수 있고 갑작스럽게 삶을 위협할 수도 있다. '1998 커몬웰스 펀드Commonwealth fund 성인과 학생 간의 멘토링 조사'에 따르면 학생 10명 중 8명은 건강이나 발달, 또는 학교와 관련된 문제들을 한 가지 혹은 그 이상 가지고 있다. 그 설문조사에서 보고된 가장 일반적인 5가지 문제들은 ① 자신에 대한 아이들의 부정적인 감정, ② 친밀하지 못한 가족관계, ③ 저조한 성적, ④ 나쁜 친구들과의 어울림, 그리고 ⑤ 학교에서의 말썽이었다(McLearn et al., 1998).

많은 부모들과 학교 상담가들에 의하면 오늘날의 아이들은 너무 많고 새롭고, 예전과는 다른 사회적, 심리적 그리고 신체적 요구에 직면하기 때문에 소위 말하는 '정상적인 청소년 발달'이라는 것은 더 이상 존재하지 않는 것 같다고 말한다. 멘토 역할을 맡는 사람들은 이런 문제들과 주제들에 관한 이해를 갖고 있어야 한다. 다음은 '일대일 관계One to One Partnership'라는 기관에서 멘토를 위한 토론 중 일부를 발췌한 것이다(1996).

또래 압력 청소년들에게 작용하는 가장 강력한 힘 중의 하나는 또래들의 힘과 영향력이다. 이러한 개인적 태도와 행동에 대한 외부로부터의 힘은 긍정적일 수도, 부정적일 수도 있다. 멘토들은 이런 또래 압력의 힘을 인식해야 한다. 비록 멘토들이 어린 학생들에게 자신의 신념을 강요할 수는 없을지라도 학생들이 의사결정 기술을 배우고 스스로의 생각에 따른 현명한 선택을 할 수 있도록 도울 수 있어야 한다.

약물남용, 술, 담배 약물은 오늘날 청소년들에게 지속적인 유혹의 손길을 뻗고 있다. 멘토들은 학생들이 있는 곳에서 술이나 담배를 피하여 좋은 본보기가 되고 약물남용과 관련한 토론을 가지도록 하며 학생들의 행동을 잘 관찰해야 한다. 만약 학생들이 이와 관련한 문제를 가지고 있다면 멘토들은 정신과 의사나 교사, 혹은 상담교사를 찾아가 전문적인 조언을 얻어야 한다.

성적 충동과 10대 부모 아이들은 아주 여러 가지 이유로 성적 관계를 가질 수 있다. 이것은 민감한 문제이고 멘토들은 성관계와 관련된 대화나 토론을 할 때에는 아주 세심한 주의를 기울여야 한다. 전문적인 도움도 멘토들에게 아주 유용하다.

아동 학대와 가정 폭력 가족이나 어떤 환경 안에서의 신체적 또는 정신적인 학대는 학생들에게 즉각적으로 영향을 주고, 지속적이고 부정적인 태도와 행동을 형성하게 한다. 대부분의 주정부들은 학교 측에게 학대로 의심되는 행동들을 전문가에게 보고하도록 요구한다. 멘토는 이런 유형의 학대가 행해지고 있다고 생각되면 전문가들에게 도움을 요청해야 할 것이다.

학교 안전과 폭력 많은 아이들이 학교에서 괴롭힘을 당하거나 다른 폭력적인 행동에 노출되어 있다. 이는 출석 관련 문제를 일으키거나 학업성취를 저하시킬 수 있다. 관찰력 있는 멘토들은 학생들과 함께 이를 논의해야 하고 그런 상황에 대해서 학교관계자에게 알려주어야 하며, 이 때 보고하는 과정에서 학생들에게 아무런 피해가 가지 않도록 매우 주의하여야 한다.

우울과 자살시도 아이들은 그들이 풀 수 없는 문제와 상황에 직면하면 심각한 우울증에 빠질 수 있다. 멘토들은 이러한 가능성에 대해 민감해야 한다. 어떠한 극단적인 우울증이나 자살시도의 조짐이 보이면 프로그램 관련 전문가에게 이를 알려야 할 것이다.

영양과 건강관리 많은 아이들이 죽음은 그들과는 별개의 문제라고 생각하고 건강을 유지하기 위한 행동실천 사항들을 무시하는 경향이 있다. 멘토들은 건강한 삶에 대한 좋은 모델이 될 뿐만 아니라 이런 주제에 관해 토론하고 건강 관련 기관들을 방문하며 건강을 유지하기 위한 특별 활동에 참가하도록 유도할 수 있다.

신념과 종교 이 문제는 대개 가족범위 내의 문제이고 멘토는 가족들의 가치관이나 내력을 잘 고려해야 한다. 하지만 이것은 학생들과 관련된 영향력이 큰 부분이고 멘토와 학생은 이를 바탕으로 긍정적인 토론을 이끌 수 있다.

사회적 활동과 시간 관리 오늘날의 아이들은 학교와 관련된 일, 과외활동, 집안일, 여가활동, 그리고 다른 사회적인 요구에 종종 변화를 시도할 필요가 있다. 멘토는 시간관리기술, 의사결정기술과 관련한 유익한 토론으로 학생들을 도와야 한다.

직업 탐색과 파트 타임 대부분의 멘토들은 일을 하고 있기 때문에 직업 탐색은 아주 자연스럽고 설명하기 쉬운 과제이다. 직장 관련 장소 방문뿐 아니라 고용기회와 특별한 작업기술에 관련된 토론은 멘토링 관계에 있어 아주 일반적인 활동이다. 학교에서 직장으로 이어지는 대화는 멘토와 학생 간의 활동을 좀더 긴밀하게 만드는 시작 단계가 될 수도 있다.

구조화된 멘토링 프로그램

멘토링은 다양한 형태로 나타난다. 하지만, 대부분의 멘토링 관계는 구조화된 프로그램들의 지원이 있을 때 효과를 본다. 구조화된 프로그램들은 멘토가 학생에게 그들의 태도, 행동, 재능을 향상시키기 위해 유용한 경험을 제공할 수 있게 해준다. 구조화된 멘토링 프로그램은 일반적으로 다음을 포함한다.

- ◆ 멘토와 학생의 공식적인 관계
- ◆ 확실한 연락 체계
- ◆ 모임이나 활동에 대한 지침
- ◆ 시간에 대한 합의(보통 12개월, 적어도 한 학년 동안)
- ◆ 지속적으로 진행되는 구조화된 훈련 프로그램
- ◆ 숙련된 전문가에 의한 점검과 지원
- ◆ 지속적인 평가와 노력

다양하고 많은 구조화된 멘토링 프로그램 중에서 특히 몇 가지는 아주 실용적이고 성공적인 것으로 나타났다. 다음에 오는 몇 가지 두드러지는 예시와 일반적인 멘토링 모델의 특징을 살펴보자.

전통적인 멘토링 (예: 미국의 '빅 브라더' 혹은 '빅 시스터' 같은 학교나 지역사회기반 프로그램)

- ◆ 성인 1명과 아이 1명
- ◆ 1주일에 1번 또는 1달에 2번 정도의 규칙적인 접촉
- ◆ 기간은 1년 또는 학년 단위
- ◆ 지원, 모니터, 지도감독 행위 제공

집단 멘토링 또는 공동 멘토링 (예: 'Campus Pals', 'AmeriCorps chapters')

- ◆ 성인 1명 또는 여러 명 당 청소년 한 집단
- ◆ 규칙적인 만남은 진행 기간 동안 매일 이루어질 수 있다.
- ◆ 여름 학기 또는 한 학년처럼 한정된 기간
- ◆ 지원, 모니터, 지도감독 행위 제공

또래 멘토링 (예: 'Boys and Girls Clubs', 'Coca-Cola Valued Youth Program')

- ◆ 1명의 아동에 성인 역할을 할 수 있는 다른 1명의 아이(나이는 다양할 수 있다.)
- ◆ 과학프로젝트나 수학 같은 특정 부분에 대한 관심
- ◆ 규칙적인 접촉과 계약
- ◆ 지원, 모니터, 지도감독 제공

팀 멘토링 (예: 위학 부모나 신앙가정 프로그램 등)

- ◆ 1명 또는 그 이상의 성인들과 다양한 수준의 아이들
- ◆ 규칙적인 접촉이 특정기간 동안 가족과 함께 이루어질 수 있다.
- ◆ 특별한 관심에 따라 의무적 혹은 자발적인 배치
- ◆ 지원, 모니터, 지도감독 제공

세대 간 멘토링 (예:은퇴한 연장자 자원봉사나 위학 조부모 프로그램 등)

◆ 리더의 역할이 아이들과 성인들 간에 상호교환 가능

◆ 방과 후 숙제를 돕는 센터와 같은 아이들을 위한 특별 프로그램

◆ 규칙적인 접촉과 계약

◆ 지원, 모니터, 지도감독 제공

텔레 멘토링 (예: 휴렛 팩커드의 텔레멘토 프로그램)

◆ 1명 또는 여러 명의 성인과 1명 또는 그 이상의 아이들

◆ 특별히 수학, 과학, 컴퓨터 관련 분야에 초점

◆ 정해진 시간과 장소 없이 적절할 때 이메일로 상호작용

◆ 새로운 방식의 평가과정

멘토링의 목적과 기대되는 효과

미국 내에 존재하는 멘토링 프로그램은 매우 다양한 목적과 목표를 가지고 있다. 하지만 대부분의 프로그램들은 학업성취, 고용, 또는 직업준비, 사회적 행동수정, 가족과 양육기술, 사회적 책임감의 일반적인 영역에서의 변화와 이득을 추구한다. 기대되는 특정 성과는 다음을 포함한다.

◆ 학업성취 증진

◆ 졸업률 증가

◆ 자존감 증진

◆ 학교출석률 향상

◆ 처벌 의뢰 감소

◆ 조기 임신률 감소

- 조기 취업률 증가
- 지역사회서비스 활동 증가

멘토링은 성취율이 낮은 학생들과 위험상황에 있는 학생들에게 매우 도움이 될 수 있다. '유나이티드 웨이 오브 아메리카United Way of America'에서 출판한 멘토링 프로그램 매뉴얼(1994)은 멘토들에게 중요한 임무 네가지를 다음과 같이 제시하고 있다.

- 긍정적인 개인적 관계 수립
- 삶의 기술 발달
- 가족관리에 대한 도움 제공
- 다른 사회적, 문화적 집단과의 상호작용을 위한 학생들의 능력 증진

멘토 프로그램을 후원하는 학교지역들, 조직들, 사업체, 지역사회들은 그들이 진술하는 목표와 기대되는 이익들을 다양하게 변화시킬 것이다. 전형적인 예를 들자면, 성공적인 10년 계획 프로그램인 칼라마주 학습 성취 프로그램 Kalamazoo Area Academic Achievement Program의 목표는 다음과 같다.

- 학생들에게 긍정적인 역할 모델을 제공한다.
- 자아 존중감을 향상시킨다.
- 의사결정을 스스로 내리게 함으로써 책임감을 가르쳐 준다.
- 학업수행 향상을 위해 필요한 것들을 수용할 수 있는 감각을 개발시킨다.
- 레크리에이션 활동과 다른 사회활동에 참여시킨다.
- 학교와 교사의 노력을 강화한다.
- 사회-학교에서의 행동 향상에 대한 이해를 돕는다.

멘토링의 영향

프로그램의 형태나 구조, 또는 기관과 상관없이, 멘토링은 지역사회 개발 프로그램이다. 멘토링은 지역사회의 구조와 제도적 경계를 변화시키고 학생의 비전을 변화시킨다. 이것은 비전, 건강, 지역사회의 경제적 기반을 변화시킬 수 있는 학교나 지역사회, 주에서 강력한 힘을 발휘한다. 멘토들은 학생과 가족들의 부정적인 면의 반복을 없앨 수 있는 힘과 영향력을 가지고 있다. 제대로 구조화된 멘토링 프로그램은 위험상황에 있는 아이들의 꿈을 다시 키울 수 있도록 도와 주는 효과가 아주 강력하면서도 비용이 별로 들지 않는 프로그램이지만 그다지 많은 최첨단기술을 필요로 하지도 않는다. 멘토링은 학교에 있는 학생들을 학교에 잘 다닐 수 있도록 도와 주는 효과적인 전략이다. 국내의 프로그램들을 통해 이러한 사실을 확인할 수 있다. 가장 포괄적인 국가적 차원에서의 증거들은 '빅브라더 빅시스터Big Brother/Big Sister 프로그램'의 결과를 통해 살펴볼 수 있다(Tierney and Grossman, 1995).

◆ 약물 사용의 첫 시도 46% 감소
◆ 알코올 경험 27% 감소
◆ 폭행 빈도수 38% 감소
◆ 수업 이탈률 37% 감소
◆ 부모에게 거짓말 37% 감소

또 다른 광범위한 연구로 커먼웰스 재단 연구(Mclearn, Colasanto, and Schoen, 1998) 역시 다음의 비슷한 긍정적 결과를 보고하였다.

◆ 학생들의 62%가 자아존중감이 향상되었다.
◆ 학생들의 52%가 학교수업을 덜 이탈하였다.

- ◆ 학생들의 48%가 성적이 향상되었다.
- ◆ 학생들의 49%가 학교에서 문제를 덜 일으켰다.
- ◆ 학생들의 47%가 학교 밖에서 문제를 덜 일으켰다.
- ◆ 학생들의 45%가 약물사용을 억제했다.
- ◆ 학생들의 35%가 가족관계를 증진하였다.

거의 모든 멘토링 프로그램이 멘토와 학생에 의해 수행된 적절한 접촉 회수와 접촉 시간에 대한 데이터를 수집한다. 캘리포니아의 한 지역에서는 매우 중요한 성과를 보고하는 지역 프로그램이 소개된 적이 있다. 이 지역의 사회단체 임원들은 1998~1999년 동안 307명의 10대들에게 52,000시간 이상의 멘토링 활동을 제공하였다(AmeriCorps 2000). 이러한 개입을 통해 그들은 다음의 결과를 보고하였다.

- ◆ 멘토 없이 지냈던 35~65%의 유사한 범죄자들에 비해 멘토가 있는 80%의 사람들은 범죄를 다시 저지르지 않았다.
- ◆ 89%의 사람들이 멘토의 도움으로 삶에 대한 좋은 태도를 증진시키고 유지시킬 수 있었다.
- ◆ 알코올이나 다른 약물을 사용하던 어린 범죄자들 73%가 약물을 중단하거나 서서히 줄였다.
- ◆ 약물을 남용하던 71%의 아이들이 사용을 중단하거나 줄였다.
- ◆ 69%의 학생들이 학교에서의 향상된 모습을 보여 주었다.
- ◆ 96%의 학생들이 약물 사용에 대한 대안활동에 긍정적으로 참여하기 시작하였다.
- ◆ 담배를 피던 41%의 10대가 담배를 줄이거나 끊었다.
- ◆ 멘토링을 받은 10대의 64%가 학교에서 44%의 지각률 감소와 56%의 과

제수행 증진을 포함한 향상된 모습을 보였다.

◆ 38%의 아이들이 성관계가 줄고, 피임률이 58% 증가되었다.

◆ 85%의 아이들이 취업에 관심을 가졌고, 그 중 56%가 취업했다.

◆ 58%의 아이들이 자원봉사를 하였다.

◆ 71%의 아이들이 'AmeriCorps' 멘토 프로그램이 그들 삶의 방향을 변화시켰다고 말했다.

◆ 62%의 아이들이 멘토가 없었다면 오늘날의 자신은 없었을 거라고 말했다.

멘토링 프로그램의 주 요소

한 나라 안의 많은 학교와 지역사회가 학교 중도탈락 예방 수단으로 멘토링 프로그램을 시작하고 있다. 접근법들은 아주 다양하다. 성공적인 프로그램들은 학교와 대학교처럼 학교, 지역사회조직, 기업, 그리고 다른 연구소에 기반을 두고 있다. 배경, 후원자, 또는 대상 아이들과는 무관하게 그 프로그램으로부터 큰 효과를 기대하는 프로그램 기획가들은 없어서는 안 될 몇 가지의 기본 프로그램 요소들에 대해 인식해야 한다.

미국 멘토링 파트너십(National Mentoring Partnership, 1991)은 프로그램 기획자들을 돕기 위한 점검항목과 효과적 멘토링을 위한 구성요소를 개발했다. 이 목록은 성공적인 멘토링 프로그램의 10가지 주요 구성요소들을 설명해 준다.

◆ 목표 진술과 장기계획

◆ 멘토와 참가자 모집계획

◆ 멘토와 참가자를 위한 오리엔테이션

- ◆ 모든 멘토와 참가자에 대한 적격성 심사제도
- ◆ 모든 멘토와 참가자를 위한 준비와 훈련 커리큘럼
- ◆ 연결 전략
- ◆ 모니터 과정
- ◆ 지지, 인식, 유지에 필요한 요소들
- ◆ 종결단계
- ◆ 평가과정

자세한 정보를 위해서는 www.mentoring.org를 참조하길 바란다.

공적 혹은 사적인 투자들에 의해 만들어진 좀더 최근의 연구는(Herrera, Sipe, and MClanahan, 2000) 이들 요소를 더 확고히 하였고 프로그램 구성을 위한 부가적인 방침을 안내했다. 722개의 멘토링 프로그램을 조사한 이 연구는 전통적 지역사회 기반 프로그램과 새로운 학교기반 프로그램 모두에서 빠르게 성장하고 변화하는 분야를 발견하였다. 프로그램의 차이에도 불구하고, 연구자들은 프로그램의 디자인과 조작, 최종 영향력에 대해 공통적으로 중요한 8가지 요소를 설명하고 있다.

- ◆ 사회적 활동과의 연계
- ◆ 학문적 활동과의 연계
- ◆ 매달 아이들과 멘토들이 만나는 시간 수
- ◆ 의사결정하기
- ◆ 연결 전 훈련Pre-match Training
- ◆ 연결 후 훈련Post-match Trainig과 지원
- ◆ 멘토링 관련 법규
- ◆ 연결Matching

◆ 학생의 나이

구조화된 멘토링 프로그램의 많은 구성요소 가운데 성공에 이르는 가장 중요한 요소는 프로그램의 목적과 목표에 대한 분명한 진술, 신규 멘토 채용 계획, 멘토 지원과 훈련프로그램, 프로그램에 대한 관찰(모니터링)과 평가이다. 이들 과업 중에서 대부분의 프로그램 기획가들은 효과적인 훈련프로그램을 디자인하고 포괄적인 계획 과정을 개발하는 것이 가장 중요한 것임을 알게 되었다. 이를 인식하면서 미국 중도탈락 예방 센터는 최근에 프로그램 기획가들을 지원하기 위해 〈멘토들을 위한 훈련 가이드A Training Guide For Mentors(Smink, 1999)〉를 출판하고 개발하였다.

구체적 프로그램의 목적이나 멘토의 출신, 또는 특정 대상 집단에 상관없이, 효과적인 멘토링 관계의 핵심은 신뢰감 형성이다. 최근의 연구에 따르면 신뢰감을 형성한다는 것은 멘토와 학생 사이에 상당한 시간과 노력이 요구되는 작업이라고 한다. 게다가 시페(Sipe, 1996)는 효과적 멘토링은 다음의 특정 사항과 연관된다고 했다.

◆ 멘토와 학생들이 시간을 어떻게 함께 보낼 것인지 결정하는 데 아이들을 참가시킨다.
◆ 학생에게 지속적이고 의지할 수 있는 관계를 제공하고 좀더 안정된 곳에서 도움을 받을 수 있도록 한다.
◆ 관계 유지에 대한 책임감을 가진다.
◆ 아이들과의 관계를 좀더 가치있게 하기 위해서 아이들이 재미있어 하는 것에 관심을 둔다.
◆ 아이들의 의견을 존중한다.
◆ 필요할 때는 프로그램 관련직원에게 지지와 조언을 구한다.

멘토링 프로그램 기획

● 위험 상황에 있는 아이들을 위한 멘토링 프로그램을 실행할 때는 몇 가지 기획이 필요하다. 비록 모든 학교와 지역사회가 그들 자체의 구체적 요구와 목표를 가지고 있지만 기획가들은 과거 경험으로부터도 혜택을 얻을 수 있다. 아래에 나와 있는 12단계 계획 프로그램은 크로켓과 스밍크(Crockett & Smink, 1991)에 의해 만들어졌다. 과거 프로그램 관련 보고서에 대한 재평가와 프로그램 관련 코디네이터들과의 인터뷰를 기초로 한 기획 안내서는 특히 학교 중도탈락 위험에 처해 있거나 이미 중도탈락 학생들에 대한 프로그램을 위한 것이다. 시간 계획은 지역의 개별적인 요구와 자원에 의해 변동이 가능하다.

프로그램 욕구 수립 프로그램은 대안학교에 있는 모든 학생들, 혹은 모든 9학년과 같이 특정 집단을 대상으로 할 수 있다. 또한 학업성취능력과 직업적인 인식 또는 개인적인 기술도 중시된다. 프로그램의 초점은 아이들의 요구에 따라 결정된다. 각 학교와 지역사회에는 멘토링 프로그램 개발에 있어 반드시 고려해야 할 특이한 문제들이 있다.

교육청과 학교의 책임 있는 헌신 프로그램이 학교를 기반으로 하든지 지역사회를 기반으로 하든지 기업을 기반으로 하든지 학교와 교육청과의 연계는 반드시 있어야 한다. 멘토링 프로그램은 학생의 규칙적인 학업과 학습활동을 통해 학생들을 보완하는 것이다. 교사, 상담가, 학교 행정가들은 프로그램 참여 학생을 선정하고, 학교에서는 그 진행과정을 관찰하며 필요하다면 부가적 도움도 제공해야 한다.

프로그램 직원 선정 많은 프로그램들은 학교 직원, 사업가, 지역사회 리더들 그리고 부모들로 이루어진 위원회나 다른 유형의 자문위원회를 가진다. 적어도 한 명 이상의 담당 직원이 프로그램을 운영하는 데 도움을 주어야 한다. 이 직원은 매일 프로그램의 진행과정을 두루 살피고 문제가 발생하면 멘토와 학생 모두에게 도움을 줄 수 있어야 한다.

프로그램 목적과 목표 설정 어떤 명확한 목적과 목표 없이 프로그램의 성공을 측정하는 것은 불가능하다. 예를 들면 프로그램의 가장 중요한 목표가 학교에서 중도탈락 가능성이 있는 학생들을 학교에 잘 다니도록 하는 것이라면 출석과 학업성취 증진을 목표로 잡는다.

프로그램 중 활동과 과정 개발 너무 딱딱한 일정은 멘토링 관계의 자연스런 흐름을 방해할 수 있기 때문에 멘토와 학생 간의 접촉 시간과 빈도를 위한 가이드라인을 수립해야 한다. 현존하는 프로그램 실행 경험에 의하면 멘토와 학생 간의 만남은 자주 이루어져야 하며 대략 1주일에 1~2번—한 달에 한 시간보다 적지 않게—정도여야 한다. 가장 일반적으로 한 학년, 혹은 여름 방학 동안이 그 주기가 된다. 겨우 한, 두 달 정도 지속되는 단기 프로그램들은 멘토링에 있어 개별적 친분을 쌓기에 충분하지 않은 시간이다.

멘토가 필요한 학생들 파악 대부분의 경우에 있어 멘토링 관계를 가지는 학생들은 자발적으로 참여하는 경향이 있다. 교사, 상담가, 사회사업가, 법정 또는 부모들이 학생을 위탁할 수도 있다. 이 프로그램을 통해 혜택을 얻는 대부분의 어린 학생들은 새로운 아이디어에 대한 수용성과 합의, 또 경청하고 질문할 수 있는 능력, 그리고 열정 같은 특정 자질을 가지게 될 것이다.

프로그램 활성화와 멘토 모집 멘토 모집은 공식적으로나 비공식적으로 모두

행해질 수 있는데 광고지, 우편, 포스터, 구두전달, 매체광고를 통해 이루어질 수 있다. 어떤 프로그램의 멘토는 대학캠퍼스 또는 특정 사업이나 지역사회의 집단 출신이다. 멘토에게 요구되는 자질은 어느 정도 프로그램의 목적에 의해 결정될 수 있다. 그러나 학생들을 걱정하고 이해하고 수용하고 즐겁게 해 주려는 마음이 가장 중요한 조건이다. 게다가 멘토는 학생들이 의지할 수 있고 융통성 있는 사람이어야 한다. 그들은 또한 그들의 상황이나 사회경제적인 지위를 통해 그들이 공유할 수 있는 자원들을 활용할 수 있어야 한다.

멘토 훈련과정 멘토 훈련과정이 그다지 유능하지 않은 멘토를 자질 있는 멘토로 바꾸어 놓지는 못하더라도 모집의 한 과정으로 분명히 사용될 수 있다. 멘토에 대한 초기의 지속적인 훈련은 프로그램의 성공여부에 중요한 역할을 한다. 학생들은 프로그램의 오리엔테이션에 참가하고 훈련기회를 제공받아야 하는데 그러면서 그들은 멘토링 관계 속에서 무엇을 얻을 수 있는지, 무엇이 기대되고 있는지를 알 수 있다. 훈련 부족은 성공적이지 못한 멘토링의 주된 원인이 되고, 또 자원봉사 멘토들이 프로그램을 그만두는 원인도 된다.

멘토-학생 연결과정의 관리 멘토와 학생 연결에 관련된 문헌을 보면 아직도 결론은 내려지지 않았다. 어떤 코디네이터들은 유사성이 필수라고 말하고 다른 이들은 상관이 없다고 말한다. 또래 멘토링, 혹은 한두 살 많은 학생들에 의한 멘토링이 아주 성공적인 사례로 여러 프로그램 안에서 시도된 바 있다. 성격적 측면에서 성격의 유사성이 성공적인 연결을 예측하는 데 반드시 필요한 사항은 아니다. 가장 중요한 것은 멘토가 학생들과 공감하고 그들이 필요로 하는 것을 알며 이러한 요구를 채워줄 수 있는가 하는 것이다.

멘토링 과정 점검 프로그램 진행 동안 짧은 만남과 질문이나 전화를 통해 모니터링이 진행된다. 이러한 과정을 통해 문제들을 초기에 분석하고 잘못된 것을 바로 잡아야 한다. 게다가 멘토들은 반드시 그들이 학생들의 문제를 모두 다 해결할 수 없다는 것을 현실적으로 인정해야 한다. 상담가와 사회적인 서비스기관 같은 도움을 줄 수 있는 원천들은 반드시 멘토링 관계 동안 이용 가능해야 한다.

진행 중인 프로그램과 종결된 프로그램 평가 시간과 비용 관련 문제 때문에 평가가 소홀해지는 경향이 있지만, 평가가 프로그램의 성공여부에 매우 중요한 역할을 한다는 것은 사실이다. 모니터링하는 동안 모인 정보를 기초로 하는 평가는 프로그램의 효과성을 측정하고 앞으로의 프로그램을 조망하고 참가자의 향상과 보완점을 제안한다.

멘토링 프로그램 평가에 몇 가지 문제가 있다는 것은 분명하다. 멘토링에 참여하지 않은 비참여자 통제집단과 참가자집단을 비교해 보았을 때 몇몇 학생들은 멘토로 인한 어떠한 이익도 얻지 못했다. 출석과 학업성취와 같은 영역에서의 향상된 모습은 학생들이 멘토링 관계를 가지는 것만으로는 이루어질 수 없다. 몇몇 경우에는 부모 양육, 훈련 또는 학교 출석 인센티브 프로그램과 같은 다른 요소들의 개입에 의해 영향을 받는다.

그럼에도 불구하고 연구자들과 운영자들은 평가작업이 매우 중요하다는 것에 동의한다. 평가는 프로그램을 되돌아보고 재정립하기 위한 도구이다. 기금 확보를 위해서도 평가는 매우 중요하다. 자료들이 불완전할지라도 평가는 기본목표와 프로그램 목표가 성취되는지를 측정할 수 있게 한다.

프로그램 수정과 반복 멘토, 학생들, 그리고 프로그램 직원들로부터 얻어진 정보를 기초로 한 프로그램 수정은 지속적으로 이루어져야 한다. 프로그램이 진행됨에 따라 어떤 구성요소들은 첨가될 수도 있고 삭제될 필요도 있다. 학생들의 요구는 변한다. 만약에 그 요구들이 변한다면 프로그램 또한 그들의 요구에 맞게 변화해야 한다.

멘토링 프로그램의 한계

멘토링 프로그램은 긍정적인 면에도 불구하고 몇 가지 제한점들을 가지고 있다. 이러한 한계들을 깨달은 프로그램 코디네이터들은 그들의 프로그램 계획과 멘토 훈련 프로그램을 주의 깊게 살펴봐야 한다.

시간 구라드(Goodlad, 1995)는 프로그램 실패에 대한 이유를 몇 가지 제시하고 있다. 그러나 지금까지의 압도적인 방해 요인은 기본적으로 시간 관련 문제이다. 멘토가 되어 일하는 사람들은 당연히 개인적으로 자신들의 가족 그리고 직업과 관련된 일을 가지고 있다. 그 결과, 시간은 부족하고 질적인 면에서 그들에게 유효한 시간은 각 멘토·학생 간의 활동을 위해 요구되는 것보다 적다고 할 수 있다.

사회적 거리 멘토와 학생 간의 사회적 거리 —사회,경제적 지위나 문화, 세대, 언어, 또는 인종적 배경에서 오는 차이— 는 멘토링 프로그램에서 극복해야 할 과제이다. 만약 멘토가 그 거리를 좁히기 위한 관심이나 노력을 기울이지 않는다면 그 관계는 더 멀어질 것이다. 사회적으로 멘토와 학생의 관계가 편하면 편할수록 불편한 관계보다 노력이 덜 요구될 것이며 서로에게 더 관심을 보이거나 가질 수 있다.

고립감 멘토링 인터뷰에서 언급되었던 또 다른 문제는 고립감이다. 멘토들이 만약 강력한 초기 지속적 훈련이 들어 있는 구조화된 프로그램에 속해 있지 않다면 그들은 외로움을 느끼고 그들에게 필요한 지원를 받지 못한다고 느낄 것이다. 시간도 중요한 문제로 제기되지만 멘토들에게 있어 훈련과 지원 역시 중요한 이슈로 높이 평가되며 그들은 시간이 가능한 한, 이런 이슈에 기꺼이 참여할 것이다.

종결 프로그램 코디네이터가 위의 도전 과제나 그와 관련된 문제에 대해 알고 있을 때, 그들은 필요한 것을 빨리 파악해서 보완하고 멘토링 관계 종결을 위한 즉각적인 조치를 취해야 한다. 모든 멘토·학생의 관계가 성공적인 것은 아니다. 그 관계가 효과적이지 않거나 전체 프로그램에서 혼란을 일으킨다면 적절한 시기에 멈추어야 한다. 대부분의 프로그램 계획들은 이러한 상황에 대한 대안책을 가지고 있다. 이런 계획은 멘토들을 위한 가이드북과 훈련프로그램의 한 부분이 되어야 한다.

프로그램 평가

모든 프로그램 기획자들이 관심을 갖는 구성요소는 평가과정이다. 프로그램의 과정과 그 효과를 측정하는 것은 프로그램 후원자들에게 그 결과를 보여주고 알리기 위한 이유를 포함한 여러 가지 많은 이유들 때문에 매우 중요한 요소로 인식되고 있다. 만약 평가모델을 고안해 낼만한 전문가가 없다면 프로그램 리더들은 미국 중도탈락 예방센터와 같은 조직으로부터 또는 지역의 대학으로부터 기술적인 지원을 요청해야 한다. 계획에 있어 매우 중요한 지침 중 하나는 지역의 매체, 정책결정자, 또는 지원을 계속하거나 프로그램을 지속하는가에 대한 결정을 내리는 후원자들에게 성공 스토리를 제공할 수 있는 기회를 많이 만들어야 한다는 것이다.

효과적인 프로그램과 실천

● 멘토링 프로그램은 많은 장점에도 불구하고, 다른 교육 프로그램과는 별개의 문제로 간주되거나, 또는 위험 상황에 있는 학생들과 상호작용하기 위한 유일한 방법으로써 제공되어서는 안된다. 멘토들은 기적을 일으키는 사람들이 아니며 멘토링은 문제를 가진 모든 이들에게 즉각적인 치료책을 제공할 수 없다. 멘토링 프로그램은 어느 발달 단계이든 아이들에게 도움을 주는 다른 프로그램들, 아이디어, 전략들과 함께 결합하여 실행되어야 한다. 이러한 제한점에도 불구하고 미국의 성공적인 멘토링 프로그램의 수는 엄청나다. 지역 프로그램 계획가들은 이미 존재하는 프로그램을 통해서 많이 배울 수 있다. 여러 가지 특이한 아이디어와 모델 프로그램이 아래에 소개된다.

지역 상공회의소에 의해 지원되는 학생 장학금과 멘토링 칼라마주 학습성취 프로그램Kalamazoo Area Academic Achievement Program:KAAAP은 칼라마주 지역 상공회의소Kalamazoo County Chamber of Commerce와 합작하여 다섯 학교 지역에서 1992년에 시작된 프로그램이다. 프로그램은 75명의 4학년 학생들과 기업, 그리고 지역사회 멘토들을 연결하여 시작했다. 이 학생들이 멘토링, 가족연계, 사회 경험 관련 프로그램을 마친 후 고등학교를 졸업하게 되면 그들은 그 다음 단계의 교육을 위한 4천 달러를 지급 받을 수 있게 될 것이다.

프로그램이 시작된 이래로 KAAAP는 학업성취에 어려움을 가지고 있는 900명 이상의 학생과 가족들을 위해 서비스하고 있다. 상공회의소와 기업과 학교지역에 의해 전체적으로 지원을 받은 KAAAP는 2000년에 그들의 첫 졸업생을 배출할 예정이다. W. E. 업존Upjohn고용 연구 기관은 첫 300명의 학생들에 대한 고용실태를 다년간 연구해 오고 있다. 초기의 연구결과에 따르면 KAAAP 학생들의 출석과 시험 성적은 통제집단과 비교해 봤을 때 훨씬 향상되어 있었다. 프로젝트의 개발과 실행의 초기단계 동안에 기술적인 지원을 제공하였던 미국 중도탈락 예방센터와 일을 하면서 KAAAP는 다른 프로그램들과 차이를 만들어가고 있다.

1999년에서 2000년 사이에 게일 웨스트 웹스터Gayle West-Webster는 KAAAP의 좀더 나이 많은 학생들을, 4학년으로 올라가는 학생들의 멘토로서 활용하고자 하는 새로운 프로그램 활동을 시작하였다. 이 '지더 지도자 프로그램Jeader's Leader Program'—2차적으로 조직화되어 데릭 지더Derick Jeader에 의해 운영됨—은 멘토로 일하는 상급 학생들에게는 그들의 지속적인 교육 프로그램 참여를 위해서 졸업과 동시에 1천 달러의 부가적인 수입을 지급할 수 있도록 할 것이다.

■ 추가정보

Gayle West-Webster, Executive Director
Kalamazoo Area Academic Achievement Program
346 W. Michigan Ave.
Kalamazoo, MI 49007
616-381-4000

흑인 남성을 위한 멘토링 세이브 아우어 선즈Save Our Sons: SOS는 여러 프로그램들과 조사를 통해 미국 흑인 남자들의 교도소 출입비율을 줄이고자 만들어진 비영리조직이다. 프로그램은 대부분 지방의 지역사회조직과 사업체들로부터 후원을 받는다. 활동으로는 여행, 학교내 활동, 토요세미나, 여가활동, 교회관련활동, 그리고 다른 지역사회 증진 활동들이 있다. 지역사회 자원봉사자들에 의한 멘토링은 이 프로그램에 있어 중요한 요소이다. 1백 명 이상의 멘토링 관계의 사람들이 개인과 집단 멘토링 활동에 모두 관련되어 활동하고 있다. 멘토들은 경청과 설득능력을 포함하여 많은 전략들을 활용하고 학생들과 강력한 유대관계를 형성하고자 노력한다.

■ 추가정보

Roger G. Owens, President

Save Our Sons

P.O. Box 10706

Greenville, SC 29603

864-297-4694

고등교육에 부정적 태도를 가진 학생들을 위한 멘토링 놀워크Norwalk 멘토 프로그램은 코네티컷 주의 놀워크에서 1986년에 시작되었고 초등학교와 중학교에서 자아 존중감이 낮고 부정적인 학교에 대한 태도를 가지고 있는 학생들을 위한 학교기반 멘토 프로그램으로 시작되었다. 이 프로그램은 학교출석, 동기화, 학생들을 위한 긍정적인 역할모델의 필요성을 설명하고 있다.

지방 사기업체들로부터 모집된 멘토들은 책임과 관련된 문제, 의사결정하기, 문제해결, 의사소통기술, 갈등해결, 자존감 형성과 같은 영역에 있어 현재 진행중인 집중적 훈련을 받는다. 각 멘토들은 멘토링 관계 동안 안내 책자로 사용하기 위한 각 연령에 적합한 워크북을 받고 전략을 배운다. 프로그램을 수행하고 고등학교를 졸업하는 각 학생들은 다음 단계의 교육 프로그램에서 쓰기 위한 1000달러의 장학금을 받는다.

■ 추가정보

Donna E. Custer, Coordinator

Norwalk Mentor Program

125 East Ave.

Norwalk, CT 06852

203-854-4011

상습 범죄, 약물남용, 10대 임신 청소년을 위한 멘토링 캘리포니아의 산 루이 오비스포에서는 'The AmeriCorps'에 의해 멘토링 프로그램이 진행되고 있다. 이 프로그램은 지역사회 인구조사와 함께 5년 전에 만들어졌고 중도탈락의 가능성이 상당히 높은 10대들에게 집중적인 일대일 멘토링 서비스를 제공한다. 'AmeriCorps' 구성원들은 위험 수위가 높은 10대들을 돌보는 지역사회기관에 소속된다. 이들 기관에서 일하는 직원들은 10대들을 관리하고 그 10대들에게 적절한 멘토들을 붙여 준다. 2명의 정직원인 관리자들은 매년 40~50명의 'AmeriCorps' 구성원들의 프로그램을 맡고, 배치를 담당하고 관리한다. 각각 1명의 정직원 멘토가 8~10명 정도의 멘토링을 담당하고, 1달에 8~12번 정도 학생들을 만나고 1주일에 4~6시간씩 각각의 학생과 시간을 보낸다.

목적은 학생들의 범재와 약물남용, 10대 임신율을 줄이고 학생들에게 학교와 인생에서의 성공을 이루도록 돕기 위함이다. 구체적 활동으로는 인생에서 성공을 위한 장애물을 파악하고 제거하기, 개별교수, 목표설정, 기회의 확대, 독립적인 생활기술 배우기, 구직, 보호관찰, 범죄와 약물남용에 대한 긍정적 대안에 참여하기, 아이들의 삶에 부모 연계 증가시키기, 신뢰 있는 친구로 행동하기 등이 포함된다. 1994년 이래로 160명의 'AmeriCorps' 성원들은 1,600명 이상의 아이들에게 160,000시간 이상을 서비스하였다. 학생들 중 보호관찰 청소년이 45%, 약물남용 청소년이 57%였다. 이들중에는 약물중독된 부모를 가진 아이들, 위탁보호를 받는 아이들, 정신적인 장애를 가지거나 행동상의 문제를 가지는 아이들, 10대 부모, 학교에 실패한 10대들을 포함되었다. 게다가 41%는 빈곤한 상태에 있고 64%는 한 부모만 있거나 위탁보호 상황 하에 있고 42%는 소수민족이었다.

■ 추가정보

Jill Lemieux, Director

AmeriCorps of San Luis Obispo County

P.O. Box 3953

San Luis Obispo, CA 93403

805-549-7890

자존감과 진로인식을 위한 멘토링 시카고 흑인 100인 조직(100 Black Men of Chicago)은 흑인 젊은이들의 꿈과 열망을 북돋우고 촉진하는 82개 전국적 조직 중의 하나이다. 이 조직은 미쉘 클락Michell Clark 중학교의 6, 7, 8학년 학생들과 함께 주간 멘토링 세션을 결정했다. 프로그램의 목표는 학생들이 자신에 대한 긍정적인 상을 만들고 미래 목표를 위해 투자하도록 격려하고자 하는 것이다. 이 포괄적인 멘토링 프로그램은 매년 직업의 날, 특별한 여행, 초청 강사, 그리고 다른 학교 학생들과의 운동경기 시합, 흑인 역사에 대한 지식을 시험받는 활동들을 포함한다. 그 외에 농구경기, 마술쇼, 졸업하는 학생을 축하하기 위한 파티 등을 포함한다.

■ 추가정보

100 Black Man of Chicago

188 West Randolph, Suite 626

Chicago, IL 60601-2901

312-372-1262

수학과 과학에 관심 있는 학생들과의 텔레멘토링 휴렛-팩커드 프로그램은 HP 직원들이 텔레멘토로 자원하여 일대일의 전자적 관계를 통해 5학년에서 12학년 학생들과 텔레멘토를 하는 구조화된 프로젝트 기반 프로그램이다. 프로그램의 초점은 부분적으로 진로 탐색에 중점을 두고 학생들이 수학과 과학에 우수한 성적을 거두도록 도와 주고자 하는 것이다. 학생들 또한 그들의 의사소통 기술을 증진시킬 수 있다. 멘토·학생 관계는 교실에서 교사가 보는 가운데 학생과 멘토가 함께 작용하는 규칙적인 학급 활동에 기반을 두고 있다.

■ **추가정보**
David Neils
International Telementor Center
3919 Benthaven Drive
Fort Collins, CO 80526
970-206-9352 / davidn@telementor.org

결론

멘토링—일대일의 보살핌과 신뢰에 기반을 둔 지지적인 관계—은 학교에서 중도탈락 위험에 있는 학생들에게 변화를 줄 수 있다. 장소, 형태, 방법은 매우 다양하지만 대부분의 멘토링 관계는 잘 구조화된 지원 프로그램으로부터 얻을 것이 많다. 멘토링은 포괄적인 학교 중도탈락 예방 프로그램에서 다른 프로그램들과 연계되어 적용될 때 가장 효과적이다.

참고문헌

AmeriCorps 1998-1999Annual Report. (2000). San Luis Obispo County, CA.
Crockett, L. and Smink, J. (1991). The Mentoring Guidebook: A Practical Manual for Designing and Managing a Mentoring Program. Clemson, SC:National Dropout Prevention Center.
Field, A. (1999,January). Tech-Mentor. In *How to Be a Great Mentor*. A guide produced by Kaplan/Newsweek/The National Mentoring Partnership. Washington, DC:Kaplan/Newsweek.
Goodlad, S. (Ed.).(1995). Students as Tutors and Mentors. London:Kogan Page.
Herrera, Carla,Sipe,C.L., and McClanahan, W.S.(2000,April). Mentoring

School-Age Children: Relationship Development in Community-Based and School-Based Programs. Philadelphia: Public/Private Ventures.

Kalamazoo Area Academic Achievement Program (KAAAP). (n.d.). Mentoring Handbook. Kalamazoo, MI: Author.

McLearn,K.,Colasanto,D.,and Schoen,C.(1998,June). Mentoring Makes a Difference: Findings from The Commonwealth Fund 1998 Survey of Adults Mentoring Young People.

Mentoring:Elements of Effective Practice.(1991). One to One/The National Mentoring Partnership. Washington,DC.

One to One Partnership, Inc.(1996). One to One Start-Up: A Guide. Washington,DC:Author.

Sipe, C. L. (1996). Mentoring: A Synthesis of P/PV's Research:1988-1995. Philadelphia:Public/Private Ventures.

Tierney, J. P., and Grossman, J. B. (with Resch,N.L.). (1995). Making a Difference: An Impact Study of Big Brothers/Big Sisters(Executive Summary). Philadelphia:Public/Private Ventures.

Smink,J.(1999). A Training Guide for Mentors. Clemson,SC:National Dropout Prevention Center.

08 지ㅣ역ㅣ사ㅣ회ㅣ공ㅣ동ㅣ체ㅣ학ㅣ습

배움에는 왕도가 없는 법.
삶이 곧 배움이 아니겠는가?
찰스 디킨스

미국 전역에서 교육에 관한 아주 특이하고 실질적인 변화와 이야깃거리들이 생기고 있다. 학생들과 학교, 지역사회가 연결되어 학문적 지식을 지역사회 문제 해결에 적용하고 이를 통해 자신과 주변의 삶을 변화시키고 있다. 한 시골지역에서 고등학교 학생들이 그 지역의 필요성을 조사하던 중 가장 필요한 주민 시설이 소방시설이라는 것을 알게 되었고 결과적으로 그들은 소방서를 유치했다. 또 다른 학교에서는 중퇴 가능성이 높았던 중학교 아이들이 초등학교 1학년 아이들에게 읽기를 가르치면서 자신의 읽기와 의사소통기술을 증진시킬 뿐만 아니라 자아 존중감과 소속감을 높이는 결과를 보였다. 이런 이야기들은 정말로 기쁜 소식들이다. 이 과정에서 적용되는 교수방법론이 지역사회 공동체학습이다. 이 장에서는 지역사회 공동체학습이 중퇴 예방에 미치는 잠재적인 전략들을 탐구하고자 한다.

지역사회 공동체학습의 기원

지역사회 공동체학습은 학문적인 학습, 개인적 성장, 사회적 책임감을 의미있는 지역사회의 서비스 경험과 연결하는 교수학습법이다. 지역사회 공동체학습에 관련된 학생들은 다음과 같은 조직화된 서비스에 적극적으로 참여하여 자신을 개발하고 배운다.

- ◆ 지역사회 요구에 부합하는 서비스
- ◆ 초등학교, 중등학교, 고등교육기관 또는 지역사회 서비스프로그램, 그리고 지역사회와 대등하게 조화를 이루어 작용하는 서비스
- ◆ 사회적인 책임감 고무를 돕는 서비스
- ◆ 학생들의 학업 계획, 혹은 참가자들이 등록할 수 있는 지역사회 서비스 프로그램의 교육적인 구성요소를 향상시키고 통합시키는 서비스
- ◆ 봉사참여 경험을 고려하는 학생들과 참가자들을 위한 구조화된 시간을 제공하는 서비스(Learn and Serve America, 1995).

지역사회 공동체학습의 기원은 존 듀이John Dewey에 의해 진행된 진보적인 교육운동에 있다. 공식적인 교육은, 세월이 거듭됨에 따라 어떠한 형태건 간에 이미 정해진 지식을 기본으로 새로운 세대에게 전달하는 교육 형태를 전개시켜 왔다. 그리고 우리는 그 방법론―강의, 분필과 칠판, 읽기, 시험지―에 익숙해져 있다. 교사만이 모든 정보의 근원이고 학생은 교사의 정보를 흡수한다.

듀이에게 영감을 받은 새로운 교육자 세대는 교사로서의 경험을 중시하는 듀이의 교육이론을 다양한 각도로 이해하고 변화를 시도했다. 이 중 극단적인 이들은 경험만을 교육의 도구로 적용하면서 전통적 교육을 전적으로 무시했다. 듀이 자신 또한 그의 교육철학을 반복적으로 펼치면서 교육은 단지 무

엇을 선택하는 것이 아니라고 강조했다(Experience and Education, 1939). 사람은 극단적인 두 상황 중 하나를 선택할 필요도 없고 그래서도 안 되며, 지식기반은 매우 중요하지만 이는 현실 상황을 잘 평가하고 그 지식의 의미를 현실에 적합하게 적용하는 한에서만 의미가 있다고 주장하였다. 사실 특정과목에서 학생들의 진정한 관심은 자신의 삶과 연관이 있을 때만 유발되기 때문에, 새로운 지식이 삶 속에 바로 상호작용을 하도록 올바른 방법을 사용하는 것이 성공적인 학습을 위해 필요하다. 교육자가 해야 할 일은 학생들에게 진정한 학습과 이해의 원동력이 될 경험을 제공하는 것이다. 그래서 가장 효과적인 경험적 교수법 중 하나가 지역사회 공동체학습이다.

현재 개발되어 있는 지역사회 공동체학습에서는 4가지 중요한 과정을 강조한다. 준비, 실행, 성찰, 축하가 그것이다(Duckenfield and Wright, 1995). 이 4가지 구성요소는 특이한 경험적 교육에 중요성을 부가한다. 초보자이건 숙련된 교육자이건 간에 지속적이고 의미있는 성과를 얻도록 학생들에게 경험을 제공하려면 이 4단계의 요소들을 숙지해야 한다.

1) 준비

준비 단계는 실제 봉사와 참여를 하기 전단계의 학습경험이다. 학생들은 문제를 파악하고 분석하고 프로젝트를 선택하여 계획하고, 적절한 훈련과 오리엔테이션을 받는다.

2) 실행

실행은 참여와 봉사 그 자체를 의미한다. 그것은 학문적 부분과 통합되어야 하고 학생들에게 매우 의미 있어야 하며 학생을 위해 제공되고 적절한 감독과 관리가 있어야 하며 흥미를 자극해야 한다.

3) 성찰

성찰은 학생들이 그들의 참여와 봉사경험에 대해서 비판적이고 분석적으로 생각할 수 있도록 도와 준다. 학생들은 토론, 읽기, 쓰기, 만들기, 예술을 통해 다시 생각할 수 있는 구조화된 기회가 필요하다.

4) 축하

축하는 학생들이 그들이 한 공헌에 대해서 인식하는 것이다. 이는 특히 지역 사회 공동체와 함께 했던 서비스가 종결될 때 아주 좋은 마무리 기회를 제공 한다.

왜 지역사회 공동체학습이 효과적인가

학생들이 학교에서 중도탈락하는 주된 이유는 동료나 교사와 어울리 기 어렵거나 소속감이 없는 것, 훈육의 문제를 포함하여 학업적인 성취부족 과 부족한 사회적인 기술들과 관련되어 있다(U.S. Department Of Education, 1992). 지역사회 공동체학습은 이들 모든 영역에 대한 해법을 제 시한다.

학업에 대한 영향

최근 연구에 의하면 교사가 지역사회 공동체학습 경험을 학습과정과 연결하 였을 때 학생들이 학습에 대해 더 잘 이해한다고 한다. '학습 피라미드 Learning pyramid' 는 그래프 상으로 학습 활동을 계속 유지하면 학생들의 관 여가 증가한다는 것을 보여 준다. 학습의 적용이 바로 공동체학습의 경험과 직결되는 것이다. 이것이 바로 학습 이유이고, 연령별에 따른 동기 부여의 관 련 문제도 해결된다(Zlotkowski, 2000).

쉘리 빌릭Shelley H. Billig은 지역사회 공동체학습 학교에 관련된 여러 가지 연구와 함께 학업에 관련된 지역사회 공동체학습의 영향력을 재검토하면서 지역사회 공동체학습을 선택한 학교들의 절반 이상에서 언어, 읽기 성적의 향상이 나타났고, 학생의 학교에 대한 소속감이 높아졌으며 교육적인 성취감도 증진되었고 과제수행상태도 좋아졌다고 했다(2000). 다른 연구 결과에서도 지역사회 공동체학습의 참여는 학습 기초능력에 있어 더 좋은 성적과 점수를 유도하는 것으로 나타났다. 한 연구에서는 지역사회 공동체학습 프로그램을 실행하는 학교의 83%가 참가학생의 평균성적을 76% 향상시켰다고 보고하였다. 물론 더욱 많은 연구가 필요하지만, 이들 초기 작업들을 통해 지역사회 공동체학습이 학습능력을 증진시키는 데 매우 강력한 힘이 있다는 것을 알 수 있다.

사회 기술에 대한 영향

지역사회 공동체학습을 더 자세히 들여다본다면, 이러한 교수방법이 지니고 있는 다른 힘들을 알아나갈 수 있을 것이다. 이것은 단지 학습적인 부분만을 얘기하는 것이 아니라 청소년들을 안전하고 성공적으로 아동기와 청소년기라는 지뢰밭을 건너게 하기 위해 그들에게 필요한 자질—사회적 성취, 문제해결능력, 자율성, 목표감—을 더욱 더 잘 개발할 수 있도록 한다(Benard, 1991).

◆ 사회적 능력

사회적 능력을 가진 아이는 상대방에 대한 반응이 빠르고 새로운 상황과 환경에 잘 적응할 수 있다. 타인과 공감대를 형성하고 남을 돌볼 줄 아는 능력, 좋은 의사소통 기술을 가지고 있으며 훌륭한 유머감각 또한 가지고 있다. 그런 아이들은 또래들만큼이나 어른들과도 잘 지낼 수 있다.

◆ 문제해결 능력

문제해결 능력을 가진 아이들은 그들이 직면하는 인지적이거나 사회적인 문제에 대해 대안적인 해결을 시도할 만한 능력을 가지고 있다.

◆ 자율성

자율성을 지닌 아이들은 독립심, 높은 자존감, '나는 할 수 있다' 라는 태도와 자신들의 삶에 대한 감각을 가지고 있다.

◆ 목표의식

목표의식을 가지는 아이들은 목표지향적이고 성공지향적이며 지속적으로 성취에 대한 동기화가 되어 있으며 높은 교육적인 욕구와 긍정적 미래에 대한 신념을 가지고 있다.

위험 상황에 있는 아이들은 이러한 이점들을 개발할 수 있다. 지역사회 공동체학습이 이러한 능력을 배울 수 있는 기회를 제공하기 때문이다. 예를 들면, 학년간 튜터링 프로젝트A cross-age tutoring project에 참여한 학생들은 사회적인 능력을 발달시킬 수 있다. 중학교 학생들은 읽기 능력이 좋지 못한 초등학교 1학년 학생들과 파트너가 될 수 있다. 1학년 어린이들과 규칙적으로 공부하는 중학교 학생들은 다른 사람에 대한 공감대를 형성할 수 있다. 그들은 아이들, 아이들의 선생님 그리고 또래들과 함께 반성하고 계획함으로써 의사소통 능력을 계발시킬 수 있다. 각 세대 간의 프로젝트에 참가하면서 그들은 타인과 상호 작용하는 방법을 배우게 되는 것이다.

각 지역의 무료급식소에 신선한 야채를 제공하는 지역사회 가든Garden 프로젝트에 참여한 학생들은 문제해결 기술을 발달시킬 수 있다. 한 팀 안에서 역할 분담을 통해 심을 야채를 결정하고 씨를 뿌리고 식물들을 돌보며 수확까지 책임지면서 학생들은 각 단계마다 발생하는 힘든 일들을 하나씩 해결해 나간다. 매주마다 지방 양로원을 방문하여 노인들에게 이야기를 해 드리며 악기를 연주하여 음악을 들려 주는 학생들은 노인들의 생활에 자신들이 이바지하는 중요성을 깨달을 수 있다. 학생들이 프로젝트 계획에 참가함으로써 자율성과 자존감을 향상시킨다. 소방서를 지은 10대들은 지역사회에서 사람들을 화재로부터 보호하려는 특별한 목적을 가지고 있었다. 이 5년간의 프로젝트는 그들에게 지역사회 중진에 매우 의미있는 역할을 담당하게 해 주었다. 그들은 여러 가지 많은 장애물에 부딪혔지만, 그들의 열정과 동기와 의무는 쇠퇴하지 않았다. 이들 학생들의 목표지향성은 그들의 지역사회 공동체학습 경험을 통해 더욱 활기를 띠게 되었다.

효과적인 프로그램과 실천

지역사회 공동체학습에도 많은 다양한 형태가 있다. 교사들은 지역사회 공동체학습 프로젝트를 일회적으로 수행할 수도 있고 전체 학년에 수행할 수도 있다. 그리고 학교의 조직적 테마로 사용할 수도 있다. 미국 지역사회 공동체학습센터는 http://www.nicsl.coled.umn.edu/ 웹사이트 안에서 수백만 모델 프로그램을 보유하고 있다. 그리고 미국 중도탈락 예방 센터는 프로그램 프로파일을 www.dropoutprevention.org. 주소에서 보여 주고 있다.

아래에 기술된 프로그램들은 지역사회 공동체학습을 위한 다양한 범위와 가능성을 설명해 준다.

아메리카스 프라미스America's Promise: 젊은이들을 위한 연대 아메리카스 프라미스(AP)는 미국의 지역사회 공동체학습 조직체 안에서 독특한 위치를 차지하고 있다. 은퇴한 미국 장군 콜린 파월에 의해 개발된 이 프로그램은 국내 지역기업체의 리더들, 정치가, 부모들 그리고 교육가들에게 다음의 5가지 사항을 달성하여 젊은이들이 '자조적이고 사회구성원들에게 공헌할 수 있는 존재'가 될 수 있도록 도움을 주라고 요구한다.

1. 매주 일대일 만남과 2주마다 계획된 상호작용으로 부모, 조언가, 개별교사, 코치의 역할을 하는 어른이 됨.
2. 스포츠 프로그램, 클럽활동, 방과후 모임, 종교적 모임과 다른 지역사회 조직을 포함하여 무엇인가를 배우고 성장할 수 있는 구조화된 활동을 하는 안전한 장소 제공.
3. 태교, 부모로서의 지원, 의료보험, 영양사와 다른 건강 관련자들과의 밀접한 관계를 통한 건강 관련 보살핌.
4. 어린이들에게 읽기와 셈하기 능력 유지를 강조하고 인턴십과 도제, 여름 방학 관련 일들을 제공하여 시장에서 필요한 기술을 갖출 수 있는 효과적인 교육 실시.
5. 1주일에 2시간이나 그 이상, 혹은 1년에 약 100시간 정도 지역사회나 학교에 봉사함으로써 지역사회에 다시 되돌려줄 수 있는 기회를 마련함.

■ 추가정보
http//www.americaspromise.org.
1-888-55-YOUTH

문화전사Cultural Warriors, CW··텍사스 오스틴에 있는 미국 'The American Youth Works Charter School'은 일반 공립학교에서 성공하지 못한 학생들을 대상으로 한다. 문화전사는 학문적으로나 대인 간의 면에서나 전문적인 기술을 개발하도록 극장을 활용하는 청소년 중심의 예술 프로그램이다. 사회, 경제적으로 혜택받지 못한 청소년을 위해 특별히 고안된 문화전사 프로그램은 창조적인 표현과 예술적인 성취 정도를 이끌어 내면서 자신, 가족, 지역사회의 중요성을 알게 하는 안전한 포럼을 제공한다.

문화전사 프로그램은 학교와 지역사회 행사에서 그들 자신의 역할을 완수하고 기록하면서 약물, 범죄조직, 가정폭력, 성관계, 10대 임신과 같은 오늘날 청소년에게 직면하는 일반적인 사회의 문제들을 설명한다. 문화전사 프로그램은 창조적인 과정을 사용하여 청소년들이 이런 도전 과제들을 효과적으로 적절하게 다룰 수 있도록 비판적인 사고 기술과 리더십, 팀웍, 의사소통 기술을 개발시켜 준다. 문화전사 프로그램은 사회적 논평을 통해 그들의 경험을 동료와 지역사회와 공유하고 어떻게 사회적인 이슈가 우리들에게 영향을 주는지에 대해서 건설적인 대화로 포럼을 이끌어 나간다.

■ 추가정보

Tashya Valdevit
American Youth Works Charter School
216 East 4th Street
Austin, TX 78701
512-472-3395

프로젝트 스파크Project Spark, PS 프로젝트 스파크는 넓은 지역사회에 영향을 미치는 가장 좋은 학습의 예가 되었다. 조지아 주 발도스타 시내의 학교들Valdosta City Schools은 멘토링, 갈등해결, 교육과정 재창조를 통해 지역사회 공동체학습을 조직했다. 학생들은 이 프로그램의 리더십에 없어서는 안 될 중요한 요소였다. 초기 프로젝트는 정학되거나 제명된 학생들을 위한 지역사회 서비스 프로그램이 절실하다는 평가에 의해 시작되었다. 프로젝트의 목적은 바른 행동, 개별학습에 대한 책임감, 학교에 잘 다니는 것에 대한 관심, 더 나은 학업수행, 청소년들에게 중도탈락을 해결하기 위한 기회를 제공해 주는 지역사회 공동체학습 촉진이다.

우선, 청소년 서비스 제공자의 으뜸가는 활동은 학습 짝꿍Buddy 프로그램을 통해 기초단계에 있는 학생에게 튜터링을 제공하는 것이다. 이 프로젝트는 빠르게 확산되었다. 학생들뿐만 아니라 교사들도, 모든 학생들이 학교에서 더 많은 경험을 하도록 하기 위해서 어떻게 지역사회 공동체학습이 다른 여러 가지 방법들로 통합될 수 있는지 연구하기 시작했고 동시에 학교를 아이들이 가고 싶어하는 장소로 만들면서 많은 학교와 지역사회의 요구에 응하기 시작했다.

초기 튜터링 노력 후 3년째 지역사회 공동체학습은 10개의 발도스타 학교들에서 아주 번창하고 있다. 프로젝트는 튜터링 프로그램, 야외 교실 만들기, 오솔길 만들기, 학교환경미화, 주니어 소방 프로그램, 또래 상담, 갈등해결, 알코올과 다른 약물에 대한 교육, 흑인 역사 박물관, 집짓기 자원봉사, 도서관 운동 그리고 세대간 서비스 프로그램 등을 포함한다. 'AmeriCorps', '발도스타 주립대학', 그리고 많은 지역사회 조직과 사업체를 포함하는 지역사회와의 강력한 연계는 이 성공적인 지역사회 공동체학습 프로그램의 토대를 마련했다.

■ 추가정보

Vickie Burt

Valdosta City Schools

P.O. Box 5407

Valdosta, GA 31603

912-333-8500

시골 학교가 만들어낸 기적 남부 캐롤라이나 그레샴Gresham 지역의 지역사회 공동체학습은 학교 체계와 지역사회에 중요한 영향을 미쳤다. 수년 전에

브리튼 넥 고등학교에 다니는 한 무리의 학생들이 그들에게 필요한 것들을 평가, 분석하여 마침내 소방서가 필요하다는 것을 알아냈다. —지역내 소방서가 없기 때문에 전 지역주민들이 비싼 화재보험료를 내야만 했다.— K-12체계를 통해 교사들은 안전교육을 핵심 학습 과정으로 포함시켰다. 지역사회 성원으로부터 토지 소유권을 확보한 후에 학생들은 소방서를 지었다. 결과적으로 화재문제의 해결과 더불어 마을 전체 집주인들의 보험료는 낮아졌다. 교육장 밀트 말리Milt Marley는 경제적 효과도 중요하지만 이런 지역사회 공동체학습의 진정한 효과는 청소년들을 지역사회에 재연결시켜준 것, 그리고 청소년과 학습을 재연결한 것이라고 했다.

■ 추가정보
Jerry Pace
Marion School Districk Four
Britton's Neck High School
223 Gresham Rd.
Gresham, SC 29546
843-362-3500

첫 번째 기회First Opportunity, FO 첫 번째 기회 프로젝트는 학교 중도탈락의 위험에 있는 11~15세의 저소득 청소년을 위한 조기개입 지역사회 공동체학습 프로그램이다. 첫 번째 기회 프로젝트는 지역사회 서비스, 멘토링, 삶의 기술 개발, 가족 연계 관리 서비스를 포함하는 전체적인 접근을 통해 무단결석과 지각 관련 문제를 설명한다. 초반기의 중요한 목표들은 지역사회 공동체학습을 통해 중요한 지역사회의 요구를 설명함으로써 청소년에게 시민적 책임감과 리더십 기술을 개발하고 학교에 있는 청소년들을 지지하고 긍정적인 교육 경험을 증진하는 것이다. 게다가 청소년들의 역할 모델링과 참여를 통해 그들이 할 수 있는 것을 배우도록 도와주는 성인 조언가를 연결시켜 주고, 청소년들에게 자기 만족을 얻을 수 있는 성인이 되는 데 필요한 지원을 해 주는 것이다.

■ 추가정보

Sherry Glanton-Parnell

Folwell Middle School

900 20th Avenue, South

Monneapolis, MN 55404

612-752-8822

배우면서 봉사하자Learn and Serve Together Ⅱ, LAST Ⅱ '배우면서 봉사하자 프로젝트' ―이하 라스트 프로젝트― 는 폭력과 약물남용 예방에 초점을 두는 2개의 고등학교에서 지역사회 공동체학습을 후원했던 다른 프로젝트를 기반으로 형성된 것이다. 라스트 프로젝트는 대안학교 학생들이 지역사회 공동체학습 경험으로부터 이익을 얻을 것이며, 성인이 되었을 때 적용할 수 있는 새로운 기술들을 얻는다는 신념에 기반을 두고 있다. 라스트 프로젝트는 효과적으로 두 부분을 통합하여 실시되었는데 하나는 '학습을 통하여 국가에 봉사한다' 는 것과 '학교를 안전하고 약물사용이 없는 장소로 만든다' 는 것이었다.

  학습 공동체인 샬롯-맥클렌벅Charlotte-Mecklenburg 대안고등학교 학생들은 건강교육을 통해 폭력과 약물중독 예방 전략을 배웠다. 그리고 그들은 동료들을 가르치고 자신들의 기술을 보여줄 기회를 가진다. 지역사회 공동체학습은 학생들이 배운 것들을, 일상생활에서 발생하는 문제와 상황에 적용할 수 있는 환경을 제공한다. 이 프로젝트에서는 학생들이 스스로 의사결정을 하고 자원봉사 경험을 가지는 활동들이 강조된다. 프로젝트의 더 넓은 목적은 시민적 책임감을 증진하고 자원봉사서비스 지원을 활성화하는 것이다.

■ 추가정보

Cynthia Woods

Charlotte-Mecklenburg School District

700 East Stonewall Street

Charlotte, NC 28202

704-343-3768

결론

지난 10년 동안, 지역사회 공동체학습은 학생들에게 학습과 지역사회 활동을 연계하고 통합할 수 있도록 하는 긍정적인 교수법으로 증명되어 왔다. 지역사회 공동체학습 프로그램은 미국 전역에서 개인적, 사회적 성장, 시민의식의 발달, 학업 증진, 진로에 대한 인식, 작업기술 발달의 영역에서 뚜렷한 효과를 보여 왔다. 지역사회 공동체학습은 위험 상황에 있는 아이들이 가진 많고 다양한 요구들을 충족시킬 수 있는 독특하고 가치 있는 방법이다.

참 고 문 헌

Benard, B. (1991). *Fostering Resiliency in Kids:Protective Factors in the Family, School, and Community*. Portland, OR:Northwest Regional Educational Laboratory.

Billig, S.H. (2000, May). "Research on K-12 School-Based Service-Learning." *Phi Delta Kappan*, 658-664.

Dewey,J. (1939). *Experience and Education*. New York:The Macmillan Company.

Duckenfield, M., & Wright, J. (Eds.). (1995). *Pocket Guide to Service Learning*. Clemson, SC: National Dropout Prevention Center.

Learn and Serve America. (1995). Washington, DC:Corporation for National Service.

Zlotkowski, E. (2000, May 8). "Service Learning." Presentation at Clemson University, Clemson, SC.

U.S. Department of Education. (1992). *Longitudinal Study of 1988 First and Second Follow-up Surveys, 1990 and 1992*. Unpublished Data. Washington, DC: National Center for Education Statistics.

ⓞⓧ 대 ᐧ 안 ᐧ 적 ᐧ 교 ᐧ 육

오! 이것이 배움이구나,
여기에 모든 것이 있도다
윌리엄 셰익스피어

대안 학교교육, 대안교육, 대안적 학교, 이러한 이름과는 상관없이 그 개념들
은 새로운 것이 아니다. 초기 식민지 시대의 종교집단이나 부유한 계층의 사
람들은 대중들에게 새로운 교육을 제공했다. 100년 전쯤에 미국의 입법자들
은 매우 다양한 형태의 학교들을 지원했다. 남부 캐롤라이나의 존 델라 호우
학교John della Howe School와 윌 로우 그레이 기회학교Wil Lou Gray
Opportunity School 등은 지금도 지속되어 여전히 위험상황에 처한 학생들
에게 교육을 제공하고 있다. 다른 주에서도 마찬가지로 문제 있는 청소년들
을 위한 기숙학교를 후원해 오고 있고 거의 모든 주정부는 보통 수학, 과학,
예술에 초점을 둔 각각의 다른 테마를 기본으로 하는 학교를 운영하기도 했
다. 특정 분야에 관심을 가지는 집단은 특정 대상을 위한 대안학교를 설립했
다. 예를 들면 가난한 나라에 사는 흑인들을 교육하기 위한 펜실베니아의 퀘
이커신자에 의해 설립된 남부 캐롤라이나의 뷰포트 지역Beaufort County에
있는 펜 학교Penn School와 허쉬Hershey에 있는 고아들을 위한 밀튼 허쉬
학교Milton Hershey School 등도 그 중에 해당한다.

쾨트케Koetke는 미국의 초기 교육 기회에 관한 문제를 다루면서 미국의 초기 학교들이 오늘날의 대안학교와 어떤 연관이 있는지를 연구했다. 그는 현재 미국의 대안학교들이 제도권 내와 제도권 밖에서 어떻게 미국 교육에 영향을 미쳤는지를 논의하기도 한다. 제도권 밖의 대안교육으로는 엘리트 집단을 위한 학교, 매우 비싼 사립학교, 종교를 기반으로 하는 학교, 최근 다시 붐을 조성하고 있는 홈스쿨링 등이 있다. 반면 제도권 내의 대안적 접근으로는 독특한 분야에 있는 학생이나, 장애학생, 10대 미혼 부모, 중도탈락 가능성이 높은 학생, 폭력적인 학생, 법원의 보호관찰을 받는 학생, 소년원에 있는 학생 등 그 특정 대상에 따라 다양하게 존재한다. 이들 대안학교들에 대해서 이 장에서 논의가 될 것이다. 대안학교는 학생들에게 학력을 성취하거나 학교를 유지하도록 하는 효과적 전략 중 하나이다.

대안적 교육 기회의 필요성

모든 학생은 배워야 한다.
그리고 모든 학생은 그들이 추구하는
삶의 질을 얻기 위해서 그 기회를 가질 권리가 있다.

●   모든 학교 구성원, 학교관리자, 교사, 지역사회 그리고 기업 지도자들이 위의 진술을 믿는다면, 대안적 학교교육은 더 이상 선택 사항이 아니다. 그것은 모든 지역사회에서 요구되는 필수조건일 것이다. 전통적인 학교 체제 특히 전통적인 고등학교는 더 이상 모든 학생들의 요구를 다 충족시켜줄 수 없다. 심지어 어떤 사람들은 "학생들이 전통적인 고등학교를 포기하고 대안적 학교에서 그에 상응하는 학위를 따야 한다"고 말하는 사람도 있다

(Dynarski, 1999).

다양한 학생들과 가족의 요구에 부합하는 대안학교 교육은 학교와 지역사회 리더가 모든 학생들이 동등하게 교육을 받을 수 있도록 법적 책임을 지도록 도와 준다. 중요한 것은 우리의 공교육이 어떤 종류의 대안적 학교교육을 제공해야 하는가이다. 대안적인 프로그램은 어떠해야 하고 그것들은 각 지역사회에서 일반 정규학교 프로그램과 어떻게 통합이 되어야 하는가이다.

많은 주 정부의 입법자들은 대안적 학교 교육의 필요성을 오래 전부터 인식해 오고 있다. 많은 주에서 허용적인 법률안을 통과시켰다. 캘리포니아 주는 지금 공립학교 아이들의 35%나 되는 수가 대안학교 또는 특성화된 프로그램에 참여하고 있다. 플로리다 주에서는 1986년 통과된 중도탈락 예방 법률안을 통해 전통적 공교육으로 효과를 보지 못한 학생들에게 대안적 교육을 받을 수 있도록 각 교육청에 권한을 주고 이를 격려하고 있다. 그 법률안은 중도탈락 예방을 위한 프로그램을 5가지로 범주화하였고 그 중 하나로 대안학교의 운영을 채택했다.

1995년, 플로리다 주에서는 심각한 범죄를 저지른 아이들 또는 파괴적이거나 폭력적이었던 학생들을 위한 '2차 학교Second Chance School: SCS'를 포함하는 내용을 담아 중도탈락 예방 법률안을 수정하였다. 2차 학교는 파괴적이거나 폭력적인 중범죄를 지은 학생들을 위해 법무부, 주정부, 지방법률사무소 혹은 다른 주 정부 산하 교육기관들의 협력을 통해 지역 교육청에서 제공되는 프로그램이다(Florida Department of Education, 1995). 지역사회 그리고 학교에서의 폭력에 대한 지방교육청과 정치지도자들의 우려가 증가되면서 폭력 문제를 지니고 있는 학생들에 대한 새로운 교육절차나 교과과정이 대안적 학교에 적용되어야 한다고 생각하고 있다.

미시시피 주는 더욱 획기적인 법을 통과시켰다. 1995년에 미시시피 주는 학교관련 법규를 수정하였다. 1993~1994년에 시작하는 학교는 일반 학교 프로그램과 연계하여 의무교육 연령의 학생들을 위한─하지만 연령제한을 엄격히 적용하지는 않는─대안학교 프로그램들을 만들고 구체화해야 한다는 내용을 첨가시킨 것이다. 텍사스에서는 각 교육청들이 학교로부터 제적당한 학생들에 대한 대안책을 마련하라는 요구를 받았고 그 대안책들 중 대안학교는 중요한 프로그램으로 주 전체로 확산되고 있다. 남부 캐롤라이나 주의회는 1999년 각 교육 구역별로 일반 학교의 교육이 도움이 되지 않거나 다른 학생들과 함께 학습하는 데 어려움을 지닌 학생들을 위한 대안학교 프로그램을 만들기로 한 법안을 통과시켰다. 조지아 주에서도 학군 단위로 대안학교 설립을 요청할 수 있는 법안을 만들고 협약 학교Charter school를 설립할 수 있는 기회도 제공하였다.

　협약 학교 설립에 대한 움직임이 증가하면서 다른 종류의 대안 학교 설립과 대안적 학교 교육도 점점 확산되고 있다. 아리조나, 캘리포니아, 콜로라도의 뒤를 이어 1990년 미네소타 주에 이르기까지 30개 이상의 주정부와 콜로라도 지역은 협약 학교를 허가하는 법률을 통과시켜 놓은 상태이다. 버슬러Buechler는 전통적인 홈스쿨링을 포함하여 사이버 상으로 교육이 이루어지는 사이버 학교까지 포함하는 대안적 교육 프로그램들을 찾아 정리를 하였다. 그 조사에 의하면 협약 학교들은 평균적으로 규모가 작고 100여 명의 학생들이 다니며, 지역사회를 기반으로 하는 전통적 학교 캠퍼스들과 다른 위치에 존재한다. 대부분의 협약 학교들은 특히 위험 상황에 처한 청소년들에게 기회가 제공되고 있다고 밝혔다. 몰나(Molnar, 1996)의 협약 학교에 대한 연구를 살펴보면 주마다 협약 학교에 제공하는 법적 테두리는 매우 다양했다. 특히 협약 학교의 자율성을 살펴보면 일반 공립 학교보다 조금 더 많은 자율성이 부여되어 있는 주가 있는가 하면 굉장히 많은 자율성이 허락되는 곳도 있었다. 어느 경우에나 2/3 정도의 협약 학교는 모든 학생들을 대상으로 하는 교육에 흥미를 가졌고 연령을 중요시하지 않는 교육에 관심이 있었으며, 약

절반 정도의 학교는 위험 상황에 처해 있는 학생들을 위한 특별한 서비스를 제공하고자 하는 학교들이었다.

미교육부의 협약 학교에 대한 최근 연구에 의하면 1997~1998년 사이 1,050개의 협약 학교들이 33개 주와 콜로라도 지역에 존재하고 16만 명의 학생들이 협약 학교를 통하여 교육 서비스를 제공받았다. 협약 학교를 설립하는 가장 중요한 이유는 학교 교육의 새로운 대안적 비전을 현실화하려는 것과 교육에서의 법적 자율성을 얻고자 함이었다.

위험 상황의 학생들을 위한 대안적 교육

1950년대와 1960년대의 대안적 학교들은 보통 '정규' 학교에서 이미 중도탈락한 학생들을 위해 기획되었다. 이런 학교들과 프로그램이 그 시대의 주요 '중도탈락예방 프로그램'이었다. 그들이 가지고 있던 전략은 중도탈락률 감소에 거의 영향을 미치지 못했고, 교육청의 예산이 1970년에 삭감되기 시작함에 따라 이들 대안학교 프로그램은 지속되지 못했다.

하지만 최근 10년 전부터 위험에 처한 학생들을 위한 대안적 학교들이 다시 부활하기 시작했다. 현재 이 학교들은 학생 개인의 사회적 요구와 고등학교 졸업 인정을 위한 학습 요구에 관심을 갖고 있으며 학생들의 중도탈락 방지를 강조하고 있다. 현재 많은 교육청들이 이런 학교에 관심을 갖고 학생들을 학교에 잘 다니도록 하여 졸업은 물론이고 취업까지도 연계되도록 노력하고 있다. 동시에 지금 고등학교 진학을 위한 중학교 수준에서의 대안적 학교 프로그램들도 제공되고 있다.

수학, 과학 또는 음악과 같은 선택된 학업 영역에 초점을 두고 있는 마그넷 스쿨Magnet school은 과거 수십 년 동안 지속되어 왔으며 많은 학생들에게 실질적 기회를 제공하고 있다. 물론 어떤 부유한 도시 외곽지역에서는 주로 부유층 학생들을 위한 특수한 학교들을 지원하고 있기도 하지만 더 많은 마그넷 스쿨들은 훨씬 더 넓은 학군에서 쉽게 접할 수 있다. 아마도 가장 오래되고 널리 알려진 마그넷 스쿨은 뉴욕 시의 공립학교 체제에 속해 있는 학교들일 것이다. 최근의 가장 흥미있는 혁신적 모델은 인디애나폴리스에 있는 키Key 초등학교로 이 학교는 하워드 가드너Howard Gardner의 다중지능 이론에 바탕을 두고 운영이 되고 있다(Bolanos,1994). 물론 최고의 마그넷 스쿨은 주마다 다른 예술적 영역으로 운영되고 있는 주정부 지원 아래에 있는 학교들일 것이다.

위험 상황에 있는 청소년들을 돌보는 현 대안학교의 가장 일반적 형태는 대부분 학군단위에서 포괄적인 중도탈락 예방 프로그램의 한 부분으로 기획된 학교들이다. 대개 중학생 연령대의 아이들에게 중학교 혹은 고등학교 프로그램을 제공한다. 학업 성취율이 낮고 같은 또래 아이들과 함께 한 교실에서 수업하거나 졸업하기에 학업 성적이 부족한 아이들이 주로 그 대상이 된다. 비록 학업이 뒤떨어지긴 했지만 어떤 아이들은 학교에 머물기를 원하고 졸업장을 원한다. 또 다른 일부 계층은 법원에 의해 학교로 다시 보내진 아이들이다. 많은 지역사회의 대안학교들이 10대 미혼모들을 위한 특별 부모양육 프로그램을 제공하기도 한다.

상당수의 대안학교가 지역의 부족한 교육적 부분들을 채우기 위해 발전되고 있고 다양한 성공사례들을 만들어내고 있다. 헤프너 패커(Rhonda Hefner-Packer, 1991)는 대안학교 모델을 5가지로 범주화시킨 바 있다.

- ◆ 전통적 학교 내에 독립된 교실로 구성된 대안 학급으로 각기 다른 환경에 걸맞는 다양화된 프로그램을 제공하는 학교
- ◆ 전통적 학교 내에 있지만 어느 정도의 자율성이나 특수화된 교육 프로그램을 가지고 있는 학교 내 학교
- ◆ 일반 정규학교로부터 실제로 건물이 떨어져 있고 다른 학문적, 사회적

적응 프로그램을 제공하는 독립된 대안학교

◆ 전통적 학교에 더 이상 출석하지 않는 학생들을 위한 직업 관련 훈련이
나 부모교육을 제공하는 교육단체나 평생교육시설 같은 지속적 형태의
학교

◆ 수학이나 과학과 같은 하나 혹은 그 이상의 과목 영역을 집중적으로 가
르치는 독립적 학교, 마그넷 스쿨

교육적 리더십을 위한 통합 연구에서 매리 앤 레이위드(Mary Anne Raywid,
1994)는 인기있는 대안학교로 각기 다른 특정 과목 학습기회를 제공하는 마
그넷 스쿨 같은 선택형 학교, 폭력 학생들을 위해 지속적인 교육 프로그램 옵
션을 제공하는 2차 학교들Second-chance schools과 학업보충이나 사회적
재활을 필요로 하는 학생들에게 초점을 두는 치료적 교육 학교Remedical
schools를 들었다. 미국 중도탈락예방 센터의 성공적인 프로그램 자료에는
미국 전역을 통해 많은 대안학교들에 관한 설명이 들어 있다. 각 학교는 학생
들에게 제공하는 서비스, 교과과정, 행정 방식 등에 있어 나름대로의 독특한
조합방식을 가지고 있다. 그 정보자료 안에서 보여지는 다양한 조직적 구조
들 속에서 다음 몇 가지 패턴을 볼 수 있다.

◆ 학교 안 학교: 전통적 학교에서 분리된 건물을 원하는 학생들을 위한 곳.
교직원이 다르고 학문적, 사회적 프로그램을 위한 학교

◆ 벽이 없는 학교: 지역 안의 다양한 여러 장소들로부터 다양한 교육적 훈
련 프로그램에 참여하는 학생들과 학교 출석 시간에 어려움이 있는 학생
들을 위한 학교

◆ 주거형 학교: 법원이나 가정에 의해 전문상담과 교육 프로그램으로 재배
치된 특별사례의 학생들을 위한 학교

- ◆ 대안 학습 센터: 부모훈련기술이나 전문직업기술과 같은 전문 교과과정을 필요로 하는 학생들을 위한 곳으로 전통적 학교로부터 분리된 곳에 위치하여 기업적 환경 안에 있거나 교회, 혹은 재건축된 상가 건물 안에 훌륭한 통학 시설까지 겸비한 학교
- ◆ 대학 연계 학교: 고등학교 졸업장이 필요한 학생들을 위하여 공립학교에 의해 운영되나, 학생의 자존감을 증진하고 학생의 성장에 도움이 되도록 다른 서비스를 제공하는 대학시설을 사용하는 학교
- ◆ 계절학교: 학업성취를 더 해야 하거나, 특별한 관심의 증진을 위하여 예를 들어 컴퓨터, 예술 등의 분야에서 운영하는 학교
- ◆ 마그넷 스쿨: 학생들의 선택에 의해 진학하고 전문화된 교사와 함께 선택된 특정 교과과정 영역에 초점을 두는 학교
- ◆ 2차학교: 문제행동으로 인해 학교에서 제명되거나 소년원에 들어가기 전의 학생들에게 기회를 한 번 더 주기 위한 학교
- ◆ 협약 학교: 주 교육기관과 지방 학교 후원자의 협상된 계약 아래 수행되는 자율적 교육을 실시하는 학교

대안적 학교들을 위한 최선의 실천방안과 계획

●　　미국 중도탈락예방 센터는 미 전역과 캐나다에 걸쳐 학교와 지역사회에서 상당수의 대안학교와 중도탈락예방 프로젝트들과 관계를 맺으며 일하고 있다. 중도탈락예방 센터는 대안학교와의 파트너십을 통해 대안학교들의 결과를 분석하고 효과적인 실천방안을 파악하고 있다. 75개 이상의 대안학교들에 대한 재검토를 통해 센터는 행정 구조와 정책, 교과과정과 교수 기술, 개인적 지원 프로그램, 취업 기반 프로그램, 직원 개발과 직원 관계의 범주 안에서 상당히 실험적 프로그램 아이디어들과 행정적 실천안들에 관해 의견을 밝

히고 있다.

거의 모든 학교의 행정적 구조와 정책은 명확한 사명과 목표, 명확한 훈련 코스, 소규모 학급, 학생에 의한 입학선택, 합의된 의사결정, 유연성 있는 스케줄, 그리고 사업가와 지역사회와의 협동을 포함하고 있다. 이를 요약하면 다음과 같다.

◆ 교과과정과 교수 기술: 통합 교과과정, 개별적 학습계획, 적극적 학습, 연계 학습, 지역사회 공동체학습, 그리고 외부 인사 특강

◆ 개별적 지원 프로그램: 학생 진단 서비스, 가족 집단과 부모의 참여, 가정방문, 개별상담과 집단 상담, 멘토링과 개별 학습지도, 아동보호와 부모양육 훈련, 지역사회 지원 서비스

◆ 취업 중심의 프로그램 (대부분 학교가 가지고 있음): 직업훈련의 날, 직업 설명, 인턴십, 비즈니스 파트너십, 취업준비 훈련, 작업 경험 프로그램

◆ 교직원 개발 및 교직원 간의 관계: 모든 학교에서 가장 중요한 구성요소로서 가장 좋은 실천안으로는 교직원들의 보살핌, 학생을 위한 개별화된 환경, 전문적이고 지속적인 교직원 서비스와 집중적 학생 프로그램

대부분의 성공적인 대안학교는 교육적 실행 구성 프로파일에 다음 사항들을 포함한다.

◆ 교사 대 학생 비율 최대 1:10
◆ 전체 250명을 초과하지 않는 소수 인원제
◆ 학교의 사명과 학교 규칙에 대한 명확성
◆ 지속적인 교직원 개발로 교사들 관리
◆ 학생 성취에 대한 교직원의 높은 기대 유지

- ◆ 학생의 기대와 학습형태별로 구분된 학습 프로그램
- ◆ 지역사회의 참여와 후원이 있으며 탄력적인 학사운영
- ◆ 각 학생들의 성공을 위한 전체적 헌신

프로그램 평가, 기준, 영향력

일반적으로 대안학교 프로그램들의 평가와 학생 유지, 학업 성취수준을 위한 노력에 대한 연구는 매우 제한되어 있다. 물론 몇몇 학교들이 출석이나 징계 의뢰, 학업 수준의 등급, 그리고 학업 완수에 대한 정확한 기록을 가지고 있지만 보통의 경우는 그렇지 않다. 이는 1995년에서 1996년 사이 텍사스 주에서 '문화 간 발달연구 연맹Intercultural Development Research Association'이 1,044개의 학군을 대상으로 실시한 연구결과에서도 나타나고 있다. 이 연구에서, 841개의 학군이 학생들을 정기적으로 대안교육 프로그램에 의뢰한다고 보고하였고, 텍사스 주의 대안학교 혹은 대안적 프로그램에 등록하고 있는 학생이 7만 명 이상이나 증가했다고 발표했다. 불행하게도, 많은 프로그램들은 학생의 성취나 훈육에서의 효과성에 관련된 자료를 갖고 있지 않았다. 프로그램 성공 사례가 수집되어 표로 정리되거나 분석된 중요 기초자료 없이 단순히 입으로 전해지는 경우가 허다한 상황이다(Montecel,1999).

협약 학교를 포함한 대안학교들은 현재 더 많은 책임감과 평가노력, 결과자료에 대한 개선이 필요하다. 예를 들어, 플로리다 교육부는 최근 지방 대안학교와 중도탈락 예방 프로그램의 효과를 측정하기 위한 평가체계를 개발하였다. 프로그램 향상과 의사 결정자들에게 프로그램 결과를 보고하기 위한 자가평가 도구를 개발하는 것은 지금 매우 중요한 일이다. 플로리다 주에서는 프로그램 실행가들을 위하여 프로그램의 질과 우수성에 초점을 둔 질적 기

준을 제시하는 도구를 만들었다. 이 질적 기준은 6가지 주요 구성요소로 이루어져 있다. ① 프로그램 분위기, ② 프로그램 자원, ③ 교과과정과 교수법, ④ 프로그램을 통한 변화, ⑤ 프로그램 기획과 평가방안, ⑥ 학교의 지도력이 그 구성요소이다. 각 주요 영역의 기준은 프로그램 구성요소가 효과적일 수 있도록 적절하게 배치되어야 한다. 평가의 기준들이 달성되고 있다는 것을 보여 주기 위한 측정가능한 지표들도 구체화되어야 한다.

1991년부터 1996년까지, 미국 교육부에서 마련한 중도탈락자 지원 프로그램이 85개의 각기 다른 학교와 지역사회에 시범적으로 보급되었다. 학생 10,000명 이상으로부터 수집된 자료와 함께 20개의 선택된 프로그램 평가로부터 얻은 일반적 결과는 매우 실망스러웠다. 어떤 프로그램도 중도탈락, 출석률, 시험성적과 등급 등 모든 주요 부분을 향상시킬 수 없었다. 하지만 이 평가는 대안학교가 성공의 의지를 가진 위험 상황의 학생들에게 효과적이라는 것을 보여 주었다. 성공에 대한 학생들의 동기화와 잠재력을 알아보기 위한 인터뷰에서 전망있는 학생들을 보유했던 대안학교는 학위 획득률에 대한 긍정적 변화를 보여 주었다(Dynarski, 1999).

위험 상황의 중학교 학생들을 위한 미네소타의 2차 학교에 출석한 학생들에 대한 연구 결과를 살펴보면, 2차학교를 졸업한 학생들과 중도탈락한 학생들 간의 차이를 보였다. 학생들의 전형적인 수행결과를 통해 드러난 것은 오직 제시한 과정을 모두 이수한 학생들에게서만 출석과 읽기 능력에서 향상된 결과를 보였다. 2차 학교에 대한 적응 또한 등록된 학생의 50%만 가능하였다. 50%의 학생들에게는 실패한 것이지만 나머지 50%의 학생들에게는 긍정적인 경험을 제공하고 있다는 것을 확인하였다.

효과적인 프로그램과 실천

● 　최근 10년간 협약 학교, 2차 학교를 포함한 다양한 다른 대안적 학교들은 학습 기회와 학교교육의 기획을 보여 주었다. 오늘날 교육의 장은 모든 학생, 특히 전통적 학교에 적합하지 않은 학생들의 욕구에 부합하는 기회들을 많이 제공하고 있다. 새로운 대안적 학교 계획과 이를 이행하려고 하는 학교와 지역사회 지도자들은 이 장의 나머지 부분에서 설명되는 개혁적이고 성공적인 프로그램들로부터 많은 교훈을 얻을 수 있을 것이다.

호스토스 링컨 과학 아카데미Hostos Lincoln Academy of Science　호스토스 학교는 소규모 대안고등학교로, 뉴욕 시 교육청에서 운영하는 학교 중 하나이며 성공적인 학업성취를 하지 못했던 학생들을 위한 학교이다. 학생들이 직면하는 사회적 문제와 학교 관련 문제에 대해 토론할 수 있는 소규모 가족 집단과 계절학교의 활용을 통하여 강력한 서비스를 제공한다. 호스토스 지역은 뉴욕 시 학생들의 평균보다 빈곤한 학생들이 20% 이상 많음에도 불구하고, 학생들의 시험 통과율은 뉴욕 시 평균보다 20%가 높다. 게다가, 학교 중도탈락률은 뉴욕 시 평균이 5%인데 비하여 0.3%에 불과하다.

■ 추가정보

Richard Oraganisciak, Superintendent
New York City Board of Education
Dropout Prevention Program
Alternative, Adult and Continuing Education
Long Island City, NY 11101
Brooklyn NY 11201
718-752-7300

탄력적인 학사운영 켄터키 주 루이즈빌에 있는 리버티 고교Liverty High School는 지난 10년 동안 매우 인상적인 결과를 보여 왔다. 출입이 자유로운 학교가 4개의 인접 도시에서 매일 3번의 수업기회를 제공하면서 출석을 편리하게 했다. 모든 입학생들은 체계적으로 잘 짜여진 진단평가 테스트를 받고 학교 직원에 의해 개발된 보충 자료와 함께 컴퓨터에 기초하여 관리되는 교과과정을 따랐다. 프로그램이 시작된 1986년 이래, 학교는 5,000명 이상의 학생을 졸업시켰다. 이미 학교 실패의 위험에 있었던 72%의 학생이 고등학교 졸업장을 받으며 프로그램에 참여해 왔다. 이 졸업률은 인근 지역의 일반 고등학교들보다 더 높은 수치이다.

■ 추가정보

Buell Snyder, Director
Jefferson County High School
Jefferson County Public Schools
911 South Brook Street
Louisville, KY 40203
502-485-7100

학교와 취업 오씨비티에스 학교 취업 진흥센터The O.C.V.T.S. School-to-Work Enrichment Center는 뉴저지 주의 레이크허스트Lakehurst의 레이크허스트 해군센터에 위치한 직업과 기술 학원Career & Technical Institute에 속해 있다. 이 프로그램은 위험 상황에 있는 학생들에게 프로그램 요구사항을 모두 성공적으로 달성하면 고등학교 졸업장을 제공한다. 이 센터에서의 학업은 모두 비전통적 방식으로 제공하고 각 학생들에게 진로탐색, 인턴십, 작업장에서의 실전경험 등을 통해 학교에서 사회로의 취업과 관련한 행사에 참여할 기회를 제공해 준다. 해군 부대는 학교와 해군부대 고용의 진정한 파트너십을 제공한다.

■ 추가정보
Thomas W. Resch, Principal
Career & Technical Institute
Ocena County Voctec Schools
P.O. Box 1125, Hangar One
Rt. 547 NAES
Lakehurst, NJ 98733
732-657-4000

교사 개발 이 대안학교에서는 조스텐스 학습체계[Jostens Learning Systems를 사용하는 기본 기술 프로그램이 중시된다. 학교는 매일 수요일 오후 12시부터 3시까지 직원 개발 활동을 위해 문을 닫는다.

■ 추가정보
Charlene Watson, Director
The Amelia Pride Center
Lynchburg City School Division
1200-1208 Polk Street
Lynchburg, VA 24504
804-522-3742

8학년까지를 위한 대안학교 이 대안학교는 1학년부터 8학년까지의 다양한 학생들에게 다른 학습방식으로 교육서비스를 제공한다. 학교는 각기 독립된 학급 안에서 다양한 학년 집단을 형성한다. 모든 학생들에게 대안적 교육계획이 적용된다.

■ 추가정보

Ms. Kerry Miller, Assistant Director

Education Services Commission (ESC) School at Kingston

P.O. Box 314

Huntington County, Kingston, NJ 08528

609-921-6431

10대 미혼모 부모교육센터 이곳은 10대 미혼모들과 그들의 아이들을 위한 부모교육센터를 운영한다. 그리고 잘 계획된 교과과정 아래 가족의 요구에 부합하는 개별적 프로그램을 운영한다. 뿐만 아니라 프로그램의 일부분으로 인터넷 서비스를 지원하는 여러 가지 건강, 사회서비스 기관과 협력 관계를 가진다.

■ 추가정보

Karl Roberts, Director

The Teenage Parenting Center

Muscogee County School District

2701 11th Ave.

Columbus, GA 31904

706-641-4171

공격성 대체 훈련 현황을 보여 주는 우수한 학생 편람을 가지고 있다. 교과과정의 일부분은 글라써Dr. William Glasser의 선택이론과 현실치료에 기반을 두고 있다. 각 교직원과 학생은 공격성 대체 훈련 프로그램에 반드시 참석하여야 한다.

■ 추가정보

Judy LeFever, Coordinator

SCT BOCES Alternative High School

Elmira, NY 14903
607-739-3581

상가건물에서의 협약 학교 운영 샌디에고의 협약 학교들은 다양한 곳의 사업 파트너에게 후원을 받는 복합적 지역 프로그램 체계를 갖고 있다. 1991년에 시작된 이 프로그램은 노동기술과 졸업학점을 얻는 데 중점을 둔다. 단지, 학생들은 스스로 알아서 여러 다른 장소로 이동해야 한다.

■ 추가정보
Mary Searcy-Gomez Bixby
The Charter School of San Diego
2245 San Diego Ave, Suite 127
619-686-6666

협력적 대안학교 대안학교가 필요한 미시시피 주 남동부지방의 몇몇 시골지역은 상가를 개조하여 대안학교를 세우고 협력체로부터 지원을 얻었다. 지원금은 학교를 세우고 유지하는 데 적절히 사용된다.

■ 추가정보
Lewis Goins, Current Director, 601-428-8080
Dewey Blackledge, First Director, 601-266-6777
(currently on staff, University of Southern Mississippi)
Pine Belt Education Service Center (Alternative School)
Southeast Mississippi Regional Alternative Education
Cooperative
923B Sawmill Road
Laurel, MS 39440
610-649-4141

학생에 거는 높은 기대와 책임에 대한 보고 창의력 교육 아카데미(the Academy of Creative Education)의 특징은 학생에 대한 기대를 높게 가진다는 것이다. 대중매체와 주정부에 보고된 학생성적에 대한 보고서에 의하면 이들 기대는 현재 잘 달성되고 있다. 학교는 직원 평가와 연간 프로그램에 대한 재검토의 중요성을 강조하고 있다. 또한 훌륭한 인간관계 프로그램도 가지고 있다.

■ 추가정보

Mary Jo McLaughlin, Director

The Academy of Creative Education

North East Independent School District

1033 Broadway

San Antonio, TX 78217

210-657-8970

성인 예비지지 집단 뉴욕 시 교육부는 유아부터 성인에 이르기까지 주제 중심 학교부터 교정시설까지 70여 가지의 다른 유형 프로그램을 10만 명 이상의 학생에게 서비스한다. 각 학생들의 포트폴리오를 보고 그들의 과업에 대한 수행평가를 한다. 몇몇 학교는 학교의 모든 성인들에게 '가족' 토론집단에 참여하도록 하는 시스템을 시작했고 부모 집단은 학생이나 자문위원과 만나기도 한다. 이 지원집단은 학교와의 결속력 증강, 출석률 향상, 학교에서의 징계 문제 발생 건수 감소에 기여하였다.

■ 추가정보

Richard Organisciak, Superintendent

New York City Board of Education

Dropout Prevention Program

Alternative, Adult and Continuing Education
45-18 Court Square
Long Island City, NY 11101
718-752-7300

포괄적 학습 센터 프로그램. K-12 아이오와 주의 앤케니Ankeny에 있는 지역
학교들은 가장 포괄적인 대안학교 교육 프로그램 중의 하나를 개발하였다.
앤케니 학습 프로그램의 철학은 학교에서 모든 아동들이 배울 수 있고 잘 커
가며 각 개인 차에 따라 다른 방식으로 배울 수 있다는 것이다. 프로그램은 위
험 상황에 있는 K-12 학생들과 그들의 가족을 지지하고 서비스를 제공하여
학생들의 무한한 잠재력을 개발하도록 돕는다. 이 포괄적인 프로그램은 초,
등, 고등학교에 다양한 서비스와 프로그램을 제공한다. 학습센터는 지역사회
와 협력적으로 잘 통합되어 있다. 많은 회사와 조직들이 이 학교들과 파트너
십으로 연결되어 있다.

■ **추가정보**
Pat Sievers, Director
Ankeny Community School District
Office of Special Programs
Box 189, 306 SW School Street
Ankeny, IA 50021
515-965-9600

결론
● 관련법의 통과와 더불어 교육자들이 특정 학생들을 위해서는 대안적

교육이 필요하다고 여기고 있으므로 대안학교를 통한 교육은 지속적으로 확산되고 있다. 현재 대안학교를 통한 교육은 여러 교육 계획안들마다 공통적으로 채택되고 있어 그 지위가 확고해져 가고 있다. 그들이 제공하는 교육 스타일이 다르고 장소가 다르며 학교가 다르더라도 대안학교는 효과가 있다고 간주되고 있다. 국가적 차원에서 학교와 지역사회 지도자들은 이런 교육적 기회를 특히 위험상황에 있는 학생들에게 제공함으로써 많은 변화를 일으켰다. 결과적으로 대안학교 교육은 중도탈락예방을 위한 효과적인 전략이라 할 수 있다.

참고문헌

Berman, P. et al. (1999). The State of Charter Schools. Washington, DC: U.S. Department of Education.

Bolanos, P. (1994). From Theory to Practice. *The School Administrator, 54*(1), 30-31.

Buechler, M. (1996). Out on Their Own. *Technos, 5(3)*, 30-32.

Dynarski, M. (1999). How Can We Help? Princeton, NJ:Mathematica Policy Research, Inc.

Florida Department of Education. (1995, August). *Second Chance Schools.* Tallahassee, FL: Author.

Florida Department of Education. (1999, April). *Proposed Quality Standards for Dropout Prevention Programs*, Tallahassee, FL: Author.

Hefner-Packer, R. (1991). Alternative Education Programs: A Prescription for Success. *Monographs In Education.* Athens: The University of Georgia.

Koetke, C. (1999). One Size Doesn't Fit All. TECHNOS Quarterly, Bloomington, IN: The Agency for Instructional Technology.

Lange, C., and Lehr, C. (1999). At-Risk Students Attending Second Chance Programs: Measuring Performance in Desired Outcome Domains. *Journal of Education for Students Placed at Risk*, 4(2), 173-192.

Molnar, A. (1996). Charter Schools: The Smiling Face of Disinvestment. Educational Leadership, 54(2), 9-15.

Montecel, M.R. (1999). Disciplinary Alternative Education Programs in

Texas— What Is Known; What Is Needed. San Antonio, TX: Intercultural Development Research Association.

Raywid, M. (1994). Alternative Schools: The State of the Art. *Educational Leadership*, 52(1), 26-31.

Senate Bill No. 2510, Mississippi Legislature, Regular Session. (1995).

⑩ 학·교·밖·지·역·사·회·프·로·그·램

새로운 경험을 마음에 담으면
절대 과거로 돌아가지 않는다.
올리버 웬델 홈스

학생들의 잠재력을 개발시켜 줄 수 있는 4가지 주요 전략 중 마지막은 지역사회 프로그램의 활용이다. 이 장에서는 위험 상황에 있는 학생들이 학업 성취, 사회 행동, 교육적 기회를 위하여 구조화된 지역사회 프로그램 경험의 필요성에 대해 살펴볼 것이다.

우리 주변에는 가난한 가정 환경과 주변의 열악한 환경으로 인해 지적 발달을 촉진시킬 수 있는 기회를 충분히 가지지 못한 채 살아가는 학생들이 너무나 많다(Panel on High Risk Youth, 1993). 가바리노(Garbarino, 1995)는 우리가 사회적으로 위험한 환경, 즉 성인들의 지도와 감독이 없고 건설적이고 상호작용인 활동 시간 부족 등으로 인해 약물남용과 폭력, 범죄 및 잘못된 성적 행동을 유발시키는 환경 속에서 아이들을 기르고 있다고 말했다.

아이들은 깨어 있는 시간의 20%만을 학교에서 보낸다(Miller, 1997). 게다가 학부모의 68% 이상이 직장에 다닌다(Bureau of Labor Statistics, 1994). 일반 학교생활이 끝난 이후 또는 여름방학 기간 동안 많은 학생들이 집에서, 거리에서 혹은 사회에서 지도받지 못한 채 많은 시간을 보낸다. 부모의 노동 시간과 학생들의 학교 일정 간의 차이는 주당 20~25시간으로 계산할 수 있다 (Annie E, Casey Foundation, 1998). 분명한 것은, 아이들은 방과 후 시간 동안 어떤 유형이든지 성인들의 지도가 필요하다는 것이다. 위험상황의 학생들을 위해서 학교나 지역사회로부터 운영되는 프로그램은 학문을 질적으로 지원하고, 여가활동이나 아이들이 학교 밖에서 경험할 수 있는 문화적 기회를 증진시킬 수 있다.

오늘날, 도시 청소년뿐 아니라 도심 외곽의 청소년들 중 상당수가 다양한 청소년 프로그램에 접근조차 못하고 있다. 포스너와 반델(Posner & Vandell, 1994)은 저소득층 아이들이 학교 밖 지역사회 프로그램에 참가하지 않으면 음악과 댄스 같은 예능 부분에 대한 경험은 하기가 힘들고 중요한 팀 스포츠에 대한 경험도 하기 어려운 상황이라고 했다. 어떤 도시의 도심 지역 청소년들은 부유한 도시의 외곽 지역 청소년들보다 훨씬 적은 프로그램에 참여하고 활동의 범위도 훨씬 좁다. 빈곤한 도시의 성인들이 지닌 지도력은 비효과적이고 비조직적이며, 부모의 권위나 힘, 지도의 부재 속에서 청소년들은 불량배와 약물에 쉽게 노출된 채 살아가고 있는 경우가 흔하다(Montgomery and Rossi, 1994).

대부분의 농촌지역 학교들은 도시 지역의 전형적 특징인 폭력성 문제는 높이 대두되지 않았지만, 더 심각한 빈곤과 불평등한 상황 속에서 운영되고 있었다. 많은 농촌 지역의 편의시설 부족, 인구감소, 지리적 고립 등은 경제적 어려움과 인종적, 윤리적 긴장과 관련된 문제를 더욱 악화시키고 있다 (Green and Schneider, 1990).

학교 밖 지역사회 프로그램들은 무엇을 해야 하는가?

이 장에서는 청소년을 위한 구조화된 학교 활동과 방과 후 프로그램에 초점을 두고 있다. 크레스파Center for Research on the Education of Students Placed at Risk, CRESPAR의 주중 연장프로그램과 방과 프로그램의 효과성에 대한 고찰은 데이 케어, 방과 후 프로그램, 학교 연장 프로그램과 같은 3가지 유형들 속에서 나타난다(Fashola, 1998).

데이 케어 프로그램 이 프로그램은 직장에 나가는 부모들의 아이들을 위해 안전하고 지도감독 가능한 환경을 제공한다. 학업에 그다지 중점을 두지 않는 대신, 여가와 문화 활동에 주안점을 둔다.

방과 후 프로그램 방과 후 프로그램은 비학습적 분야와 여가 활동뿐 아니라 학습적인 부분 역시 강조한다. 이런 프로그램의 예로 보이스 앤 걸스 클럽, YMCA와 YWCA, 빅 브라더, 빅 시스터, 4-H, 아스피라ASPIRA, 교회 프로그램, 시립 공원과 여가 프로그램 등을 들 수 있다.

학교 연장 프로그램 학교 내에서 진행되는 이 프로그램들은 학교 수업일 동안 하는 활동과 직접적으로 연계되어 있다. 대부분의 낮 연장 프로그램은 학업에 초점을 두지만 학생들의 질적 가치 향상과 여가와 문화활동도 중시한다.

학교 밖 지역사회 프로그램에 관한 연구

위험 상황에 있는 학생들을 위한 효과적인 학교 밖 지역사회 프로그램에 관한 연구에는 한계가 있고, 이런 프로그램을 수행하는 가장 효과적인 방법에 대한 이해가 부족한 것이 사실이다(Fashola, 1998). 하지만 학교의 경험을 들어 보면 위험 상황의 학생들에게 학업성취나 사회행동, 질적 가치 향상을 위한 기회와 관련해 학교 밖 프로그램들이 긍정적 영향을 미친다는 사실에는 신뢰할 만한 이유가 있다.

학생들의 학업적 성취를 향상시키기 위해 기획된 연중 순회 교육의 효과성에 대한 조사를 통해 그 긍정적 결과를 살펴볼 수 있었다(Dworkowitz, 1993; Grotjohn and Banks, 1993). 쉬언(Sheane, 1994)은 연중 순회 교육을 실시한 단위 학교들에서 나타난 중도탈락 비율 감소, 향상된 학생 성과 점수, 확대된 학교 교과 외 활동, 결석률 감소, 파괴성 감소 또는 징계 문제 감소, 재입학 기회 증가 등에 관련된 구체적 결과를 발표했다. 방과 후 튜터링과 멘토링 프로그램 또한 학생 성과에 긍정적 영향을 미친다(Benard, 1992; Floyd, 1993). 그리고 성공적인 지역사회 기반 프로그램들은 위험 상황에 있는 청소년들에게 자신의 가치를 향상할 수 있는 부가적 기회들을 제공한다(McLauglin and Irby, 1994).

포스너와 반덜은 저소득층 소수민족 3학년 학생들을 대상으로 어머니로부터의 보살핌, 비형식적인 성인 지도와 감독, 자기보호, 형식적 방과 후 프로그램 같은 학교 밖 프로그램들의 이점에 대해 조사했다. 거의 60%의 학생들이 무료로 제공되거나 가격 인하된 점심을 먹어야 할 정도로 빈곤한 환경에 있었고 50%는 한 부모 밑에서 자란 학생들이었으며 부모 중 누구도 대학을 수료하지 않았다. 결과는 학생들의 행동, 학업성취율, 과제물 점수, 그리고 표준화 시험 점수 등에 의해 측정된 것이다.

어머니의 교육 정도, 아동의 인종과 수입에 상관없이 방과 후 공식 프로그램에 참석한 학생은 어머니의 보살핌만 받거나 다른 비형식 교육을 받았던 학생들보다 학업수행에 있어 더 나은 점수를 얻었고 더 나은 과업 성취를 보였다. 구조화된 프로그램에 참여했던 아동들은 비형식적 지도감독을 받은 아동들보다 나은 생활습관을 가지고 정서적으로 더 안정되고 잘 적응하며, 더 나은 동료관계를 가진 것으로 나타났다(Posner and Vandell, 1994).

학교 밖 지역사회 경험의 가치와 필요성을 인식하면서 미 교육부는 21세기 지역사회 학습센터 프로그램을 실행하였다. 이는 정규 학교 시간 이후에도 학교를 학생들에게 개방하도록 학교와 지역사회 간의 파트너십을 지원하는 프로그램이다. 보조금과 함께 지역별 학교는 안전한 안식처를 제공하고 청소년들에게 자신감을 키워 주고 학생들의 학업 능력을 향상시키는 방과후 프로그램을 만들어내기 위해서 다른 지역사회 기반 조직과 파트너십을 형성한다.

학교 밖 지역사회 프로그램의 질적 특성

● 많은 연구에 의하면 우수한 프로그램에 참여한 아동들은 프로그램 경험이 없는 또래와 비교했을 때 학교에서 더 나은 인간 관계를 형성하고 정서적 적응 면이나 학업성적 등에서 더 나은 수행결과를 얻는다고 한다. 우수한 프로그램들은 또한 학생들에게 더 많은 학습의 기회와 학문적 가치를 증진시킬 수 있는 활동들을 제공하였다(Posner and Vandell, 1994; Baker and Witt, 1996). 프로그램에 참여하거나 집에서 성인 지도감독 하에 있었던 아동들은 방과 후에 지도감독을 받지 못한 또래들보다 더 높은 자아 존중감과 더 나은 사회생활 기술을 가졌다. 게다가, 방과 후 프로그램에 규칙적으로 참가한 학생들은 참가율이 좋지 못한 또래들보다 성적이 좋았고 더 높은 자아 존중감을 가졌다(Baker and Witt, 1996).

맥래플린과 어비(McLaughlin and Irby, 1994)는 보이 스카우트, 걸 스카우트, YMCA, 교회, 도서관, 박물관, 지역 공원과 레크레이션 센터 그리고 지역사회 예술 집단 같은 도시 이웃주민단체 기반 조직에 의해 후원받은 프로그램을 연구하는 데 5년이라는 시간을 보냈다. 각각의 프로그램들은 가족과 같은 분위기를 조성하고 멤버들 간의 명확한 규칙을 만들고, 적극적인 참여와 실질적 연관성을 가지는 기회를 제공했으며 그들이 돌보는 청소년들의 관심거리에 세심하게 신경썼다. 뿐만 아니라 각 청소년들을 인적 자원으로 보았고 청소년들에게 의사결정권을 부여하고 책임감을 가질 수 있도록 하였으며, 이웃 청소년들과 가까이 지내도록 하였다. 프로그램 자체도 유동성 있게 진행되었다.

효과적인 학교 밖 지역사회 프로그램들은 전체 아동들의 학문적, 여가적 그리고 문화적 발달에 필요한 것들을 제공하고 있다고 설명할 수 있다(Fashola, 1998). 우수한 프로그램들은 다음의 요소들을 포함한다.

학업적 요소 아동들의 학업적 욕구는 학교 교과과정, 학업을 증진시키는 활동 혹은 둘 모두와 관련되는 학업적 측면을 통해 충족될 수 있다. 방과 후 교과과정이 학교 정규과정 동안 행해진 것과 직접적으로 연관이 된다면, 그것은 학교의 교과 목표에 잘 부합되는 것이라야 한다. 과제수행 보조와 다른 기타 활동으로 정규 교과를 지원해야 한다.

여가적 요소 학교 밖 지역사회 프로그램은 그 프로그램을 가장 필요로 하는 아동들에게 여가 활동을 할 수 있는 기회를 제공한다. 프로그램의 여가적 부분은 다양한 기술을 발달시키고 팀 스포츠와 연관되는 기회들을 제공하여야 한다.

문화, 사회적 요소 여가적 요소처럼 문화적 요소는 학생들에게 학교 교실 안에서 배우지 않은 기술을 탐구하고 실천할 수 있는 기회를 제공한다. 삶의 질을 향상시키는 경험으로는 취미개발, 악기 연주, 예술과 공예활동, 그리고 다양한 긍정적인 사회생활기술 연습과 같은 것들을 들 수 있다.

효과적인 학교 밖 지역사회 프로그램의 적용

● 비록 학교 밖 지역사회 프로그램들이 목적, 기금, 질에 있어 다양한 차이를 보이지만 대부분의 프로그램들이 가지는 공통적인 이슈도 있다. 다음 요소들은 성공적 프로그램 실행에 없어서는 안될 요소들이다(Fashola, 1998).

직원과 자원봉사자들의 교육 · 훈련 아동의 생활 변화를 추구하는 이 프로그램들은 학생들, 그리고 그들의 가족들과 함께 작업하는 데 손색이 없는 좋은 자질의 직원과 자원봉사자들을 찾을 의무가 있다. 만약 프로그램 직원과 자원봉사자들이 프로그램을 이행하기에 적절히 훈련되어 있지 않다면, 프로그램은 더 이상 발전하지 않을 것이다. 훈련을 통해 직원과 자원봉사자들은 어떻게 아동들과 함께 그 프로그램을 잘 이행할 것인지, 어떻게 각각 다른 연령인 아동들의 욕구를 충족시켜 줄 것인지 그리고 어떻게 행동적 문제를 다루고 프로그램 요소를 이행하는지 등을 배운다. 훈련은 직원과 자원봉사자들이 자신의 임무를 수행하고 함께 잘 해 나갈 수 있도록 감독하고 돌보는 등의 이슈를 다루어야 한다.

구조가 있는 프로그램 만들기 프로그램의 목적이 학생들의 학업성취 향상을 포함하고 있을 때 구조적 프로그램은 필수적이다. 성공적인 프로그램들은 목표가 분명하고 거쳐야 할 단계와 절차도 잘 설계되어 있으며 역할 배정도 잘 되어 있다. 뿐만 아니라 전문성도 뛰어나다. 계획하기, 절차 개발, 직원 간 공동연구, 교과과정 개발과 훈련 등의 요소를 위한 시간이 반드시 제공되어야 한다.

프로그램 평가하기 평가는 모든 프로그램 속에 있어야 한다. 기획가들은 그들이 그 프로그램에 대해 무엇을 기대하는지를 명확히 해야 한다. 자료 수집하는 데 사용된 절차와 도구들은 프로그램을 통해 단일화되어야 하고 측정도구는 결론을 이끌어 내는 데 적절해야 한다. 평가는, 다른 조건은 다 비슷하지만 프로그램에 참석하지 않는 그 지역 학교 학생들로 구성된 통제집단과 비교하여 프로그램에 참여한 학생들에 대한 효과를 측정해야 한다.

기획 단계에 가족과 아동들을 포함시키기 프로그램을 기획할 때 학생들과 가족 의견도 반영되어야 한다. 만약 기획 중인 활동이 학생들에게 적용될 것이라면, 학생들로부터 그들의 관심거리에 대한 정보를 얻어내야 한다. 다시 말해서 학생들은 정보의 가장 좋은 원천이다.

자문 위원회 만들기 지역사회의 지원과 협력은 지역사회 지도자로 구성된 자문 위원회를 통해 촉진될 수 있다. 자문 위원회는 정책결정에 대한 책임감을 가지고 프로그램이 원만하게 운영되도록 살핀다.

효과적인 프로그램과 실천

일반 학생들뿐만 아니라 위험 상황의 아이들에게 방과 후 학교, 주말과 여름 방학 프로그램, 그리고 감독이 불가능하거나 방과 후 위험한 시간대에 좀더 구조화된 우수한 대안책을 실시하는 학교들이 점점 더 늘고 있다. 예를 들면 거의 30%의 공립학교와 50%의 사립학교가 1993~1994년에 방과 전, 방과 후 프로그램을 실시하였다(National Center for Educational Statistics, 1997). 계속해서 존스 홉킨스Johns Hopkins 대학의 크레스파 CRESPAR에 의해 알려진 일반적으로 가장 넓게 사용되는 방과 후 그리고 학교 연장운영 프로그램의 몇 가지 예들을 살펴보겠다(Fashola, 1998). 이 프로그램 모델들은 중도탈락예방 센터에서 관리되는 자료 안에서 발췌한 것이다.

방과 후 언어 관련 프로그램

언어와 관련하여 학생들에게 교정적인 도움이나 가치 향상의 기회를 제공한다.

아동 독서, 작문 및 토론을 위한 교과과정, Junior Great Book Curriculum of Interpretive Reading, Writing and Discussion, 이하 JGBC JGBC는 '위대한 책 재단Great Books Foundation' 프로그램을 저학년에 맞게 바꾼 것이다. 이 프로그램은 2학년에서 12학년까지 어린이들에게 사실적, 설명적, 평가적 사고를 강조함으로써 독해력에 대한 인지적 과정과 읽고 쓰는 능력을 향상시키기 위한 것이다. 아이들은 그들이 읽은 교재에 대한 질문의 답이 한 개 이상일 수 있다는 것을 깨닫게 하는 여러 개로 나누어진 질문과 해설적 질문법을 사용하는 교과서에서 이 3가지 유형의 사고 방법을 접하게 된다. 만약 학교가 JGBC 프로그램을 실행하게 될 경우, 우선 이틀간 10시간의 기본적 지도자 훈련과정이 제공될 것이다. 프로그램에 참여하는 학생들은 대개 한 학기 동안 12섹션으로 이루어진 명시집을 공부하게 된다. 학기 중 읽기 어휘에 대한 학문적 성취 프로그램에 대한 효과를 조사한 JGBC에 의하면, 네 곳의 학교에서 150명의 JGBC 학생들이 120명의 대조군과 겨루었는데, 세 곳은 ITBS Iowa Test of Basic Skills 나머지 한 곳은 CTBS California Test of Basic Skills를 실시하였다. 도심 및 도시 변두리 학생들이 이 연구에 투입되었고 두 지역 각각에 JGBC 프로그램은 대조군 학급과 실험학급을 만들었다. 교사들은 그들이 대조군에 들어갈지 실험집단에 들어갈지를 정하기 위해 동전 던지기를 하여 무작위로 배치하였다. 이들 네 학교에서 JGBC 학생들은 대조군보다 높은 점수를 얻었고, 프로그램에 대한 추가적 내부 평가에서 JGBC와 관련된 학생들이 대조군에 있는 학생들보다 설명적 사고 기술이 더 우수하다는 것을 볼 수 있었다.

코카콜라 지원 청소년 프로그램, The Coca-Cola Valued Youth Program, CVYP 코카콜라 지원 청소년 프로그램은 위험 상황의 중학생, 고등학생들을 더 어린 초등학교 학생들의 개인교사로 임명함으로써 그들의 자아 존중감과 학교에서의 성취감을 증진시키고자 기획되었다. 학생들이 개인교사로 일하게 될 경우, 그들은 주당 4시간 동안 3명의 초등학생을 가르치고 최소의 급여를 받는 특별 튜터링 학급에 등록해야 한다. 이 프로그램의 궁극적인 목적은 그들의 자아 개념과 학업 기술을 향상시킴으로써 중도탈락 비율을 줄이고자 하는 것이다. 이 프로그램은 중도탈락의 원인이 되는 비학업적이고 처벌적인 요소들의 경감도 강조하고 있다. 예를 들면, 학생들의 자아 통제력을 길러 주고 무단결석을 감소시키며 징계 처벌을 줄이려고 노력한다. 또한 학생들에게 이용가능한 보조지원의 정도를 높여줄 수 있는 가정 학교 파트너십 형성도 지향한다. 이 프로그램을 평가하기 위해 63명의 프로그램 참가자와 70명의 대조군 학생들을 비교하였다. 프로그램을 시작한 지 2년째에 접어들었을 때 대조군에서는 12%가 중도 탈락한 반면, 지원 학생들 중에서는 1%의 학생만이 중도탈락하였다. 읽기 등급도 지원 학생들이 상당히 높았으며 학교에 대한 태도 측정과 자아 존중감 또한 높았다.

읽기 교육 향상 센터, Exemplary Center for Reading Instruction, ECRI
ECRI의 목적은 초등학교 학생들의 읽기 능력을 향상시키려는것이다. ECRI 교사들은 모든 학생들이 읽기에 있어 우수한 능력을 갖추도록 이끈다. ECRI 수업은 교사의 다중감각 응용 능력과 그에 따른 결과적 방법을 포함한다. 전형적인 수업에서 교사가 한 가지 새로운 개념을 소개할 때는 최소한 7가지 지도 방법을 사용하고, 적어도 한 가지의 이해력 기술과 학습 기술, 또 문법이나 창의적 글쓰기 기술 등을 가르치게 되는 것이다.

정규 학교 수업 동안 이루어진 ECRI의 평가에서, 연구자들은 테네시 주 한 도시 지역에서 2학년부터 7학년까지의 학생들을 중심으로 효과를 조사하였고, 그들을 상업적 읽기 프로그램을 사용하였던 대조군 학생들과 비교하였다. 두 곳 모두 스탠포드 향상 테스트Stanford Achievement Test, SAT의 읽기와 이해, 단어 시험을 테스트하였다. ECRI 프로그램 참여 학생들은 읽기와 이해력, 어휘력 테스트에서 대조군보다 우수한 성적을 거두었다. 캘리포니아와 텍사스 지역의 다른 평가에서도 높은 점수를 받았다. 학년 말, 두 집단의 학생들은 모두 표준화된 테스트를 사용하여 다시 한 번 시험을 치렀는데 결과는 ECRI에 참여한 학생들이 대조군의 학생들보다 표준화된 테스트에서 상당히 높은 점수를 얻었다. ECRI는 현재 많은 학교로 확산되어 있다.

다른 분야에서의 학업 중심 방과 후 프로그램

이들 다른 분야의 독립적 프로그램들은 특히 방과 후 학습의 장에서 사용되기 위해 민간 조직에서 개발한 프로그램으로써 전 세계적으로 방과 후 학교 현장에서 수행되고 있다.

탐험 연장 학습, Voyager Expanded Learning 연장 수업―수업 전과 후, 여름, 중간 세션―프로그램으로, 유치원에서 6학년까지의 초등학생들이 수학, 읽기, 과학, 미술, 그리고 사회 학습에서 적극적인 학습자가 되도록 도와 주고자 고안된 다양한 학문적 주제가 있는 프로그램이다. 이 프로그램의 목표는 생활상의 문제를 해결함으로써 더 높은 수준의 사고기술을 가르치는 동시에 '이론, 사실, 개념'을 배우도록 하는 다양한 주제별 학습 접근법을 제공하여 상호적이고 의미있는 학습을 하게 만드는 것이다. 단원Units은 교사와 학생들을 위한 적극적 학습 프로젝트와 목표가 있는 일일 활동으로 구성되어 있다. 교과과정 개발은 연구에 기반을 두고 각 주제별 수업은 국가와 주 기준을 따르고 있다.

알기 쉬운 과학 수업, Hands On Science Outreach, HOSO 유치원생에서 6학년까지의 소수민족, 저소득층, 그리고 위험상황의 학생들을 포함한 모든 학생들이 과학공부를 예시와 경험을 통해 재미있게 배울 수 있도록 개발된 학교 연장 수업의 일환인 방과 후 프로그램이다. 이것은 프로그램이 한 세션인 8주 동안 아동의 태도와 과학에 대한 이해력에 미치는 영향력을 조사한 시에라 연구회Sierra Research Associates에 의해 1993년에 평가되었다. 분석 결과, HOSO 참가자들을 대조군과 비교했을 때 이해력에 있어 통계적으로 월등한 점수를 얻었다. HOSO 프로그램은 현재 250개의 학교와 26개 주, 그리고 콜럼비아 학군에서 사용되고 있다.

협동적 언어학습 프로그램, The Imaginitis Learning System, ILS ILS는 3학년에서 12학년 학생들을 위해 만들어진 방과 후 협동적 언어학습 프로그램이다. 이 프로그램의 목적은 직장에서 필요로 하는 우수한 능력을 개발할 수 있도록 효과적이고 생산적인 학습에 필요한 기술들을 참가자들에게 가르치는 것이다. 교사들에게는 협동적 학습의 원칙을 강조하는 1일 훈련 프로그램이 제공된다. 연령과 학년에 따라 나누어지는 프로그램 참가 학생들은 나중에 포트폴리오가 될 수 있는 책을 창의적으로 만들기 위해 팀 단위로 함께 일하게 된다. 참가자들은 완성된 작품을 만들기 위해 팀 단위로 일할 뿐만 아니라 자신의 책을 만들기 위해 개인적으로도 작업한다. 팀 성원들은 함께 작업하고 최종 결과물을 위해 무엇을 첨가하고 무엇을 배제시켜야 하는지 결정한다. 교사는 학생들이 결과물을 계획하고 만드는 동안 그들이 거쳤던 과정뿐 아니라 학생들의 읽기, 말하기, 듣기와 협동기술 등의 향상 여부를 결정하는 최종 결과물도 함께 평가한다.

ILS는 전 세계적으로 4곳에서 평가되고 있다. 그 평가들은 크게 두 부분으로 이루어졌다. 학생들은 두 가지 설문조사에 응하도록 요청되었는데 첫번째는 다른 사람들과의 협동적 학습과 작업, 학업적 환경, 학생-교사관계의 전반적 인식에 대한 반응이고, 두번째는 학생들이 어느 정도 자신의 문제를 해결하고 논쟁을 합리적으로 잘 해결할 것이라고 생각하는지에 대한 반응이었다. 모든 세션동안 모인 결과들을 봤을 때, 이 프로그램에 참여한 학생들은 대조군의 학생들보다 더 긍정적인 결과를 나타냈다. 전체적으로, 이 프로그램은 해를 거듭할수록 더 나은 효과를 보이는 것으로 알려졌다. 이 프로그램의 적용은 주로 초등학교와 대안 고등학교에서 시행되었다.

마인드설프, Mindsurf 마인드설프는 내쇼날지오그래픽과 실비안 학습 Sylvan Learning팀이 파트너십을 이루어 유치원에서부터 6학년까지를 대상으로 하는 학업 중심의 방과 후 프로그램이다. 프로그램의 주요 목적은 아동들에게 방과 후 시간 동안 안전하고 즐거운 학습 환경을 제공하고 학업 성취 기회를 높여 주고자 하는 것이다. 아동들은 3시부터 6시까지 프로그램에 참여한다. 아동들이 마인드설프 프로그램에 들어오면, 학교 과제를 하고 다른 기술에 대해 공부할 뿐 아니라 다른 학생들, 교사들과 함께 상호작용할 수 있는 다양한 취미활동을 위한 클럽에도 합류한다. 이 프로그램의 학업적 내용은 물, 폭발, 빛과 색깔, 북미의 신기한 동물들, 이야기, 호주, 북미, 그리고 아시아와 같은 다양한 주제로 구성된다. 이들 주제들은 컴퓨터, 캠코더, 디지털 카메라, 많은 소프트웨어 프로그램, 그리고 다른 혁신적으로 선진화된 기술을 사용하면서 탐구한다. 마인드설프 학생들은 학습센터의 활동에 참가하는 것뿐만 아니라, 가정에서도 여러 활동들이 가능하도록 개별적 장치나 도구

지원을 받는다. 마인드셜프의 가장 새로운 구성요소 중의 하나는 학생들의 학업 성취 향상을 위해 진행된다는 것이다. 마인드셜프는 성취 수준 향상뿐 아니라, 아동들이 자신들의 과제를 잘 이행하도록 돕고 격려함으로써 하룻동안 그들이 배웠던 것들을 잘 정리하여 보여 주려고 노력한다. 마인드셜프는 미국에서 현재 4개의 주—메릴랜드, 워싱턴, 콜로라도, 캘리포니아—에서 400명의 학생을 대상으로 실시되고 있다.

결론

◉　　직장이나 노동현장에서 일해야 하는 어머니들, 위험 상황에 있는 학생들을 위한 안전하고 가치 있는 활동의 부족, 지도감독 받지 않는 청소년들에게 너무 자주 노출되는 위험하고 비건전한 상황, 저소득층의 소수민족 출신이라는 불리한 조건들, 이런 조건 속의 학생들을 위한 학업적 개선이 필요한 모든 학교와 지역사회는 안전하고 건강한 학교 밖 지역사회 경험 제공을 우선적으로 고려해야 한다. 연장된 낮 프로그램과 방과 후 프로그램에 관한 연구가 확실한 결론을 내릴 만큼 충분하게 이루어지지는 않았지만, 상당수의 프로그램들이 긍정적 결과에 대한 증거를 보여주어 그 전망을 밝게 하고 있다. 학업적 성취를 향상시키도록 기획된 프로그램들 중에는 탄탄한 구조를 가지고 학교 교육과정과 확실히 연관되며 자질이 있고 잘 교육받은 교직원, 그리고 일대일 튜터링을 위한 기회 등의 조건이 갖추어진 프로그램들이 특히 더 효과적인 것으로 나타났다. 모든 유형의 학교 밖 지역사회 프로그램들이 일관성 있는 구조, 적극적인 지역사회 참여, 직원과 자원봉사자들을 위한 폭넓은 훈련과 함께 학생들의 욕구와 관심에 대한 책임감을 가질 때 비로소 좋은 결과를 얻게 된다.

대체로 부가적인 학업 지원과 가치를 높여 주는 활동으로부터 이득을 얻는 대상은 위험 상황에 있는 학생들—그들 중 많은 학생들이 가난하고, 전통적으로 소수민족 출신이거나 영어사용에 한계가 있다—이다. 이런 아동들에게 우수한 학교 밖 지역사회 경험을 제공한다면 장기적으로 보았을 때, 그들의 수행능력은 향상될 것이고 무사히 졸업도 하며 생산적이고 건설적인 삶도 살 수 있을 것이다.

참·고·문·헌

Annie E. Casey Foundation. (1998). *Care for School-Age Children*. Baltimore, MD: Annie E. Casey Foundation.

Baker, D., and Witt, P. A. (1996). Evaluation of the Impact of Two After-School Recreation Programs. *Journal of Park and Recreation Administration, 14*(3), 23-44.

Benard, B. (1992). *Mentoring Programs for Urban Youth: Handle with Care*. Washington, DC: Department of Education. ERIC Document Number 349-368.

Bureau of Labor Statistics. (1994). March 1994 supplement Current Population Survey. Unpublished document.

Charles Stewart Mott Foundation. (1999). *Making After School Count: Expanded-Day Classes at Schools Can Increase Academic Achievement. Flint*, MI: Au-thor.

Dworkowitz, B. (1993). *Pupils with Compensatory Educational Needs: Summer Program 1993*. Brooklyn, NY: New York City Board of Education. ERIC Document Number 379-377.

Fashola, O.S. (1998). *Review of Extended-Day and After-School Programs and Their Effectiveness*(CRESPAR Report No. 24). Available online:www. csos.jhu.edu/crespar/CRESPAR percent20Reports/ report24entier.htm

Garbarino, J. (1995). *Raising Children in a Socially Toxic Environment*. San Francisco: Jossey-Bass.

Green, B. L., and Schneider, M. J. (1990). Threats to Funding for Rural Schools. *Journal of Education Finance*, 15, 302-318.

Grotjohn, D. K., and Banks, K. (1993). *An Evaluation Synthesis: Year-Round Schools and Achievement*. Paper presented at the annual meeting of the American Educational Research Association, Atlanta, April 1993.

National Center for Education Statistics. (1997). *School Serving Family Needs: Extended-Day Programs in Public and Private School.* Washington, DC: U.S. Department of Education.

Miller, B. M. (1995). *Out-of-School Time: Effects on Learning in the Primary Grades.* Action Research Paper No. 4. Wellesley, MA: National Institute on Out-of-School Time, Wellesley College.

Montgomery, A. F., and Rossi, R. J. (1994). Becoming at Risk of Failure in America's Schools. In R. J. Rossi (Ed.). *Schools and Students at Risk: Context and Framework for Positive Change.* New York: Teachers College Press.

Panel on High-Risk Youth. (1993). *Losing Generations: Adolescents in High-Risk Settings.* Commission on Behavioral and Social Sciences and Education, National Research Council. Washington, DC: National Academy Press.

Riley, D., Steinberg, J., Todd, C., Junge, S., and McClain, I. (1994). *Preventing Problem Behaviors and Raising Academic Performance in the Nation's Youth: The Impacts of 64 School Age Child Care Programs in 15 States Supported by the Cooperative Extension Service Youth-At-Risk Initiative.* Madison: University of Wisconsin.

Sheane, K. E. (1994). *Year Round Education: Breaking the Bonds of Tradition.* Tempe, AZ: Morrison Institute for Public Policy, Arizona State University. ERIC Document Number 375-518.

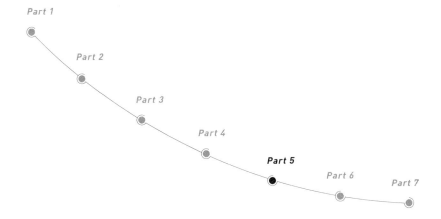

교수법의 향상

다음 전략들은 중도탈락 예방을 위해 교실에서 일어날 수 있는 상황에 초점을 두고 쓰여졌다. 학교에서 학생을 유지하기 위해서는 교사들의 전문성 증대 및 수업 방식의 다양성에 따른 교수법의 확충에 광범위한 노력을 기울여야 한다. 또한 현대화된 기술적 방식을 학교에 접목시키고 개별 학생의 욕구에 맞는 맞춤형 수업을 제공해야 한다. 이 장에서는, 미국 교육현장에서 이 같은 전략을 교육적으로 가장 잘 활용할 수 있는 방법들을 서술하였다.

⑪ 전문성의 고양 : 질적 발전을 위한 투자

교사들의 질적 발전을 위해 쓰이는 예산은
그 어떤 교육적 예산에 비해
학생들에게 많은 학습적 성취를 안길 것이다.
린다 달링-하몬드(연방정부 교육위원회)

교육 표준화의 기치 아래 학교를 회복시키려는 움직임이 미국 전역을 휩쓸고 있다. 신문과 잡지는 교육 표준화와, 이 움직임이 학교와 학생에 미칠 영향에 관해 연일 사설을 싣고 있다. 대부분의 논자들은 양질의 교육 표준화가 가능하려면 학생들의 능력향상 평가가 필요하고 학생뿐 아니라 교사와 교장들이 직접 발전 방향을 논의할 필요성이 있다고 기술하고 있다. 표준화와 평가, 책임성에 대한 논의 뒤에는 항상 다음과 같은 인식이 깔려 있다. 효과적이고 지속적인 양질의 교육과 전문성 증대는 교사들의 준비에 달려 있고 학생들이 높은 표준화를 성취하기 위해서는 교사들의 노력이 중요하다는 것이다. 이 장에서는 효과적인 교수법의 개발이 학교 중도탈락예방을 위한 노력에 어떻게 이바지 하는지 알아보기로 한다.

교사의 질과 학생 성취의 연관

최근의 한 연구는 '교육 전문가'가 학생의 성취감을 결정하는 가장 중요한 요소 중 하나라고 밝히고 있다(Darling-Hammond, 1998). 이 연구는 주와 지역사회는 양질의 교사를 육성함으로써 학생의 성취감을 높일 수 있음을 보여 주고 있다.

윌리엄 샌더스William Sanders 박사 팀의 부가가치 연구와 녹스빌에 위치한 테네시 평가센터의 연구는 다음과 같이 이루어졌다. 우선 테네시 주의 교사들을 능력에 따라 다섯 집단으로 나누고 높은 성취도의 학생과 낮은 성취도의 학생에게 어떤 영향을 주는지 연구해 보았다. 이 연구는 능력이 뛰어난 교사가 가르칠 경우, 학업 성취감이 낮은 학생들이 약 53% 정도의 놀랄만한 학업 성취도를 기록한 반면, 능력이 낮은 교사에게서 배운 학생은 최대 14% 정도의 학업 성취도만 나타냄을 보여 주었다. 양질의 3학년 교사는 학생이 5학년이 될 때까지 영향을 미치는데, 이 연구는 또한 학생들이 배우는 시기에 교사의 연속성이 중요함도 보여 준다. 그렇기에 교사의 연속성과 능력은 학생들의 학업 성취도에 가장 큰 영향을 끼치는 요인이다. 샌더스는 교사의 능력과 연속성이야말로 학업부진 학생과 영재 학생 사이의 차이를 규정지으며 훗날 명문대학과 맥도날드 점원의 차이를 잠재적으로 결정짓는 요인이라고 한다.

매사추세츠의 보스톤에 있는 배인과 컴패니Bain and Company라는 단체는 고등학교의 수학과 독서 부분에서 학생 성취와 교사의 능력에 관한 연구를 하였다. 무능한 교사로부터 수업을 받은 10학년 학생들은 독서와 수학에서 거의 발전이 없었으며 1년 동안 실시한 시험성적의 추이에서 향상이 거의 없었다. 반면, 국가시험에서 우수한 1/3에 속했던 교사들이 가르친 학생들에게는 분명한 향상이 나타났다(Haycock, 1998).

퍼구슨과 래드Ferguson & Ladd는 학생 시험성적과 학교의 투자에 대한 영향을 보고했다. 1990년과 1991년 사이 690개 학교의 4학년 학생 29,544명을 대상으로 한 이 연구에서 교사들의 능력, 교실 크기, 교사들의 교육 여부가 학생들의 학습 향상에 중요한 영향을 준다는 것이 밝혀졌다. 이 연구는 교사의 전문능력은 절대적으로 중요하고, 학생의 성취에 강한 영향력을 발휘한다는 것을 잘 나타내 준다.

이러한 결과들은 모든 학년과 모든 교실에서 높은 전문성을 갖춘 교사가 절실하게 필요함을 분명하게 보여 주고 있으며 교사의 질과 학생 성취 사이의 긍정적인 관계를 보여 준다. 교육 표준화라는 목표가 다시 달성되고 학생들의 성취도를 향상시키려면 질 높은 교사의 양성이 가장 우선시 되어야만 하는 것이다.

양질의 가르침

● 얼마나 많은 교육자들이 현재 추진되는 교육 표준에 따라 내일을 짊어질 우리 아이들을 가르치는 데 스스로 유능하다고 느끼고 있을까? 5명 중 4명의 교사들이 교실에서 수업을 할 준비가 되어 있지 않다고 말한다. 더구나 1/3 이상이 그들이 가르치는 과목에 대한 자격을 갖추고 있지 않거나 자료 내용을 공부하는 데 충분한 시간을 쓰지 않는다고 말한다(McQueen, 1999). 현재의 시스템에서 학생의 성적은 전국적으로 평균 혹은 평균 이하로 떨어졌다. 교사의 준비 부족과 내용에 관한 지식수준 미달이 그 원인 중 하나였다. 1998년, 교육부에서는 미국 교사들의 75% 미만이 완전한 자격을 갖추었다고—완전한 자격을 갖추기 위해서는 학생들의 발전, 학습, 교수방법과 같은 과목에서 학점을 가지고 있으며 주의 임용시험에 합격을 해야 한다—하였다.

가르친다는 것에 있어서 '높은 자질'은 무엇이라 정의하는가? 전문적 교수 표준법을 위한 국가 협의회The National Board for Professional Teaching Standards, NBPTS는 카네기 재단 태스크 포스Task Force의 요청으로 구성되었다. 카네기 태스크 포스는 교사 조직체로 교사들이 지식을 갖추고, 교육을 수행할 수 있도록 하기 위한 엄격하고 높은 기준을 제시하고 있다.

NBPTS에 따르면, 전문 교사는 학생들의 성취를 효과적으로 향상시키고, 높은 수준의 지식과 기술, 능력 수행을 보여 준다. 학생들의 학업 성취도를 만족시켜 줄 수 있는 양질의 교사 수를 늘리기 위해서는 아래의 5가지 조건이 갖춰져야 한다.

교사는 학생과 학습에 전념한다 전문 교사는 최신의 자료를 어디서 찾는지, 그 자료들을 학생에게 어떻게 접근시킬지, 학문적 흥미를 어떻게 불러 일으킬지 알고 있다. 교사는 또한 학생 개개인의 특성을 아는 데 전념해야 한다. 학생의 관심사, 능력, 특기, 동급생과의 관계, 그리고 가정환경 등에 대해 알아야 한다. 학생 개개인에 대한 이러한 전문 활동은 교사의 역량과 전략을 발전시켜 학생 개인의 인격함양과 학업에 대한 인지능력을 발전시킨다.

교사는 과목을 알고 있고 어떻게 가르쳐야 할지도 안다 전문교사는 자신들의 과목에 대한 풍부한 이해를 가지고 있고, 이 과목을 어떻게 다른 교육과 실제 환경에 연결시킬지를 알고 있다. 전문교사는 또한 학생이 가지고 있는 지식의 배경과 편견, 학생들의 이해를 도울 수 있는 현재의 교육 자료를 알고 있다. 깊이 있는 지식을 가진 교사는 다양하게 자신의 과목을 가르칠 길을 개발하며 학생들에게 실용성과 재미를 안겨준다.

교사는 학생들의 배움을 모니터링하고 관리하는 책임이 있다 교사는 교수 방법을 창조하고, 풍부하게 하고, 유지하기도 하고 변화시키기도 함으로써 학생들의 관심을 사로잡는다. 그리고 잘 훈련된 교육환경을 확신시키기 위해 어떻게 학생들을 끌어들일지를 안다. 한 반의 성취도뿐 아니라 개인적인 성취도도 평가하며 이런 평가서에 기반하여 교수법에 수정을 가함으로써 학생들에게 끊임없이 동기부여를 시킨다.

교사는 경험으로부터 그들의 연습과 교육을 체계화시켜 생각한다 전문 교사는 학생들에게 영감을 불어넣고자 한다. 호기심, 인내, 정직, 공정, 다양성의 배려, 문화적 차이에 대한 특성은 지능 향상을 위한 필요조건이다. 교사는 날카로운 판단력을 갈구하고 가르치는 방법을 새로운 것과 이론적인 사고에 적용시킨다.

교사는 학습공동체의 구성원이다 전문 교사는 교육정책의 향상, 교과과정 발전, 구성원의 발전을 위해서 다른 전문가들과 함께 협력하여야 한다. 교사는 학생의 참여 및 성취도 향상에 도움을 주는 모임에 대해 잘 알고 있어야 한다.

교수방법의 기량을 향상시키기 위해 기준을 조정하는 다른 기관으로는 새로운 교사평가 및 지원 콘소시엄Interstate New Teacher Assessment and Support Consortium, INTASC 과 교사교육인정 협회National Council for the Accreditation of Teacher Education, NCATE가 있다. INTASC는 30개 이상의 주에 설립되어 있으며 교사를 위한 새로운 자격기준을 강화시키는 전문가들의 모임이다. 이러한 기준은 교사들이 무엇을 아는 게 필요한지, 어떻게 학생들을 새로운 기준에 맞게 가르칠 것인지에 대한 지침을 제공한다(Darling Hammond,1998). INTASC는 교사들이 과잉 공급되는 주의 신입 교사와 경험이 많은 교사들을 부족한 주로 배분하는 역할도 하고 있다(Darling Hammond,1999).

NCATE는 교사교육의 새로운 기준을 강화하고 교사교육을 맡고 있는 조직의 신뢰성을 평가하고 있다. NCATE가 하는 일의 한 가지 예를 들자면, 암허스트Amherst의 고등교육 교사 프로그램으로 매사추세츠 대학 교직원들과 4개 지역 일선 학교들이 모여 교사 교육프로그램의 개발에 참여하고 있다. 여기서는 매 학기 학생지도를 담당하는 6~8명의 교사들이 학교에서 세미나를 하고, 교육학을 공부하며 지도교사와 함께 일하고 있다(Reforms in Preservice Preparation Program, 1999). 이런 종류의 접근법은 학생담당 교사들이 수업준비를 더 잘할 수 있게 도와 준다. 이 세 개의 단체—NBPTS, INTASC, NCATE—는 교육 표준화와 관련하여 주 입법위원들에게 양질의 교사를 양성하는 가장 강력한 도구를 제공하고 있다(Darling Hammond, 1998).

비효율적인 교사개발 프로그램

● 거의 모든 공립학교의 교사가 매년 약간의 전문화 교육 실습을 받고 있지만 교실 안에서의 효과는 미미하다. 교육 내용, 교육의 질, 그리고 지속적인 전문화 교육은 가르치는 능력을 향상시키고 학생들의 성취에 영향을 준다. 그러나 오늘날 미국에서의 대부분 전문적인 교수기법은 학생들을 위한 교과과정에 맞춰져 있지 않으며, 학업과 교육에 관련하여 교사의 배울 기회가 거의 없기에 완전하다고 할 수 없다.

교사는 일반적으로 단기간의 다양한 활동을 통해 주나 지역의 교사 자격증 갱신과 평생교육의무를 이행해야 한다. 하지만, 이러한 활동은 학교 과정이나 가르치는 기술을 향상시키기 위한 광범위한 계획과는 거의 관련이 없다(Cohen and Hill, 1998). 많은 주에서 실시되고 있는 어떤 종류의 정형화된 연수활동이 자격증 갱신에는 도움을 주고 있는 듯하다. 하지만 이런 경험은 교육내용과 교수실습에 거의 관련이 없는 경우가 대부분이다. (Hirsch, Koppich, and Knapp, 1998).

교사양성을 위한 주의 정책을 알려주기 위해 고안된 정책보고서로서 교사정책연구센터Center for the Study of Teacher Policy, CTP의 보고서가 있다. CTP 보고에 의하면, 공립학교 선생님들의 96%가 전문화 교육프로그램에 참여했지만 극소수의 선생님들만이 의미있게 지속적으로 전문성을 향상시킬 기회를 가졌다고 한다. 예를 들면, 단지 30%의 교사들만이 특정분야에서 자신의 전문성을 향상시킬 프로그램에 참여할 수 있었고, 단지 15% 만이 이러한 활동을 9시간 혹은 그 이상을 받을 수 있었다(Hirsch, Koppich, and Knapp, 1998). 교육 내용뿐만 아니라 교육의 지속기간 또한 차이를 발생시키는데, 교육지속 시간이 길수록 교사들은 교실 내 개선사항의 인지와 효과적인 수업준비에서 더 우수한 결과를 보인다고 한다. 교육통계청National Center for Education Statistics, NCES의 '교사의 질' Teacher Quality: A Report on the Preparation and Qualification of Public School Teachers이라는 보고서는 교사들의 과학기술분야 전문화 활동에 있어서 최근의 참여, 새로운 교수방법, 주나 지역의 교과과정 혹은 수행 기준, 그리고 다양한 언어와 문화적 배경으로부터 학생들의 조화와 관련한 내용을 다루고 있다. 이 자료는 교사들이 전문화 향상에 시간을 많이 투자할수록 전문성이 향상됨을 잘 보여 주고 있다. 또한 전문화 향상에 시간을 투자하는 것도 중요하지만 실제 실행이 더 중요하다는 것도 보여 준다. 교육정책연구 컨소시엄 Consortium for Policy Research in Education, CPRE은 캘리포니아에서 수학 교수법과 학습별 재구성에 관한 연구를 통해 워크숍을 실시하고 난 뒤 교사들이 수업내용에 이를 어떻게 반영하는지를 살펴보았다. 결론은 워크숍의 참여 길이와 수업의 변화와는 비례하지 않았다. 즉, 아무리 시간을 많이 들여도 수업내용에 덜 초점을 맞춘 워크숍은 실질적인 활동과 연계되지 않는다는 것이다. 게다가 이미 관습화된 전문성 범위에서는 학생 성적과 학교 성적 사이의 어떠한 관련도 없었다. 연구 결과는 교수방법과 수업수행에 있어서의 연결지점은 교사들이 다음과 같은 것에 중점을 둘 때 나타난다는 것을 보여 준다.

◆ 학생이 학습하는 교과과정에 기초를 둔다.

◆ 다양한 교육 요소를 연계한다. 예를 들면 교과과정뿐만 아니라 평가에도 중점을 둔다.

◆ 시간을 적절히 늘린다. (Cohen and Hill, 1998)

효과적인 교사개발을 위한 구성요소

학생의 교육적 성과 증진에 관한 연구에서는 효과적인 수업 환경은 잘 훈련받고 전문화된 교사의 역할이 중요함을 보여 준다. 최근의 프로그램은 배우고자 하는 사람들을 위한 전문화된 커뮤니티 조성과 평생교육 프로그램을 만드는 데 집중하고 있다. 이 프로그램들은 교사 육성 시스템 안에서 지식과 기술 습득을 더 깊이 익히고 협력 프로그램을 개발하며 커뮤니티 안에서 상호 연구를 수행한다(Rueda, 1998). 조지아 주의 연구에서, 학교실행협회 Council for School Performance, 1998)는 학생들의 성취에 영향을 주는 교사 개발은 다음과 같이 이루어진다고 본다. 한 번의 단발성 이벤트보다는 학년 내내 장기간 동안 이루어지는 프로그램 안에서, 교육적인 전술보다는 이론, 논증, 실천, 그리고 피드백 중심의 교육 속에서, 개인적 성취의 반영보다는 협력적인 학습을 통해서 이루어지며, 그리고 리더십이 바탕이 되어 가르치고 배움에 있어 지속적인 협조가 가능한 공간의 마련이 교사 개발에 영향을 미친다고 본다.

미국 교육부는 전문개발팀을 설립하여 교사들의 전문성 개발과 관련한 가장 유용한 자료와 모범적인 사례들을 조사하고 있다. 전문개발팀은 여러 이론들을 만들고 시행자와 정책 입안자들에게 정보를 제공한다. 전문개발팀의 사명은 교육자들이 학생들의 학습과 개발에 높은 기준과 성취를 이루게 하기 위해 준비하고 돕는 것이다. 높은 질의 전문개발 프로그램은 다음과 같다.

◆ 학생 교육의 중심으로서 교사에 초점을 맞추되 학교 커뮤니티의 다른 구성원들도 포함시킨다.

◆ 개인과 단체, 조직의 발전에 초점을 맞춘다.

◆ 교사, 교장 그리고 다른 이들의 지적인 능력과 지도 능력을 존중하고 양성한다.

◆ 교수, 학습, 리더십에 관한 유용한 자료를 습득하고 실습한다.

◆ 교사들이 그들의 전문성, 특히 과목과 학습전략, 기술적 요소의 이용, 다른 필수 요소들을 높은 교육 표준에 맞출 수 있게 한다.

◆ 학교생활에서의 지속적인 연구와 개선을 증진시킨다.

◆ 참석한 사람들이 협조적으로 계획하여 발전을 용이하게 한다.

◆ 다른 자원과 실질적인 시간의 투여가 필요하다.

◆ 장기적이고, 일정한 계획에 의해 운영한다.

◆ 교사의 효율성과 학생의 학업에 대한 영향을 기초로 평가하고 이러한 평가서가 계속적인 전문성 개발의 지침이 되어야 한다. (U.S Department of Education, 1988)

효과적인 프로그램과 실천

전국 교원개발 협회National Staff Development Council, NSDC는 중간 정도의 성적을 가진 학생을 위한 능력개발 프로그램을 발표했다. 그리고 프로그램의 실행 결과 보고에는 26가지 능력개발 프로그램이 포함되었고 교육적으로 높은 성취를 보였다는 기록들을 발표했다. 이 프로그램은 매우 다양한 주제를 다루고 있고 학생들의 성취를 높이기 위한 다양한 방법과 증명된 방식들을 소개하고 있다. 프로그램에 대한 설명과 더불어 전문성 개발을 위해 고안된 선택사항 지침과 프로그램에 대한 전문적 전략 또한 담고 있다. 그

팀의 저자들은 다음과 같은 결론을 말하고 있다.

"중간 정도의 성적을 가진 학생을 교육하면서 우리는 복잡한 문제들에 직면한다. 여기에서 핵심은 교사들이 자신의 지식과 기술을 발전시키기 위해 적극적으로 참여해야 하고 자신의 믿음과 새로운 교육이론에 도전해야 한다는 것이다. 그리고 자신이 지도받는 것과 지원받는 것, 새로운 방식으로 접근하는 것을 편안히 받아들여야 한다. 교사는 자신이 스스로 학교생활, 학생생활의 연구자가 되어야 하며 왕성한 참여자가 되어야 한다(Killion, 1999, p6)."

〈미래를 위한 실천: 양질의 교사육성을 위한 새로운 길(Promising Practices : New Way to Improve Teacher Quality, 1998)〉이라는 책은 미국 교육부가 발행한 것으로 이 책에서는 다음과 같은 실천적 자료를 설명하고 있다.

- ◆ 재능 있고 다양한 사람들을 교사 전문직으로 선발
- ◆ 교사가 되기 위한 준비 개선
- ◆ 교사를 위한 승인기준 향상
- ◆ 초급 교사들을 위한 전문적 지원 제공
- ◆ 전문성 개발 향상
- ◆ 교사들의 책임과 의욕 향상

책자에 표시된 전문개발프로그램은 지역교육 실습실, 연구문헌자료, 교수법과 미국의 미래에 대한 국가 위원회의 연구자료를 통해 추천되고 있다. 그러나 이 자료들이 확정된 목록으로 구성되지는 않는다. 교사 전문화를 통해 교사의 질을 혁신하기 위한 현재의 노력은 너무 역동적이고 다양한 지역에서 발생하고 있다. 따라서 이에 대한 광범위한 평가가 필요한 상황이다(U.S.

Department of Education, 1998). 교육부의 책자에 담긴 내용으로 교육부는 최근에 개발되고 있는 중요한 두 모델을 소개하고 있다.

첫번째 모델은 초등, 중등학교와 대학 사이의 전통적 관계를 대신할 수 있는 새로운 교육전문 개발학교의 설립이다. 이 학교는 교사들의 전문적인 성장과 실천을 위해 임상적 기술을 배우는 장소이자, 대학의 전문가 집단과 협동작업을 수행할 수 있는 공간으로 활용될 수 있다. 두번째 모델은 욕구와 의지가 비슷한 교사들이 새로운 실천과 아이디어를 개발할 수 있도록 교사들의 네트워크를 조직하도록 격려하는 것이다. 최근 수학 협회, 인문학 협회의 협력으로 설립된 재단은 전문 교사들의 네트워크를 지원하기 시작했다. 그리고 이 네트워크는 교사들의 전문성을 개발하는 과정에서 중요한 힘으로 작용하고 있다(U.S Department of Education, 1998).

결론

● 학업에서의 새로운 기준이 설정되고 학교는 새로운 방식으로 학생들의 학업수행을 책임지게 되어 있다. 그럼에도 불구하고 최근까지의 성적 관리 체계를 비롯한 제도와 정책은 교사의 능력과 학생의 성취 향상에 큰 도움을 주고 있지 못하다. 최근의 한 연구에 의하면 교사의 전문성이 학생의 교육적 성취를 결정하는 가장 중요한 요소 중 하나라는 것을 보고한 바 있다. 불행하게도 교육 통계청National Center For Education Statistics의 조사에 의하면 5명 중 4명의 교사들이 오늘도 학교 수업의 교수법을 준비하지 않는다고 말하고 있다. 이는 전통적 방식으로 교사들이 교실 안에서 자신의 수업을 개발할 수 있는 가능성은 매우 희박한 현실임을 보여주고 있다. 새로운 기준을 설정하여 학생들의 성적을 향상시키려면 결국 교사들을 개발하지 않고서는 불가능하다는 것을 또한 보여준다. 교사의 개발은 최우선적인 정책이 될 수

밖에 없다. 학생의 교육 성과를 향상시키기 위해서는 잘 훈련된 효과적인 교수환경, 전문성 개발을 위해 충분히 지원받은 사려깊은 교사가 필요하다. 그렇기에 다음의 말들은 반복될 가치가 있는 것이다. "다른 어떤 교육의 투자보다도 학생의 학업 성취를 높이기 위해서는 보다 전문적인 자격을 갖춘 교사들을 갖출 수 있도록 교사에게 투자를 해야 한다."

참 고 문 헌

Cohen, D. K., and Kill, H C. (1998). *State Policy and Classroom Performance: Mathematics Reform in California.* CPRE Policy Brief No. RB-27. Philadelphia: Consortum for Policy Research in Education, University of Pennsylvania.

Council for School Performance. (1998). *Staff Development and Student Achievement: Making the Connection in Georgia Schools.* Atlanta: Author, School of Policy Studies, Georgia State University. Available online: http://arcweb.gsu.deu.

Darling-Hammond, L. (1998). *Investing In Quality Teaching: State-Level Strategies* 1999. Education Commission of the States. Available online: http://www.ecs.org.

Darling-Hammond, L. (1999). *How Can We Ensure a Caring, Competent, Qualified Teacher for Every Child?* Paper presented at the AFT/NEA Conference on teacher quality, Washington, DC, September 26, 1998.

Haycock, K. (1998). *Good Teaching Matters.* Washington, DC: Education Trust.

Hirsch, E., Koppich, J. E., and Knapp, M. S. (1998). *What States Are Doing to Improve the Quality of Teaching: A Brief Review of Current Patterns and Trends.* Seattle: The Center for the Study of Teaching and Policy, University of Washington.

Killion, J. (1999). *What Works in the Middle: Results-Based Staff Development.* Oxford, OH: National Staff Development Council.

McQueen, A.(1999). *Survey: Teachers Feel Unprepared for Specialties. Star Tribune.* Available online: http://www2.startribune.com.

National Board for Professional Teaching Standards. *(1999). What Teachers Should know and Be Able to Do.* Available online:

http://nbpts.org.

National Center for Educational Statistics(1999) *Teacher Quality: A Report on the Preparation and Qualifications of Public School Teachers.* Washington, DC: U.S. Department of Education, Office, of Educational Research and Im-provement.

Reforms in Preservice Preparation Programs and Teacher Certification Standards 1999. Available online: http://www.ed.gov.

Rueda,R. (1998). *Standards for Professional Development: A Sociocultural Perspective.* CREDE Research Brief #2. Santa Cruz: Center for Research on Education, Diversity,and Excellence, University of California.

U.S. Department of Education. (1998). *Promising Practices: New Ways to Improve Teacher Quality.* Washington, DC: Author.

⑫ 학습의 다양한 방식과 다중지능

적군의 침입에 저항할 수 있지만
성숙된 의식에 저항하기는 어렵다

빅토르 위고

유능한 교사는 모든 학생들이 같은 방법으로 학습할 수 없다는 것을 알고 있다. 어떤 학생들은 시각적인 표현을 쓸 때 가장 큰 학습효과를 나타내고 다른 학생들은 정보를 듣거나 크게 암송할 때 학습효과가 좋게 나타난다. 어떤 학생들은 교육에 실질적인 조정 작업이 수행될 때 효과가 크며 또 다른 학생들은 좀더 활동적인 일을 선호하기도 한다. 서로가 가르침을 주고받을 수 있는 소규모 집단에서 잘 하는 학생이 있는 반면, 혼자 힘으로 공부하는 걸 좋아하는 학생도 있다. 자극과 높은 에너지를 소비하는 활동을 통해 성장하는 사람이 있다면 조용히 관조를 하기 위한 시간을 필요로 하는 사람들도 있기 마련이다. 가장 좋은 교실은 학생들의 학습형태가 아무리 다르더라도 다양한 활동들로 구성되며 모든 학생들이 참여하는 것이다.

하워드 가드너Howard Gardner의 다중지능이론은 다양한 학습스타일의 주제를 계발한 교육이론이라 할 수 있다. 이 장에서는 학교에서 다양한 학습스타일을 인정하고 존중할 때 다양한 학습 환경에서 다중지능이론이 어떻게 적용되고 위험에 처한 학생들에게 어떤 이익을 줄 수 있는지를 다루도록 하겠다.

다중지능이론

● 하버드 대학의 가드너 박사는 1970년 '프로젝트 제로Project Zero' 라는 실험을 통해 인간의 잠재성에 대해서 연구하기 시작하였다(1983). 이 프로젝트로부터 다중지능이론을 개발하였는데 이 이론에서 지능이란 '문제를 풀이하는 능력이나 하나 이상의 문화적인 배경 안에서 가치있는 생산품을 창조해내는 능력' 이라고 정의하였다. 인간의 인지능력은 능력, 재능, 지능이라 부르는 정신기술의 관점에서 보다 효과적으로 기술되어질 수 있다고 믿었다. 일반적으로 모든 사람들은 8가지 지능을 소유하고 있는데, 이는 언어적 지능, 논리/수학적 지능, 음악적 지능, 시간/공간적 지능, 신체/운동적 지능, 대인관계 지능, 개인이해 지능, 자연 지능으로 소개되었다. 대개의 사람들은 8가지의 지능을 제각각 발전시킬 수 있다. 지능은 복합적으로 함께 작용하는 경향이 있고, 각각의 지능은 다양한 방법을 통해 발달시킬 수 있다. 여러 사람들이 다중지능의 8가지 영역을 확장시켜 연구하고 있으며(Armstrong, 1994; Campbell, 1994; Garder, 1991; Haggerty, 1995) 교사들을 위한 보다 유용하고 실질적인 모델을 개발하고 있다.

8가지 다중지능

◆ **언어적 지능**

· 말하고 쓰는 능력

· 언어를 유창하고 효과적으로 소통하는 능력

◆ **논리/수학적 지능**

· 추상적인 사고

· 정밀함, 연역적, 귀납적 추리, 계산, 조직화, 수학과 과학을 통해 추상적인 문제와 복잡한 관계를 풀 수 있는 논리적인 능력

◆ **음악적 지능**

　　· 음의 조정, 리듬, 음질, 음조 그리고 음색에 대한 민감성 주위에서
　　　나는 소리를 인지하고 구별 짓는 능력

　　· 음악적인 모든 면과 주위 소리를 표현하는 능력

◆ **시각/공간적 지능**

　　· 내적 형상으로 세상을 인지하는 능력

　　· 형태, 색, 형상, 그리고 조직을 볼 수 있는 직관력

◆ **신체/운동 지능**

　　· 사물을 변형시키거나 생산하는 데 손과 느낌, 아이디어를 몸으로
　　　표현하는 능력

　　· 구성요소 : 균형, 손재주, 힘, 유연성, 스피드

◆ **대인관계 지능**

　　· 다른 사람의 기분, 느낌, 관점에 대한 이해력

　　· 일반적으로 가족, 친구, 사람들과 좋은 관계를 유지하는 능력

　　· 판단과 관계에 영향력을 행사하고 문제를 해결하는 것에 있어 리더
　　　쉽을 발휘하는 능력

◆ **개인이해 지능**

　　· 자신을 이해하는 능력, 개인의 강점, 약점을 정확하게 평가하여
　　　대처하는 능력

　　· 내면, 동기, 기질, 그리고 욕구에 대해 인지하는 능력.

◆ **자연 지능**

　　· 식물, 동물을 인식하고 분류하는 능력

　　· 동식물의 차이나 형태, 특성, 기타 등등에 대해 파악하는 천부적
　　　인 능력

가드너에 따르면, 8가지 지능은 다음과 같은 특성의 연구에 기초하고 있다.

1) 뇌손상으로 인한 한 가지 재능의 특출성

2) 학자나 신동, 또다른 비범한 인물의 탄생

3) 시대를 앞서 이루어진 차별화된 역사의 발전

4) 진화학의 산물

5) 심리측정학의 발견

6) 임상 심리학의 도움

7) 수행 능력에 대한 연구

8) 상징적인 체계를 활용하는 능력

가드너는 《재구성된 지능: 21C의 다중지능(Intelligence Reframed : Mulitiple Intelligence for the 21st Century, 1999)》에서 여러 지능의 가능성에 대해 소개하였다. 미래에는 8가지 외에 더 많은 지능이 이 분류에서 묘사될 수도 있을 것이다.

다중지능이론의 이점

어떤 교육환경이라 할지라도 다중지능이론을 학습에 적용하면, 교사든 학생이든 혹은 둘 모두에게 교육을 풍부하게 해주는 효과가 발휘된다. 다중지능이론은 학생들이 자신의 학습에 대하여 더 많은 책임감을 가지게 하고 교사들에게는 단순한 지식제공자에서 벗어나 더 잘 가르칠 수 있는 기회를 제공한다. 덧붙여서 이 이론의 수행은;

◆ 각 학습자가 자신의 강점을 깨닫게 해준다.

◆ 학습자 스스로가 취약한 부분의 기술과 능력을 개발할 수 있도록 기회를 준다.

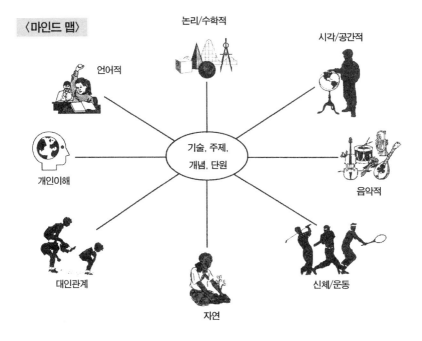

〈마인드 맵〉

논리/수학적

시각/공간적

언어적

개인이해

기술, 주제,
개념, 단원

음악적

대인관계

자연

신체/운동

◆ 다양한 활동을 제공하여 지루함을 감소시킨다.

◆ 모든 연령대에서 사용할 수 있는 학습, 교수 방법론을 제공한다.

다중지능이론을 학교 교실에 적용하기

이 이론에 생소한 교육자들은 지능을 골고루 훈련시킬 수 있는 수업이나 단원을 발전시킬 계획을 세움으로써 유용하게 활용할 수 있다. 이 중 하나의 방법을 선택하라면 도식화된 그래픽을 사용하는 마인드 맵을 들 수 있다. 마인드 맵 중앙에는 단원, 주제, 기술과 배워야 할 개념들이 있다. 교사는 과거의 경험을 끌어내거나 동료로부터 배운 것을 이용하거나 또는 다른 여러 정보들을 사용하여 각기 8가지 지능에 해당하는 활동들을 선택하게 된다.

물론, 모든 개념이나 기술, 생각들을 각각 8가지 다른 방법으로 가르칠 필요는 없다. 대부분의 활동은 하나 혹은 그 이상의 지능으로 쉽게 통합될 수 있다. 이러한 활동은 마인드 맵을 확장시켜 지능을 통합하는 다양한 활동들과 연결된다.

효과적인 프로그램과 실천

多중지능이론을 다양하게 실질적으로 접목시키고 있는 다음 6가지 예를 살펴보기로 한다.

여름별 캠프 프로그램 1994년에 코네티컷 주의 뉴캐넌 공립학교New Canaan Public Schools는 다중지능이론에 기반을 둔 여름별 캠프를 개발하였다(Cantrell et al., 1997). 일주일 코스인 이 캠프에서는 7세부터 12세의 아이들이 자신의 독특한 강점을 개발시킨다. 캠프 참여자들은 다양한 주제의 자료와 활동을 선택할 수 있고 또한 다음과 같은 3가지 인턴십 중 하나에 참석할 수 있다. '브릿지포트 디스커버리박물관의 도전 미션 Challenger Mission at the Bridgeport Discovery Museum', '노워크 해양센터의 바다탐험Sea Voyage at the Norwalk Maritime Center' 그리고 '스트랫포트 시코스카이 항공에서 이뤄지는 가상비행훈련Simulated flight training at the Sikorsky Aircraft Corporation in Stratford' 이 그것이다.

캠프 프로젝트는 손으로 책표지 제작하기, 음악작곡, 로켓 제작, 청사진을 통해 구조 그리기, 캠프 신문 만들기, 캠프 의식을 위해 이야기 변형, 연극활동, 티셔츠 만들기, 우주비행사 음식을 준비하기 등이 포함된다. 캠프의 리더들은 캠프에 참여하는 부모들에게 사전, 사후 조사를 한다. 이 조사에 대한 분석은 캠프에서의 다중지능이론 적용의 예를 보여준다.

◆ 아이들이 자신의 인지능력을 이해하고 이를 통한 긍정적인 영향력을 경험한다.

◆ 대처능력을 높인다.

◆ 다중지능 이론에 대한 부모와 아이의 이해 차를 줄인다.

이 캠프에 참석한 사람 중 75%는 부모와 아이들 모두 지능이 최대 혹은 약간이라도 발전적 형태를 이루었다는 데 동의한다. 캠프가 진행되는 첫 3년 동안, 99%의 캠프 참가자들이 그들의 코스 선택에 대단히 만족하였다. 캠프의 교사들은 아이들 스스로 선택하는 교육이 높은 동기부여와 만족감을 주고 수행 성공을 거두게 됨을 배웠다. 아이들은 자신들의 강점이 있는 지능과 바로 연계된 코스를 선택하는 경향이 있다.

■ 추가정보

Mary Lou Cantrell

South School, Gower Road

New Canaan, CT 06840

cantrellml@aol.com

씽크 탱크 켄트 가든 초등학교(Think Tank Kent Gardens Elementary School) 씽크 탱크는 버지니아주 맥린Mclean의 켄트 가든 초등학교에 설치된 복합적 탐험방과 연구실을 말한다(Knodt, 1997). 모든 초등학생들은 탐험방에서 2주에 한 시간씩 공부한다. 씽크 탱크는 교육의 기본인 창의적이고 비판적인 사고와 다중지능에 초점을 두고 이루어진다. 씽크 탱크에서의 활동들은 우연히 발생하지 않는다. 모든 과정이 서로 전체적으로 통합되어 있고 학생들은 탐험방과 연구실에서의 학습을 연계하여 교과과정, 가정, 지역사회의 경험을 이루어 나간다. 각각의 프로젝트는 다양한 인간지능, 통합적 기능을 중점적으로 인식하고 길러내는 데 초점을 둔다. 어떤 프로젝트는 학생의 강점을 사용한다. 다른 프로젝트는 아이들이 스스로 자신의 약한 점과 불편한 점을 알 수 있도록 돕는다. 다시 말해, 프로젝트는 지능이 창의적인 방식으로 활동하게끔 중첩 돼 있다. 예를 들면, 학생들은 '새의 시각'이라는 개념을 먼저 마스터하게 되는데 이것은 수학적이며 논리적인 지능에 해당한다. 그리고 나서 시각적이며 공간적인 지능에 해당하는 그림 그리기를 배우게 되는 것이다. 또한 '꿈 같은 집'을 만들겠다는 계획이 서면 학생들은 언어적 지능을 활용하여 각 방에 이름을 붙인다. 그리고 신체 운동 지능을 활용하여 입체 모델을 만들기 전에 다 같이 모여서 자신의 생각을 교환하고 노력을 통합하는 대인관계적 지능을 사용한다.

■ **추가정보**
Jean Sausele Knodt
Designer and Dorector
Think Tank at Kent Gardens Elementary School
1717 Melbourne Drive
McLean, VA 22101

기술 교육을 위한 사우스 캐롤라이나 센터 과학인재를 위한 남부 캐롤라이나 센터는 프로그램을 지속적으로 발전시키고 조정해 왔으며, 이 2년 과정의 과학 교육 과정은 과학, 수학, 엔지니어링과 의사소통 기능을 포함하고 있다. 파일럿 과정에는 문제가 되는 것들을 기본으로, 학습 접근법이 사용되었고 교습 전략으로 다중지능이론이 포함되었다. 첫 1년 평가 보고는 과정의 마지막에 다음과 같이 밝혀졌다.

◆ 84%의 학생은 학교 프로젝트를 통해 실제 생활의 문제를 해결할 수 있

는 능력을 키울수 있었다.

◆ 62%의 학생은 과학 문제를 해결하는 데 수학지능을 사용할 수 있었다.

◆ 84%가 다른 학생들과 팀을 이루어 청중들 앞에서 발표를 할 수 있게 되었다.

◆ 69%의 학생들이 과학이나 엔지니어링 프로젝트의 결과에 대하여 글을 쓸 수 있었다.(Bucci, Evans, and Choi, 1999)

학생이나 선생님들로부터의 보고서에 따르면

◆ 파일럿 교과과정은 활동적인 교육환경으로 변화되었다.

◆ 학생들은 집중력이 높아졌고, 좀더 다양하고 적절한 질문을 하게 되었다.

◆ 학생들이 학습에서 새로운 태도를 취하게 되었다.

◆ 학생들이 팀으로 이루어져 문제해결을 위한 발표를 돕기 위해 시각적인 재료와 유인물을 사용하게 되었다.

◆ 학생들은 팀으로써 서로를 돕기 때문에 다른 교실수업보다 더 좋다고 여겼다.

◆ 학생들이 교실에서 사용하던 방법을 좋아하게 되었다.

■ 추가정보

Elaine Craft

Director, South Carolina ATE Center of Excellence

SC State Board for Technical and Comprehensive Education

111 Executive Center Drive

Columbia, SC29210

803-896-5410

crafte@sbt.tec.sc.us.

레이크 초등학교 레이크 초등학교 교사들은 두 개의 목표를 가지고 통합 교과과정을 발전시켰다. 첫번째 목표는 주가 요구하는 필수 교육에 부응하는 것이고 다른 목표 하나는 다중지능, 그 중에서도 가드너에 의해서 최근에 강조된 생태 지능에 초점을 두는 것이었다(Meyer, 1997). 어떤 경우는 학교 운동장을 교실처럼 활용하였다. 예를 들어 6학년은 1학년을 관찰하며 그들과 특별한 관계를 맺는다. 그런 관계는 하이킹이나 지역사회 견학, 정원 가꾸기, 다른 야외 활동들을 통해서 활기를 띠게 된다. 다른 경우, 학생들은 교실에서 생태적 지식이 뛰어난 여러 전문가들과 만나게 된다. 이를 테면, 토지감독관, 물고기와 야생동물 전문가, 폐수관리 전문가, 공원과 여가활동 지도자, 나무 관리인, 벌목 컨설턴트 등이 참여한다.

학생들은 그들 자신에게 강점인 지능을 사용할 기회를 통해 그 수업이 재미있다고 느낄 때 교육과정에 적극적으로 참여하고 또한 서로를 가르치게 된다.

■ 추가정보

Maggie Meyer
Lakes Elementary School
6211 Mullen Road
Lacey, WA 98503
meyermag@aol.com

뉴시티 학교 뉴 시티 학교의 교장인 톰 호어Tom Hoerr는 1988~1989년에 걸쳐 학교에서 다중지능이론을 학교에 적용한 이래로 다중지능의 위력을 직접 확인하였다고 한다. 그는 다음과 같이 언급한다.

"나는 직원들과의 독서프로그램을 통해 가드너의 〈마음의 틀Frames of Mind〉이라는 책을 읽게 되었고 이를 곧바로 학교의 기본적인 철학으로 삼았다. 다중지능을 통해 우리는 아이들의 강점을 보게 되었고 커리큘럼을 어떻게 디자인하고 어떻게 가르칠지, 학생들에게 어떻게 접근할지, 그들의 부모와 어떤 대화를 나눠야 할지를 알게 되었다. 나로서는 다중지능 수업이 학생들의 학습동기를 높이고 정보를 수집하는 다른 길을 보여주며 배운 것을 공유하는 법을 가르쳐 준다고 확신한다. 학교의 규율과 비행문제는 다중지능 수업을 통해 줄어들었다. 학생들이 다중지능 수업을 사용하기 전에는 어떠했는지에 대한 데이터는 충분하지 않지만 다중지능적 접근 이후와 비교해 볼 수는 있을 것 같다. 따라서 우리 데이터가 하나의 일화로써 다중지능이론이 학생과 선생님들이 성공으로 가는 길임은 분명하다라는 예가 될 것이다."

뉴시티 학교의 교사들은 다중지능이론을 통한 수업에 대하여 〈다중지능 축하하기 : 성공을 위한 가르침Celebrating Multiple Intelligences : Teaching for Success〉, 〈다중지능으로 성공하기 : 개별적 지능을 통하여 가르치기 Succeeding Multiple Intelligences : Teaching through Personal Intelligences〉라는 두 권의 책을 썼다. 호어 교장은 1991년부터 다중지능 네트워크의 조력자로 봉사했다. 이 네트워크는 교육자들의 비공식적 제휴기관으로 다중지능이론에 관심있는 사람들이 정보를 공유하고 수행하며 1년에 3번, 〈지능 커넥션Intelligence Connections〉이라 불리는 다중지능 관련 소식지를 발행한다.

▪ 추가정보
Tom Hoerr
Director of New City School
5209 Waterman Ave.
St. Louis MO 63108-1155
www.newcityschool.org

키스쿨 인디애나 폴리스에 있는 키스쿨은 미국에서 첫번째로 다중지능이론을 적용한 학교이다. 1984년 이 학교는 영재 아동을 위한 커리큘럼 개발로 지원을 받았다. 패트리샤 볼라노스Patricia Bolanos와 동료들은 언어와 공간 지능을 강조하는 현재의 교수법보다는 오히려 다중지능이론에서 아이디어를 얻었으며 그들은 다중지능이론을 교과과정의 초석으로 모든 학생들에게 활용하였다. 볼라노스와 다른 7명의 선생님들은 다중지능에 바탕을 둔 새로운 초등교육 과정을 개발하기 시작했다. 키스쿨은 릴리사의 기부금으로 초기 지원을 받고 특수교육 프로그램으로 1987년 새로이 개교를 하였다.

키스쿨은 가드너의 이론뿐 아니라 미하이 칙센트미아히Mihaly Csikszent -mihalyi의 '몰입flow' 이라는 개념을 도입하였다. 이 개념은 내적 동기에 관한 것으로 학생들이 정기적으로 몰입활동 센터Flow Activity Center를 방문하게 하였다. 센터의 직원들은 학생들에게 동기를 일으키는 것이 무엇인지를 배운다. 수요일에는 학생들이 체육관에 모여 강의나 음악, 다양한 지역사회나 전문가 그룹의 강의를 듣는다. 이를 테면, 교향악단 연주자, 간호사, 치료사들이 자신들의 세계에 대해 얘기한다. 이런 '수요일 프로그램'은 학기 중에 수행할 주제와 그 외에 정기적으로 학생들이 수행하는 프로젝트 결과물의 주제를 묶어 주는 선상에 있다고 보면 된다.

다중지능에서 동등하게 강조되는 근본적 요소는 학생의 스케줄과 전문가에 의한 직원 위탁교육을 견고하게 유지하여 반영하는 것이라 할 수 있다. 직원의 교육과 연구로부터 많은 부분들이 점진적으로 바뀔 수 있다. 보고서에 따르면 직원들이 공부와 학습연구를 통해 수정보완과 수업형태의 변화를 이끌어 낸다고 하였다.

키스쿨은 1993년에 중학교도 개교하였다. 아이피에스 키 학습공동체I. P. S Key Learning Community는 1999년에 자신들의 프로그램을 고등학교까지 보급하여 9학년으로 개교하였다. 그들의 첫 졸업생은 2003년에 나올 것이다.

■ 추가정보

Patricia Bolanos

Principal, Key School

777S. White Rover Parkway - W. Dr.

317-226-4992

결론

◉　　다중지능이론을 교실 수업에 접목시키는 교사들은 교실에서 각 강의와 단원 그리고 과정에 다양한 활동을 선택할 수 있다. 전통적인 필기나 강의식 교육, 개별 숙제라는 틀을 넘어서 학생들의 강점을 다양하게 활용하여 성공하도록 돕는다. 음악작곡을 하는 학생, 그룹 활동에 참석하는 학생, 팀 프로젝트나 형태를 만드는 학생들은 그 지능이나 학습방식에 있어서 종종 간과되어져 왔었다. 전통적인 교실 속의 학생들은 새롭고 다양한 방식에 도전해야 할 것이다. 관습적인 교육에 어려움이 있는 학생은 강점을 개발하는 새로운 차원을 발견할 것이다. 교실에서는 다양한 학습 스타일과 다중지능이 통합되어질 때 교과과정이 존중받게 된다. 이럴 때 학생들은 다음과 같이 변화한다.

◆ 고립되는 학생으로 남기보다는 참여하게 된다.
◆ 문제를 해결할 수 있는 새롭고 다양한 방법을 발견한다.
◆ 자신들의 취약점을 극복하고 성공을 성취할 수 있는 기술들을 확장시켜 나간다.
◆ 자신들의 강점을 활용하여 성취를 보여준다.
◆ 학교와 다른 동료학생들과 쉽게 결합될 수 있다.
◆ 평생학습자가 될 수 있다.

이러한 태도와 행동은 후에 직장에서도 적용될 것이며, 오늘날 더 훌륭한 학생을 만드는 것이 곧 내일의 훌륭한 일꾼을 만드는 과정일 것이다.

참고문헌

Armstrong, T. (1994). *Multiple Intelligences in the Classroom*. Alexandria, VA: Association for Supervision and Curriculum Development.

Bucci, Paul T., Evans, W. Douglas, and Choi, Wen-Tsing. (May 1999). "The South Carolina Advanced Technological Education Fall Semester 1998 Curriculum Pilot Project: Evaluation Report," The Academy for Educational Development.

Campbell, B. (1994) *The Multiple Intelligences Handbook: Lesson Plans and More*. Stanwood, WA: Campbell and Associates, Inc.

Cantrell, M. L., Ebdon, S. A., Firlik, R., Johnson, D., Rearick, D. (1997) The Summer Stars Program. *Educational Leadership*, 55(1), 38-41.

Gardner, H. (1983). *Frames of Mind: The Theory of Multiple Intelligences*. New York: Basic Books.

Gardner, H. (1991). *The Unschooled Mind: How Children Think and How Schools Should Teach*. New York: Basic Books.

Gardner, H. (1999). *Intelligence Reframed: Multiple Intelligence for the 21st Century*. New York: Basic Books.

Haggerty, B. (1995). *Nurturing Intelligences: A Guide to Multiple Intelligences Theory and Teaching*. Menlo Park, Ca: Addison-Wesley.

Knodt, J. S. (1997). A Think Tank Cultivates Kids. *Educational Leadership*, 55(1), 35-37.

Meyer, M. (1997). The Greening of Learning: Using the Eight Intelligence. *Educational Leadership*, 55(1), 32-34.

⑬ 가 ㅣ르ㅣ치ㅣ는ㅣ기ㅣ술

지식산업은 우리의 학습 방식을 변화시키고 있다.
서로 견주기도 하고 경쟁하기도 하는 새로운 교육산업은 정보와 지식, 교육에 대해
다양하고 광범위한 새로운 방식을 개발하여 전달할 수 있을 것인가?
몇몇 예에서 볼 수 있듯이 여전히 학교가 학습의 중심으로 인식되어지는 것은 아닐까?
지금껏 우리가 아는 학교의 테두리를 벗어날 수 있을 것인가?
우리의 자녀들을 개성에 맞게 기르고 교육시킬 수 있을 것인가?
스탄 데이비스, 짐 보트킨(The Monster Under The Bed)

오늘날의 직업시장은 공학, 컴퓨터기술, 인터넷 사용능력에 의존하는 비율이 높아지고 있다. 1998년, 정보통신부의 보좌관인 래리 어빙Larry Irving은 2000년까지 직업의 60% 가량이 공학적 기술을 요구하게 될 것이라고 내다보았다(Benton Foundation, 1998). 미국 노동부의 자료에 따르면, 2006년까지 미국 노동자의 약 50%는 정보기술 생산과 서비스 분야에서 일하게 될 것이라고 보았다(21st Century Workforce Commission, June 2000, p.10). 노동부 통계자료에 따르면 숙련된 정보기술 직업이 10년 안에 가장 빠른 성장을 하게 될 것이라고 하였다(U.S Department of Commerce, 1998). 기술직의 역동적인 성장은 학교 부적응 학생들의 실업 위기 면에서 지금보다 훨씬 더 큰 위험에 처하게 됨을 뜻한다. 이 장에서는 교실에서 학습증진과 기회의 다양화를 위해 여러 공학적 기술의 사용 필요성에 대해 살펴보도록 하자.

정보 격차

빌 클린턴 대통령은 21세기를 내다보며, 국가는 모든 아이들이 읽기, 수학, 과학, 의사소통, 비판적 사고의 기술을 습득하게 하여 발전된 학습과 향상된 활동, 기술적 능력을 이끌어 내는 일에 도전하여야 한다고 확신하였다. 이러한 목표를 이루기 위해서 백악관은 1994년에 국가정보 인프라 계획을 실행하여 2000년까지 공립학교의 인터넷 설치를 시작했다. 교육평가 프로그램 Education Rate Program은 빈곤지역에 90% 가량을 싸게 공급하고 지방에는 10%를 부가적으로 싸게 공급하는 지원책을 썼다. 이 프로그램은 큰 성공을 거두어 1999년까지 모든 공립학교의 95%가량이 인터넷을 이용하게 되었다(National Center for Education Statistics, Feburary 2000).

그러나 단순히 인터넷의 보급이 기술적인 신장을 확신하게 하는 건 아니었다. 중앙정부 교육 프로그램 예산의 50% 가량이 빈곤한 학교에 지원되지만 이러한 학교들은 정식 교사와 기술적 자원 확보에 늘 허덕이고 있는 게 현실이다. 미 교육부 자료에 따르면 정식 교사들에 비해 보조 교사들이 훨씬 많은 학생들을 타이틀 원Title I 학교에서 가르치는 걸로 보고 있다. 이 보고서는 전국의 교실들은 디지털화의 격차를 겪고 있으며 저소득 계층의 학생들일수록 컴퓨터와 인터넷의 접근이 제한되고 있음을 보여준다(Wong, 2000).

정보격차는 정보기술에 접근이 용이한 사람이나 지역사회와 그렇지 못한 곳으로 인해 일어난다. 미국 통상부는 정보격차가 시간이 갈수록 더 커질 것으로 내다보았다. 소수인종, 저임금 노동자, 저학력자, 한 어머니 가정의 자녀, 특히 그들이 도시에 사느냐 시골에 사느냐에 따라 정보습득의 기회는 줄어들어 정보격차가 드러나게 된다. 다음의 보고서에 따르면,

◆ 소득이 7만5천 달러 이상 되는 가정은 이보다 소득이 낮은 가정에 비해 인터넷 접근이 20배 이상 용이하였다.

- ◆ 백인이 혹인과 라틴계에 비해 인터넷 접근이 더 용이하였다.
- ◆ 라틴계 가정은 개인 컴퓨터 보급률이 백인 가정에 비해 50% 가량 적고 인터넷 보급률은 2.5배 가량 적었다.
- ◆ 초등교육이나 그 이하의 교육 수준을 가진 사람의 6.6% 만이 인터넷을 사용하고 있다.
- ◆ 대학교육 이상의 과정을 수행한 사람은 고등학교 졸업자들에 비해 인터넷 접근률이 10배 이상 높았다(Irving, 1999).

주피터 커뮤니케이션Jupiter Communication의 연구를 통해서도 인종과 연령에 따른 인터넷 사용의 넓은 격차를 발견할 수 있다. 가장 광범위한 차이는 고수입과 저수입의 가족 사이에서 나타나는데, 2005년이면 1천5백만의 최상위 부유층과 9백만의 최하위 빈곤층으로 구분될 것이다. 이 보고서에 따르면 백인 가정이 혹인 가정에 비해 60% 이상 인터넷을 많이 활용한다. 이런 현상이 증가할수록 학교는 디지털 격차를 줄이려는 방안을 모색하고 있다. 국립교육통계센터National Center for Educational Statistics, NCES의 자료에 따르면, 학생당 컴퓨터 보급률은 계속 높아져 다수인종과 소수인종 학교 사이, 부자 학교와 가난한 학교 사이의 차이가 거의 없을 정도로 비슷해졌다. 하지만, 프로그래밍, 데이터베이스, 스프레드 시트, 최신정보에 접근 가능한 인터넷과 같은 응용프로그램은 백인 중상층의 학생들에게 주로 보급되는 걸로 나타나고 있다. 이 밖에 소수인종 학교나 비행 청소년이 많은 학교는 컴퓨터의 주활용을 연습문제 반복이나 일반적인 학습, 워드프로세서 정도로만 국한하고 있다. 대부분의 빈곤 청소년들은 출석 전이나 방과 후에 컴퓨터를 사용할 수 없었고 집에서도 컴퓨터를 사용하지 않는 걸로 나타났다(Hancock, 1992~1993).

기술의 잠재성

● 21세기 교실에서는 과학기술이 문제증명, 사고체계, 협력기술, 팀워크 경험, 이문화 간의 교류, 비판적인 사고를 위한 연구실을 제공한다고 할 수 있다. 과학기술은 교사와 학생 모두에게 교육 자료에 접근할 기회를 넓혀주고 있다. TV와 수동적인 교육환경을 가진 많은 교실들과 달리 컴퓨터는—제대로 사용되어질 경우—능동적인 환경을 제공한다. 상호교류가 활발한 활동들을 통해 학생들은 선택을 하고, 그 결과를 바로 볼 수 있으며 적절한 피드백을 받게 된다. 컴퓨터는 교육의 보조자로 다른 방식의 배움을 제공하고 학교를 좋아하지 않는 학생들에게도 배움의 기회를 준다. 왜냐하면 컴퓨터는 학생수행에 대한 교사 개인의 평가라기보다는 객관적인 평가로 나타나기 때문에 수업시간에 따른 반항이 줄어 들고 배움에 대한 태도의 변화를 일으켜서 학생들로 하여금 학업성취도의 첫발을 떼게 한다(Bennett, 1999). 이처럼 과학기술은 긍정적인 태도 변화를 불러오고 좌절과 실패에 익숙한 학생들에게 성공의 기회를 준다.

적절히 적용시킨다면, 교육공학은 배움의 길목에 있는 많은 장애물들을 제거할 수 있을 것이다. 특히 위기에 직면한 학생들에게 많은 도움을 줄 것인데, 학생들은 하루 중 자신이 원하는 시간에 접속해서 수업을 들을 수 있고 교사는 학생 개개인의 필요나 강점에 맞추어 수업을 개별화할 수도 있을 것이다.

과학기술의 형태

● 교육공학은 여러 형태로 나타날 수 있는데 계산기, 워드 프로세서로부터 각종 멀티미디어 컴퓨터까지 실로 다양하다. 교육공학에서 종종 무시되어지는 한 가지 형태는 텔레비전과 비디오이다. 텔레비전은 강력한 의사전달 매체이고 등급을 나누고 읽기와 쓰기를 가르치고 발음을 개선시키고 어학적

인 발전을 가져오는 것은 사실이지만 학생들의 학습과정에서 필요한 이해를 전부 제공하는 것은 아니다. 텔레비전과 비디오를 보는 것은 능동적인 배움과 반드시 연계되어야 한다. 반더빌트 대학에 있는 학습공학센터Learning Technology Center, LTC는 위기에 처한 아이들을 대상으로 비디오를 포함한 새로운 기술의 영향력, 문자이해력 향상에 대한 연구를 장기적으로 진행하고 있다.

텔레비전, 비디오 테이프, CD-ROM이 장착된 컴퓨터처럼 기술은 교육의 영역을 확대하고 있다. 교사들은 역사적인 상황과 문학 속의 인물들을 시각화된 이미지로 보여줄 수 있다. 학생들은 아무 비용도 들지 않고 로렌스 올리비에를 멕베드의 주인공으로 보고 받아들일 수 있다. 역사교사들은 단순히 최근의 사건을 묘사하는 것을 대신해서 실제 역사의 흔적을 보여줄 수도 있다. 예술을 전공하는 학생들은 르느와르의 작품들을 하나하나 살펴보고 박물관 큐레이터가 작품에 대하여 여러 관점을 설명해주는 걸 들을 수 있다. 언어 관련 교사들은 음성인식 프로그램을 사용하여 정확한 발음을 가르친다. 학생들은 'Aportisdoc'이라는 소프트웨어 프로그램을 사용하여 팜 파일럿Palm pilot과 같은 손바닥 크기의 장치를 이용하여 연구논문을 다운로드 받을 수 있는데 이런 장치는 컴퓨터보다 싸다. 학교는 사이트 사용료를 지불하여 텍스트를 다운받아 소프트웨어 프로그램을 사용해서 학생들이 그것을 읽고, 숙제를 해서 다시 교사에게 이메일로 보내 점수를 매길 수 있도록 할 수 있다.

과학기술에 대한 저항

이러한 기술의 사용이 늘어나는 것에 반대하는 교육자들은 여러 어려운 점을 이야기한다. 그 중 크게 몇 가지를 살펴보자.

- 컴퓨터와 소프트웨어가 폐기되는 속도, 그에 따른 새 하드웨어와 소프트웨어 구입을 위한 비용이 든다.
- 기술의 적절한 사용과 관련한 지속적인 전문성 개발이 부족하다.
- 교사 능력의 한계로 여러 형태의 학생들(위기에 처한 학생들을 포함하여)에게 다양한 학습을 제공하지 못하는 상황이 발생한다.
- 예를 들어 지붕이 새는 집처럼, 기본적인 구조 문제가 되는 제한된 전력 접근, 빈약한 전화 연결망을 가진 곳도 있다.
- 새로운 환경의 수업은 전통적인 방식의 수업에서 이루어지는 규격화된 평가로는 측정이 곤란하다.
- 유용한 소프트웨어에 대한 주정부와 지방 학교의 커리큘럼 연계성에 의문을 가진다.
- 컴퓨터 소프트웨어에 대한 신뢰할 수 있는 평가를 제공하는 곳으로부터의 정보가 부족하다.

효과적인 프로그램과 실천

버디 시스템 프로젝트 버디 시스템 프로젝트는 1988년에 시작하여 4학년과 5학년의 학습 개선을 위해 집중적으로 시행되었다. 인디애나 주 교육부의 재정 지원으로 시작한 이 프로젝트는 기술을 바탕으로 교실 수업과 방과 후에도 학습이 계속 이어지도록 하였으며 가족들의 학습에 대한 개입도 늘어나게 하였다. 60개의 초등학교와 5개의 중학교가 이 프로젝트에 참여하고 있다. 연구 자료에 따르면 기술을 사용하는 학생들은 다음의 결과를 보여준다고 한다.

- 일반 학교 학생들과 비교하여 작문실력이 3배 이상 향상
- 수학을 이해하는 능력 향상

- ◆ 컴퓨터 사용에 대한 보다 많은 자신감
- ◆ 다른 사람을 가르치는 능력 향상
- ◆ 문제해결과 비판적 사고능력 향상
- ◆ 자신감과 자존감 향상 (Rockman and Sloan, 1995)

■ 추가정보

Nancy Miller

Project Manager

INTEC Consulting,Inc.

Phone: 765-296-9257

e-mail: nasmiller@iquest.net

www.buddyproject.org

옴부즈맨 교육 서비스 옴부즈맨 프로그램은 대안적 교육 프로그램으로 차별화된 학습 전달 시스템을 가지고 있다. 그리고 이것은 기술에 의하여 자기주도적 학습이 가능하다. 이 프로그램은 작은 규모의 교실, 학생 대 교사의 비율이 높을 경우, 시간의 유동성이 확보될 경우 적절하다. 옴부즈맨 교육 서비스 논문에 의하면 위기감이 높은 학생들의 85~90% 정도가 성공적으로 과정을 이수하고 있는 걸로 나타난다. 이 프로그램은 11개 주, 70여 개 지역에서 거의 6천 명에 가까운 학생들이 이수하고 있다—11개 주: 아리조나, 콜로라도, 플로리다, 캔사스, 메릴랜드, 미주리, 일리노이, 뉴햄프셔, 오하이오, 텍사스.

■ 추가정보

James P. Boyle, President

Ombudsman Educational Services

1585 North Milwaukee Avenue

Libertyville, IL 60048

847-274-4564
www.rifoundation.org

로드 아일랜드 교사 기술 향상 운동 로드 아일랜드 교사 기술 향상 운동은 1997년에 시작되었으며 로드 아일랜드주 전체 교사 중 25% 이상의 교사들에게 랩탑 컴퓨터를 제공하고 60시간 이상의 훈련을 2000년까지 제공하는 목표를 가지고 있다. 이 프로그램의 비전은 교사들의 교수기술을 향상하고 교사들이 자신의 업무에 필요한 핵심적인 기술을 익히도록 할 뿐 아니라 학생들에게 교사들의 기술을 전수할 수 있도록 하는 것에 있다. 이 프로그램은 로드 아일랜드 기금에 의해 재정이 지원되었다.

■ 추가정보
Ronald V. Gallo, President
The Rhode Island Foundation
One Union Station
Providence, RI 02903
401-274-4564
www.rifoundaion.org

결론

21세기의 교육 경쟁에서 기술은 도전과 기회를 동시에 제공하고 있다. 도전은 모든 학생들이 그들의 학습에 필요한 기술을 습득하길 요구한다는 것이다. 반면, 기회는 기술의 풍부한 잠재력에 있다고 할 수 있는데 모든 학생들의 학습 수준을 높여 줄 수 있을 것이다.

21ˢᵗ Century Workforce Commission. (2000, June). A Nation of Opportunity: Building America's 21st Century Workforce. U.S. Department of Labor.

Bennett, Frederick. (1999). Computers as Tutors: Solving the Crisis in Education. Faben Inc.

Benton Foundation. (1998). *Losing Ground Bit by Bit: Low-Income Communities* in the *Information Age*, (Internet Posting) http://www.bentton.org/Library/Low-income/. Quoted in Intercultural Development Research Association's Newsletter, June-July 1999, p. 2.

Davis, S., and Botkin, J. *The Monster Under The Bed.* (1994). New York: Simon and Schuster.

Digital Divide Widens, (2000, June-July). bLink, 14.

Hancock, Vicki E. (1992-93, Dec.-Jan.) *The At-Risk Student.* Educational Leadership ASCD, 84-85.

Irving, L. (1999, Nov.). *Falling Through the Net: A report on the Telecommunications and Information Technolgy Gap in America.* The U.S. Department of Commerce National Telecommunication and Information Administration.

Lenihan, Rob: Income fuels digital divide. CNN-fn Internet Posting, June 20, 2000.

National Center for Education Statistics. (2000, Feb.) Internet Access in U.S. Public School and Classrooms: 1994-99. National Center for Education Statistics (NCES 2000-086).

Rockman, S. and Sloan, K.R. Assessing the Growth: The Buddy Project Evaluation, 1994-95, Internet posting (San Francisco, CA: Corporation for Educational Technology, 1995), quoted in Intercultural Development Research Association's Newsletter, June-July 1999, p.1.

Suda, K.E. (1999, June-July). Educational Technology: An Update Intercultural Development Research Association (IDRA), 1-2.

U.S. Department of Commerce. (1998, Jan.). Update: America's New Deficit, Office of Technology Policy, U.S. Department of Commerce.

Wong, Edward: "Poorest Schools Lack Teachers and Computers." *New York Times*, August 13, 2000, p. 14.

Zehr, M.A. *Screening for the Best.* (1999, Sep.). Technology Counts '99 Building the Digital Curriculum. *Education Week*.

14 개｜별｜화｜학｜습

모든 인간은 각기 특별하고 독특한 가치를 지녔다.

알포트(G. Alport)

기준에 맞춘 전국적 개혁을 원하는 입법자들은 교육자들이 "모든 학생은 배워야 한다"는 의미 이상의 것을 하게 만드는 데 어려움을 겪고 있다. 모든 지역과 학교에서 이 문구는 비전의 일부로 받아들여지지만 이를 현실로 만들기 위해 힘든 과업에 나서는 이들은 거의 없다. 만일 학생들 개개인의 욕구를 만족시킬 수 있는 교육 여건이 이루어진다면 아마도 모든 학생들은 열심히 배워나갈 수 있을 것이다. 교육자들은 학생들이 다양한 경제적, 사회적 배경을 갖고 있고 특별한 학습 스타일을 지니고 있으며 다양한 지적 강점을 갖고 있고 각기 다른 속도로 지적 발전을 이룬다는 것을 알고 있다. 하지만 실제로 특별한 욕구를 지닌 학생들에게 특별한 교육을 하는 학교는 생각보다 적다.

이 장에서 우리는 개인의 욕구에 맞추어 학습하는 개별화 학습이 특히 학교에서 중도탈락의 위기에 있는 학생들을 포함하여 다른 모든 학생들에게도 효과적인 교육전술이라는 것에 관해 논의하려고 한다. 개인의 욕구에 맞춘 학습 프로그램은 대안학교에서 뿐만 아니라 일반 학교의 교실에서도 학생들의 성공에 공헌할 수 있는 프로그램이라는 것을 살펴본다.

개별화 교육 프로그램으로부터의 교훈

● 　개별화 교육 프로그램Individualized Education Program, IEP은 특수
교육 프로그램을 요구하는 학생들을 위한 것으로 각 주마다 법률적 근거를 요
구하고 있다. IEP가 정규교육 과정에서 흔하지 않은 것은 이 프로그램이 정상
학생들에게 적용되지 않고 있기 때문이다. 보통 학생들에게는 이 프로그램이
교과과정에 포함되어 있지 않다.

우리는 아이들의 학습 변화를 간과하는 경우가 흔하기 때문에 학생들이 실
수로부터 배워 성취를 이루고 재능과 능력을 발전시킬 수 있는 기회에 한계를
갖는다(Pugach and Warger,1996). 특수 교육을 받는 학생들을 위하여 개별
화 수단을 채택하는 것은 이런 위험 상황에 놓인, 혹은 또 다른 특정한 학생들
을 위해 개별화 교육 프로그램을 시행하는 첫번째 단계이다. 1997년 장애교
육법안에서 IEP는 장애 학생을 지지하고 특별한 서비스를 지원하는 특수교육
의 전달과정이라고 안내하고 있다(U.S Department or Education, 2000). 학
생들의 개별적 욕구에 대한 접근 방안으로서 IEP는 현재 가장 최선의 방안으
로 받아들여지고 있다. IEP는 장애 학생에게 교육적인 결과를 개선시키고 함
께 공부해 나갈 수 있도록 선생님, 부모, 학교 행정가, 서비스 연계 프로그램
을 관련시킬 뿐 아니라 이 학생들을 위한 특별한 기회를 만들기도 한다. 특수
교육을 위한 IEP의 계획들은 학업과 행동 및 정서, 기술의 개선을 포함하고
있다. IEP는 법률에 의해 수행 기록들을 검토하고 전문적인 과정을 통해 혁신
시켜야만 한다. IEP는 장애 학생에 대한 이해만을 높이는 것이 아니라 학년
테스트의 기준이나 단계보다 성취가 부진한 학생들에게도 도움이 된다. 다양
한 상태에 놓인 학생들에게 성취와 개인적 책임감을 조화시키기 위해서는,
개별화가 가장 기본적인 접근 방안이다.

IEP를 위한 가이드(U.S. Department of Education, 2000) 이 가이드에

는 장애학생과 함께 하기 위한 IEP의 실행과 발전을 추진함에 있어서 일반 교사가 맡아야 할 역할을 서술하고 있다. IEP 실행의 한 부분으로 일반 교사는 IEP 팀과 함께 일반 교육의 구성요소를 상의하고 진행한다.

◆ 일반 교과과정
◆ 학생의 학습과 성취를 도울 수 있는 원조자, 서비스, 교육프로그램의 개선
◆ 행동이 문제가 된다면 행동 수정을 도울 수 있는 전략

일반 교사는 또한 IEP팀과 함께 아동들의 목표를 달성할 수 있도록 돕기 위하여 학교 관계자들이 어떤 지지 체계를 사용할 수 있는지를 논의해야 한다.

◆ 학생들의 1년 목표에서의 성취
◆ 일반적인 교과과정과 학생 성취와의 연계
◆ 과외활동의 참여
◆ 다른 아동, 혹은 장애아동이 없이, 또는 장애아동과 함께 교육하는 것
  (p.11)

모든 아동들이 IEP를 통하여 개별적인 접근이 가능해지기만 한다면 교육적 성공의 잠재력은 대단할 것이다. 학생 교육 공동체의 모든 구성원들은 개별화의 면면을 이룬다. 교사, 상담가, 부모, 중요한 성인들은 학생의 교육적 미래를 위한 실질적 계획에 학생과 함께 참여해야 한다. IEP가 자연스러운 것으로 받아들여져서 과정이 점검되고 조정이 되면 학생들은 더욱 나아질 것이다. 그러나 현재 이런 IEP적 접근은 보통 대안 교육 현장과 같은 특별한 환경에서의 학생이나 장애 학생들이 있는 학교에서만 발생한다. 불행히도 일반 교사들은 20명이 넘는 학생들에게 이런 IEP적 접근을 위해 노력할 수 있는 시간을

내기가 어렵다. 중도탈락의 가능성을 감소시키고 위험에 처한 학생들을 구제하기 위해서는 20명보다 적은 학급의 운영을 가능하도록 해야 한다. 많은 연구에서 큰 학급보다 작은 학급에서 학습 환경이 더 많이 개선되고 학생들 개인의 집중력이 향상된다고 보고하고 있다(Lindjorf, 1998, and Ellis, 1994). 하지만 이 노력에는 많은 재정이 요구된다. 따라서 다른 방식의 가치 있는 프로그램으로 전환하는 것을 고려하기도 한다. 개별화 교육의 실천을 위한 다른 대안들을 찾아보아야 할 것이다.

학생들의 학습 경험을 개별화하기 위한 전략

모든 학생의 개별학습 실천을 특별 교육모델로 실행하는 것은 불가능한 일일 수도 있다. 하지만 교육자들은 특수한 교육을 필요로 하는 학생들에게 적용했던 교과과정을 통해 다양한 학생들을 위한 교육모델을 적용하고 개선해 나갈 수 있을 것이다. 연구와 효과적인 실천을 통하여 다양한 경로로 위험 상황에 처한 학생들의 욕구를 조사하여 개별학습을 위한 효과적인 전략을 구성할 수 있다. 다음은 교실에서 각기 다른 학생들에게 제공될 수 있는 개별화 전략들이다.

◆ 멘토링과 튜터링은 비용 대비 효과가 높고 맞춤학습을 제공할 수 있으며 일대일 학습을 제공할 수 있는 방법이다.
◆ 방과 후 교실은 학생들의 학업적 어려움을 파악하고 학생의 학습 속도를 맞추어 줄 수 있는 개입방법으로 고려될 수 있다.
◆ 상담과 사회적 서비스는 학습에서 어려움을 겪고 학교 밖 생활에서 문제가 있는 학생들에게 개별화된 지원을 제공할 수 있다.
◆ 일반 교실에서 교사는 다양한 교육 방법을 사용할 수 있다. 학생의 지적

수준과 다양한 학습 스타일을 파악하고 학생에게 복합적 경험과 선택을
제공할 수 있다.

◆ 대안학교는 전통적 학교 현장에서 성공적이지 않았던 학생이 선택할 수
있는 방법이기도 하다.

◆ 교육기술, 특히 컴퓨터를 이용한 교수법은 학생들의 속도에 맞추어 학생
들의 흥미를 탐색할 수 있는 기회를 제공한다.

효과적인 프로그램과 실천

● 정규 학급에서의 개별화 실천

교사들에게 교과과정을 개발하는 것은 학습 경험을 개별화하는 가장 1차적인
영역이다. 개별화한다는 용어는 학생의 특별한 능력과 욕구에 교과과정을 접
목시켜 가시적인 산물을 만들어내는 것을 말한다(Glatthorn, 1994). 글래썬
Glatthorn은 이 같은 노력을 위해 고려되어야 하는 구성요소의 목록을 다음
과 같이 제안하고 있다.

교육 내용의 강조 학생들이 배워야 할 내용을 선택할 때, 학생들은 보다 동기
화되어야 한다. 하나의 단원 안에서도 학생들은 개별적으로 다른 내용들을
부과받아 연구하고 보고할 수 있도록 해야 한다.

숙달 기술 교과과정을 통하여 학생들이 지적으로 강해지고 다양한 고려를 할
수 있도록 숙달된 여러 가지 기술이 제공되어야 한다.

기대 목표 설정 모든 학생들이 동일한 시간 내에 같은 성취 기준을 가질 수는
없다. 교사와 교과과정 개발자들은 학생들의 필요 시간과 성취 단계에 대한

기대 차이를 개별적으로 고려하고 기획해야 한다.

학습 속도 모든 학생들이 같은 속도로 배울 수는 없다. 늦은 속도로 배우는 학생들뿐 아니라 조금 더 빨리 배우는 학생들을 위하여 조화로운 수업이 이루어져야 한다.

학습 방법 시각적, 청각적, 체험적인 방법 등 학생이 자신에게 적합한 학습방법을 알고 이 방법들이 교과과정에 포함되어야 한다.

학습 환경 교실의 온도, 위치, 학생의 시력 등을 포함한 다른 환경적인 요소들이 개인의 스타일에 맞추어 제공되어야 한다.

학습 동기화 및 방법의 차이 학습의 구조화 정도는 학생들마다 다양하다. 스스로 동기화된 학습자로부터 지속적인 격려와 지원이 필요한 학생들까지 다양하게 존재한다. 일부 학생들은 학습과정 중에 도움을 필요로 하고 어떤 학생들은 도움을 필요로 하지 않는다.

피드백의 유형과 양 학생들은 다양한 유형과 다양한 정도의 피드백을 필요로 한다. 어떤 학생은 세부적인 사항까지 피드백을 원하기도 하고 빠르고 즉각적인 피드백을 원하기도 한다.

최종 평가수단 최종 평가수단의 핵심은 신뢰성이다. 학생 평가는 기술과 내용이 조화를 이루어야 한다. 다양한 평가방식을 학생이 선택할 수 있다면 더 좋다. 포트폴리오 작성을 통한 평가가 개별화 교육에서는 가장 선호되고 있다.

학습의 개인적 의미 모든 학습은 학생의 주관적이고 실제적인 의미와 연관이되어야 한다. '실생활에서 필요로 하는 교육'이라는 시나리오는 학생들에게 교육의 개인적 의미를 형성하게 한다.

교육자들에게 "이 지역에서 개별화 교육을 학교 교실의 전략으로 어떻게 전환하고 있는가"를 물을 때 대답은 학교마다, 교실마다 매우 다양할 수밖에 없다. 글래썬은 교사들에게 개별학습을 실행하는 모델을 검토해 보는 것을 제안한다. 개별학습을 진행하는 방식에 있어서도 다양한 실행방식이 있음을 알 수 있다(Glatthorn, 1994, pp.105-106).

스튜디오 또는 워크샵 모델 각각의 학생은 설명, 논증, 그리고 프로젝트 결과를 선생님과 함께 발표한다. 피드백은 주로 개인에게 행해진다.

내용 선택 모델 교사가 숙달되어야 할 핵심기술을 분명히 하고 학생들은 선생님이 제시하는 내용을 선택한다. 학생들이 중요한 내용과 기술을 익혔는지를 파악한다.

학습 센터 모델 학생의 욕구와 선호에 의해 학습센터를 순환할 수 있다. 학습센터들은 전반적인 학습 환경의 부분으로 구성된다. 학습센터는 정해진 교과 과정을 다양하게 접근하거나 다양한 학습 접근 방식을 활용할 수 있게 한다.

자기 교육 모델 평가는 한 번에 이루어지기보다는 교과과정의 연속선에 따라 이루어진다. 자기 학습 교재는 학생에 따라 선택되어질 수 있다. 자기교육 모델로 가장 널리 알려진 형태는 컴퓨터에 기반하여 이루어지는 교과과정의 진행을 들 수 있다.

숙달 학습 모델 교사는 집단 교육을 제공하고 집단별로 평가하며 개인적 교육과 성취를 제공한다.

협동 학습 모델 학생들이 협동적 집단을 통해 학습을 한다. 각각의 개인은 학습의 내용과 개념을 개별적인 책임감을 가지고 임한다.

또래 튜터 모델 교실 내 동료들이 개인적 차원에서 도움을 필요로 하는 학생을 보조한다.

팀을 통한 개별화 학생들이 팀으로서 기본 과정을 함께 배우고 개인적으로 이를 더 풍부히 하도록 한다.

학습스타일 조정 교사들이 학생의 학습 스타일과 선호하는 학습 접근 방법을 평가하고 이를 바탕으로 학생들의 강점과 선호를 특별히 조정할 수 있도록 돕는다.

대안학교에서의 효과적인 프로그램들

많은 성공적인 대안학교들은 학교 주요 프로그램 중 하나로 개별화를 포함하고 있다. 대안학교들은 교육적 경험을 개별화하는 것 이상으로 교과과정에서 다양성을 갖고 있기도 하며 IEP에 상응하는 교육적 개념을 발달시켜 왔다.

학교-도시 프로그램The City-As-School Program, CAS CAS 프로그램에서 학생들은 도시의 다양한 곳에서 인턴십으로 일을 하고 일의 수행 능력에 따라 교육 학점을 획득한다. 예를 들어 법정에서 일한 학생에게는 사회 과목의 학점을 인정하고 지역신문사에서 일한 학생에게는 영어 과목의 학점을 인정한다. 학생들을 위한 전체적인 프로그램은 학습 경험 활동 패킷Learning Experience Activity Packet, LEAP에 의해 만들어진 것이다. LEAP 프로그램은 각각의 학생과 인턴십을 위해 활동과 목표를 제공한다(U.S Department of Education, 1996). LEAP 프로그램은 다음과 같은 내용을 포함하고 있다.

- ◆ 주간별 과제 수행
- ◆ 마지막 학기의 장기 프로젝트 수행 경험
- ◆ 현장의 수퍼바이저들에 의한 모니터링
- ◆ 프로그램 교사들에 의한 모니터링
- ◆ 매주 학생이 참여하는 세미나

여기에서 주재하는 세미나는 CAS 사무실에서 개최되는데 보통 이 사무실은 중학교 이상의 기관에 존재한다. 위험 상황에 처한 학생들이 이 프로그램을 통해 고등학교 혹은 대학 캠퍼스에 참여할 수 있도록 허용하기도 한다. CAS 프로그램은 프로그램 참여 학생들의 두드러진 개선결과에 대해 자부심을 갖고 있다. 프로그램 후 2년 동안 65%의 학생들이 100%의 출석률을 나타내고 인턴십을 모두 마쳤으며, 고등학교 졸업장을 취득하였다(U.S Department of Education, 1996).

버로우 아카데미Borough Academies 버로우 아카데미는 뉴욕 시 학생들을 대상으로 한다. 자유 선택Free Options이라는 프로그램을 통하여 매일 학생들이 자신의 일과를 선택하게 한다. 학생들은 각자 자기의 방식으로 자신의 속도에 따라 가능하면 빠른 시간 내에 학점을 획득하려 한다. 최근 두 학급의 결과를 조사해 보면 86%가 졸업하였고 많은 학생들이 대학에 진학하였다 (U.S Department of Education, 1996).

결론

현재 미국 교육계는 입법부를 중심으로 표준화와 시험점수의 향상을 강조하고 있다. 하지만 학생의 개별적 욕구를 맞추고자 하는 노력은 입법부의 목표 달성과 병행되기 어려운 면이 있다. 지금 더 많은 학교들은 실제적으로 개별화 교육을 위한 계획을 필요로 하고 있는 실정이다. 교육연구서비스 Education Research Service에서 〈달라질 미래를 위한 아동교육(Educating Children for a Profoundly Different Future, Marx, 2000)〉을 출간하였는데, 이 책에서는 사회적, 경제적 배경과 무관하게 모든 학생의 성취를 가능하게 하는 교육을 지지하기 위해 집단끼리 경쟁하도록 교육자들에게 조언을 하고 있다. 만일 교육자들이 개별적 학습의 욕구를 수용하려면 시간과 돈, 노력이 모든 차원에서 제공되어야만 가능하다. 지극히 단순하게 들릴 수 있지만, 학생이 문제가 있을 때 누군가는 이를 알아차리고 도움을 주어야 한다. 교사, 상담가, 행정가들은 각기 학생들의 문제가 모두 다르다는 것을 알고 프로그램을 마련해야 한다. 그런 프로그램을 학교가 갖추고 알맞은 개별화와 학생 개개인에 대한 관심, 이미 알려진 문제들의 해결을 위한 전략을 이루려면 재정은 당연히 기본적으로 필요하다. 가장 효과적인 교육전술을 고려할 때 개별화 학습은 아주 중요한 요소이다. 학생의 개별적 요구를 담은 프로그램은 모든 학생들에게, 특히 위험에 처한 학생들에게 성공을 위한 위대한 기회를 제공할 것이다.

참고문헌

Ellis, T.I. (1984). *Class Size*. ERIC Clearing House On Educational Manuscripts.

Glatthorn, A. (1994). *Developing a Quality Curriculum*. Alexandria, VA: Association for Supervision and Curriculum.

Lindjord, D. (1998). *Smaller Class Size: Raising the Academic Performance of Children from Low-and Moderate-Income Families*. Journal of Early Education and Family Review: WV: Oxford Publishing

Company.

Marx, G. (2000). *Ten Trends: Educating Children for a Profoundly Different Future.* Arlington, VA: Educational Research Service.

Pugach, M., and Warger, C. (Eds.). (1996). *Curriculum Trends*, Special *Education, and Reform.* New York: Teacher College Press.

Stainback, W., and Stainback, S. (1992). *Controversial Issues Confronting Special Education.* Boston: Allyn and Bacon.

U.S. Department of Education, Office of Special Education and Rehabili-tative services. (2000). *A Guide to the Individualized Education Program.* Available online: http://www.ed.gov.offices/OSERS

U.S. Department of Education. (1996). *Creating Safe and Drug-Free Schools: An Action Guide.* Alternative Education Programs for Expelled Students. Available online: http:www.ed.gov/offices/OESE/SDFS/ actguid/altersch.html

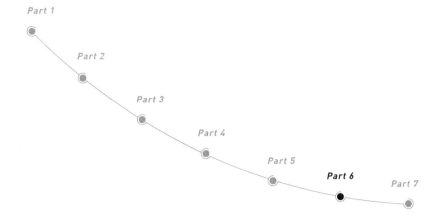

지역 사회로의 확대

교육의 문제, 잠재성, 도전, 기회는 학교의 담을 넘어 더 넓은 지역사회를 향해야 한다.
중도탈락 예방을 위한 포괄적 프로그램은 더 넓은 지역사회와 연결되어야만 잘 수행될
수 있다. 제도적 개혁과 지역사회 협력은 교육자, 가족 그리고 지역사회 구성원에게 학
생들이 성장할 수 있는 새로운 장소를 마련해 줄 것이다. 직업 교육과 프로그램은 학생
들을 더 큰 세상에서 성공할 수 있도록 도울 것이다. 학생들이 갈등해결과 폭력예방을
위한 프로그램에 참여하는 것은 지역사회가 오랜 시간동안 혜택을 누릴 수 있도록 할
것이다.

15 체·계·적·인·새·로·운·개·혁

배움에 대한 열망이 가득한 곳에는 많은 논쟁과 글과 의견이 있을 것이다.
왜냐하면 사람들의 의견은 실천을 위한 지식이기 때문이다.

존 밀튼

이 장에서는 학교를 발전시킬 수 있는 요소들을 체계적으로 다룰수 있는 제도 개혁의 차원에서 다룬다. 제도 개혁의 기본적인 요소들을 정의하고 제 삼자인 선생님들, 학교행정담당 직원들, 학생, 부모, 지역 사회 인사들이 어떻게 학교의 모든 학생들이 학교를 성공적으로 유지하는 데 도움을 줄 수 있을 것인가에 관한 사례도 제공할 것이다.

문제

다양한 학생들을 교육함으로 인해 발생하는 필연적 문제들은 국가 전체의 교육자들과 교육정책 입안자들을 혼동시키고 어렵게 만들고 있다. 다양한 개혁이 일어나고 있지만 교육체계는 기존 교육 체제의 전통과 기득권 때문에 근본적인 변화가 어려운 상태이다. 1980년대의 현장기반 관리와 의사결정 공유에 의한 개혁시도는 학생들의 성취도에 긍정적 영향을 미치지 못하여 실패한 정책이 되었다. 또한 개혁을 통해 원래 성취하려고 했던 구조의 조정도 진정으로 이루어지지도 않았다.

문제를 해결하기 위한 교육 개혁은 실질적인 개혁목적을 달성하기 위한 재정지원의 혜택에서도 비껴나가게 되었다. 과거 대다수 개혁 시도는 학생의 학습, 효과적 교수법, 교육 지도력, 새로운 모델에 대한 벤치 마킹의 이행들에 관한 연구를 무시했었다. 그 결과 교육 개혁은 점진적으로 향상되는 효과를 자료로 입증하지 못하는 매우 부차적인 프로그램들의 집합으로 변질되었다.

1990년대부터 시작되어 2000년대까지 지속적인 영향력을 발휘하면서 진행되고 있는 2가지 개혁 노력은 '표준에 기반한 개혁'과 '전체 학교를 향한 개혁'이다. 표준에 기초한 개혁 프로그램의 추진은 오늘날 공립학교가 직면하고 있는 당면 과제 중 하나이다. 1996년도 국가 교육 회의에 참석한 44명의 주지사와 50개 기업체의 대표들은 전학년에 걸친 국가적 교육 개혁과 성취를 위해 근본적으로 중요한 문제들의 우선순위를 정하고 이에 헌신하기로 논의를 하였으며 최우선적 과제를 다음과 같은 것으로 발표했다.

- ◆ 모든 학생들에 대한 높은 학문적 기준과 기대
- ◆ 학생들이 기준에 도달했는지를 측정할 수 있는 더욱 더 엄격하고 도전적인 시험
- ◆ 학생들이 기준에 도달하는 데 도움이 되고 교사, 학생, 부모들에게 동기부여가 강화될 수 있는 보상에 관한 제도의 수립(Achieve, 1998)

1996년도에는 14개 주만이 수학, 영어, 역사, 사회 4개의 핵심교과 분야에서 만족할 만한 기준에 도달했다. 1999년까지 44개 주가 핵심교과 4개에서 기준을 만족시켰다(Quality Counts, 2000). 불행하게도 이 개혁은 이전의 개혁들이 직면했던 문제점들과 비슷한 문제들을 지니고 있다. 충분한 효과를 발휘할 수 있는 기금없이 시행된 정책, 교사가 새로운 기준을 가르칠 수 있도록 훈

런받지 않은 상황에서의 학생 평가, 학생들을 위한 안전한 중재 전략의 수립 없이 개혁이 집행되었던 것이다(Duttweiler, 1999).

두 번째로 행하는 전체적인 개혁으로 1994년 실행 수준이 낮은 빈곤 지역의 학교에 국가기금을 활용할 수 있게 하여 학교 개혁을 실시했고 그 결과, 대상학교들의 전체적인 수준이 향상되었다. 그리고 1997년도에 미 의회는 연구에 기반하여 더 많은 학교들이 학생들의 성취향상을 이루도록 하기 위하여 이 정책을 확장했다(Educator's Guide to School Reform, 1999). 전체 학교 개혁 프로그램의 확대를 위하여 미 교육부(OERI, 1998)는 〈학교 개혁을 위한 도구들Tools for Schools〉을 발간하였고 위험에 처한 학생들의 발달, 확장, 적응, 평가를 위해 국가 기구로부터 지원을 받은 27개 학교의 자세한 모델들을 소개하였다. 하지만 다른 학교들이 이 모델을 사용하기 위해 결정을 내리기 위한 자료들은 제한적이었고, 미국의 다섯 개 주요 기관이 24개 교육기관을 평가한 바에 의하면 오직 3개 학교만이 제시한 기준을 충족했다. 이 24개 학교에 대한 평가는 〈직접적 교육, 고등학교에서의 영향, 전체를 위한 성공(Direct Instruction, High Schools that Work, Success for All, An Educator's Guide Schoolwide Reform, 1999)〉에 소개되어 있다.

서로닉(Sirotnic, 1999)은 교육 개혁에 대한 논의를 하면서 "정치적으로 영향을 받은 프로그램들은 흔히 전문가 육성에 대한 기금이 없고, 짧은 시간 동안에만 효력을 미친다"고 말했다. 정치적 영향을 받아 실시되었던 프로그램들 중에서 빈곤층 학생들이나 소수민족 학생들의 성적 향상에 도움을 준 것은 거의 없다. 에듀케이션 트러스트Education Trust는 미국 대학시험, 국가 교육 평가위원회의 평가, 고등학교 졸업률 등의 많은 자료를 검토해 본 결과, 빈곤 지역의 8학년 학생들 중 오직 5%만이 수학과목에서의 가능성이 발견된다는 자료를 얻었다(Davidson and Toomer-Cook, 1998). 메사추세츠 주의 경우 새롭게 실시한 주 정부의 시험 결과 실패율이 최고에 이르렀지만 부유한 지역의 합격률은 그렇지 않았다(Hart, 1998). 또한 메릴랜드 주에서도 부유층 지역과 빈곤층 지역, 소수민족 지역에서의 차이는 현격하게 나타났다(Maryland State Department of Education, 1998). 코네티컷 주에서 국가적 차원의 쓰기 시험에서 44%가 우수한 성적을 거두었고 메인 주는 두 번째로 높은 32%가 우수한 성적을 거두었다(Quality Counts, 2000). 그러나 우수한 성적을 거둔 코네티컷 주의 학생 중 흑인은 15%에 불과하였으며 저소득층 가정의 학생들은 중산층 가정의 학생보다 3배, 고소득층 가정의 학생보다 4배나 되는 숫자가 낙제하였다(NCES, 1999).

많은 학교와 교사들은 학생들에 대한 기대가 낮고 자신들에 대한 기대도 낮다. 교육 정책 연구를 위한 콘소시엄Consortium for Policy Research in Education, CPRE은 샌프란시스코와 시카고에 위치한, 보호관찰 및 경찰 감시 상태의 학생들이 다니는 학교에 관해 연구를 하고 있다(Fuhrman, 1999). CPRE는 이런 학교들에서 가장 강조하고 있는 것은 시험에 대한 준비라는 것을 파악하게 되었다. 학교들은 통제와 명령에 의해 운영되고 학생들의 학습에 대해서는 매우 낮은 기대를 갖고 있었다. 이러한 학교들은 핵심 과정에서 근본적으로 필요한 변화를 보이지 않았거나, 총체적인 검토나 목표가 뚜렷한 경영 결정을 통해 교육 프로그램을 재고하려는 합일된 노력을 보이지 않았다.

CPRE는 많은 학교들이 학생들의 학습에 대해 집단적인 책임의식을 가지고 있지 않다는 것을 발견했다. 대부분의 교사들은 학생들의 가능성 여부를 판단할 때 자신의 개인적 믿음에 크게 영향을 받는다. CPRE의 사례에 의하면 교사 자신의 능력, 학생들의 능력에 대한 견해는 수행의 향상에 상당한 영향을 미친다. 학생들의 개인적 성향, 학생 가족의 특징, 학생의 출신지역 등은 교사들의 선입견 형성에 지대한 영향을 미치기도 한다. 교사들은 학생에게 영향을 미치는 강력한 요소로써 가족 배경을 중요한 요인으로 여기며, 가장 적게 영향을 미치는 요소로 교실 내에서의 가르침과 배움의 조건을 꼽는다.

CPRE 연구자들은 그들의 조사결과로부터 다음과 같은 결론을 내렸다.

학교가 교육 능력을 향상시켜서 학생들의 전체적인 수행능력을 올리려는 생각은, CRP 연구에서 관찰되는 전형적인 방법의 학교 운영에서는 찾아볼 수 없는, 총체적 검토와 행동을 취할수 있는 능력을 의미하는 것이다. (p.8)

'모든 아이들이 배워야 한다' 고 주장할 때 많은 교육 실천가들은 옆에서 혼자 중얼거린다. '배울 수 있는 아이들도 있지만, 그렇지 못한 애들도 있는데…' 라며. 불행하게도 경제적으로 혜택을 받은 아이들과 받지 못한 아이들의 학습 격차를 적극적으로 줄이려는 학교는 많지 않다. 에드나 맥코넬 클락 재단 Edna McConnell Clark Foundatin의 지원사례에서도 이는 발견된다.

이 재단은 1989년 제퍼슨 카운티 공립학교Jefferson County Public Schools에 지원을 시작하였다. 6년에 걸쳐 재단은 가장 낮은 수행을 보이는 중학교 세곳에 개혁을 수행하였다. 교육청이 1995년, 표준에 기초한 개혁을 수행하면서 재단은 교육구 전체로 지원금을 확대하였다. 수백만 달러를 투자한 이후에도 세 곳의 중학교의 수행 능력은 교육구 내 24개의 학교 중 여전히 바닥 수준에서 맴돌았다. 광범위한 투자와 프로그램이 집행되었는데도 불구하고 이 세 학교는 왜 더 나아지지 못하는 것일까?

이에 대한 대답은 간단하지 않지만 불행히도 너무 뻔한 답이다. 클락재단에 보고서를 제출한 연구 집단에 의하면 이들 세 중학교에는 비전이 없고, 학교의 많은 지도자와 교사들이 경제적으로 빈곤한 학생들은 더 나아질 것이 없다는 신념을 갖고 있었다고 한다. 능력있는 교사도 충분하지 않고, 리더로서의 자격있는 교장도 충분하지 않고 많은 것을 투자하면 더 나아질 것이라고 믿는 관료들도 없고, 충만한 영감으로 지원해 주는 인력도 없었다. 교육구의 핵심적 교육자들은 모든 학교가 성공하기 위해서 무엇이 필요한지를 알고는 있지

만 드라마처럼 바라는 결과를 얻기 위하여 해야 할 노력들에 대해서는 저항감
을 갖고 있었다(Goodbye, Yellow Brick Road, 2000).

문제해결: 체제 개혁

●   연방정부가 지원한 혁신적 방안에 대한 초기 연구에 따르면 성장이나
변화 효과의 중요한 변수는 개인이나 프로그램보다는 조직과 체계에 더 관련
이 있다는 것을 보여준다(Berman and McLaughlin, 1978). 환경이 가장 중요
하고, 무관심하거나 적대적인 환경에서 개혁은 일어나지 않는다(Mizell,
2000). 학교에서의 진정한 변화나 향상에 저항하는 힘은 체제 내부의 열정과
맞물려 있다(Duttweiler and Mutchler, 1990). 그러므로 체제 개혁은 현재의
실천안에 대해 지속적이고 비평적인 연구를 수행해야 하는데, 이는 교사들의
실천방안을 이해하고 향상시키기 위해서, 교육을 향상시킬 수 있는 혁신을
규명하고 함께 일하는 교육자들의 삶에 정신적이고 효과적이며 지적인 연결
고리들을 만들어 주는 것을 말하는 것이다.

체계적으로 새로운 개혁을 시행하고자 하는 교육체계 전략은 반드시 유연
한 환경을 창출하여 교사, 학교 행정가, 학생, 부모, 지역사회 성원들이 각각
의 학교에서 유기적으로 협력하고 이를 바탕으로 학생들이 성공경험을 제공
하는 이론에 기초해야 한다. 체계적이고도 진정한 새로운 개혁은 다음의 것
을 요구한다.

◆ 지속적이고 일관적인 목표 지향적인 정책
◆ 변화를 위한 행정적 지도력
◆ 실천에 정보를 제공하는 연구와 자료 활용
◆ 지속적이고 수준 높은 전문성 개발

◆ 모든 학생들의 성공을 이끌어낼 수 있는 학교의 풍부한 자원 확보

효과적인 프로그램과 실천

만일 학교가 모든 학생들을 위한 수준 높은 학습 공동체가 되기를 원한다면 시스템의 상태를 점검받아 볼 필요가 있다. 브라조스포트 독립 교육청Brazosport Independence School District은 18개의 학교에 1만 3천 5백명의 학생들이 등록되어 있는데 교육구로서 새로운 체제 개혁의 예가 될 수 있을 것이다. 이 교육청은 7개의 산하 교육구를 관할하고 있으며 이 중 9개의 교정에는 미국 연방정부가 정한 빈곤선 이하의 계층에 속하는 학생들이 다수를 이루고 있었다. 1991년부터 1992년에 걸쳐 텍사스 주 학업기술 평가에서 절반 이상의 교정이 하위점수를 받고 있었다. 이 시험결과를 철저히 분석해 보니, 민족이나 인종에 무관하게 빈곤층 학생들이 성공적이지 못했고 소수민족과 백인 학생들 사이에도 격차가 매우 컸다는 결과가 나왔다. '93년과 '94년 시험결과에서는 백인 학생과 흑인 학생들 사이의 성적 격차가 32%였고, 백인 학생과 히스패닉 학생 사이의 성적 격차가 20%에 달했다. 그러나 '98년과 '99년에 이르러서 이 격차는 각각 7%와 3%로 줄어들었다. 빈곤층 학생들의 성적은 '93년과 '94년 사이 57%의 수행률을 보이다가 '98년과 '99년 사이에는 93%의 수행률을 보이는 향상을 나타냈다. 정말 중요한 결과로 모든 그룹이 90% 이상의 수행을 보이는 것으로 나타났다(Anderson, 2000).

이 놀라운 결과는 전임 총감독자였던 앤더슨Gerald Anderson이 말한 '반복과 혹독한 훈련' 만으로 이루어진 것은 아니다. 교육청은 모든 아이들을 성공적으로 가르칠 수 있도록 당시 경제적으로 가난한 아이들을 성공적으로 가르치고 있는 교사들을 구분해 냄으로써 교육 안내자 과정을 개발할 수 있었다. 이것은 교육청부터 학교에 이르기까지 체제 전체에서 변화를 요구하였고

이 새로운 변화는 모든 구역 내의 학교에서 똑같이 이루어졌으며 진행 과정에 있어 여러 가지 요소들을 결합시켰다. 전반적으로 질 높은 경영, 효과적인 학교 연구, 학습에 문제가 있는 학생들을 위한 평가와 재교육을 강조하는 8단계 교육 방법, 개인지도와 풍부한 학습이 가능한 재편성된 학교 일과표, 배움을 위한 학교 밖에서의 기회 등 다양한 요소들이 함께 작용하였던 것이다. 교사들을 위해서는 학습 스타일과 모든 학생에게 높은 기대를 실현하기, 모델링에 초점을 두는 교수방식, 시험결과를 해석하는 법, 총체적 질관리, 효과적인 학교 연구방법 등을 학습하도록 지원하였다. 이 과정을 통해서 빈곤층과 소수민족 학생들의 성적이 향상된 것은 물론이고 백인 학생들의 성적도 향상되어 '93년과 '94년의 81%였던 텍사스 주 학습 기술 시험의 합격률이 '98년과 '99년 학기에는 98%로 향상되었다(Anderson, 2000).

결과

● 　브라즈스포트의 성취는 성취도가 낮은 학생들의 욕구를 충족시키기 위해 새롭게 헌신하려 하고 조직적 변화를 시도하려는 모든 교육구에서 가능하다. 체제의 새로운 개혁을 효과적으로 집행하기 위해서는 전통적 체제 하에서 존재하던 고립과 무기력을 대체할 협동적인 방법을 창조해야 한다. 중도탈락 예방 센터는 다음의 요소들이 이런 새로운 양식에 도움이 될 것임을 제시한다.

◆ 교육적 체계는 반드시 체계 내의 구성 요소들과 종사자, 학생의 요구에 부합되게 재설계되어야 한다. 여기에서 부합된다는 것은 교사의 가르침에 대한 환경과 학생의 배우고자 하는 환경 사이의 특성, 기후, 실천방법이 서로에게 부합되는 것을 의미한다.

◆ 학교의 기술적 핵심―가르침, 학습, 교과과정, 교수방식―은 학생들의 배움과 반드시 연계되어야 한다. 효과적인 전략은 위험 상황에 처한 학생들의 욕구에 부합될 때 채택되어야 한다.

◆ 교육청의 구조적 요소들은 학교를 지원하고 지도력을 제공할 수 있도록 재설계되어야 하고 교과과정, 교수방식, 시간과 자원의 사용에 대한 혁신을 조정해 줄 수 있어야 한다.

◆ 각종 자료와 연구들은 학생, 교사, 행정가, 학교 그리고 교육청이 어떻게 하면 임무를 잘 수행할 수 있는지를 제시해 주어야 한다. 각종 자료와 연구들은 효과적인 실천이 무엇인지, 지속적인 개혁을 위한 과정을 보장하고 자원을 사용하는 방안을 평가할 수 있는 기초를 제공해야 한다.

◆ 정부, 기업, 지역사회 공동체, 기관, 부모와 학교는 아이들이 활기를 되찾기 위해 필요한 사회적 지원을 제공해야 하며, 위험상황에 처한 학생의 문제는 모두가 함께 집단적인 책임감을 갖고 대처해야 한다.

강력한 힘은 변화와 개선을 지지하기 위해 새롭게 배치될 수 있다. 지도력, 전문적 개발, 자원 그리고 지역사회의 지지는 높은 학문적 기준을 달성하고 획득하기 위해 학생들에게 모두 필요한 것들이다. 교육자로서 우리가 해야 할 일은 바로 모든 학생들을 위해 합당하고 활동적인 환경, 문화적으로 민감하고 풍부한 환경을 창조하는 일이다. 모든 아이는 배워야 한다는 비전을 단지 글로만 쓸 것이 아니라 교실에, 학교에, 교육구에 현실로 나타나도록 우리의 모습을 새롭게 해야만 한다.

Achieve. (1998). *Aiming Higher: 1998 Annual Report*. Cambridge, MA: Achieve, Inc. Available online: http://www.achieve.org.

An Educators' Guide to Schoolwide Reform. (1999). Arlington, VA: Educational Research Service.

Anderson, G. (2000). Brzosport ISD: Implementation of the Quality Agenda to Ensure Excellence and Equity for ALL students. Paper presented at the Improving Achievement Outcomes in the Middle Grades Conference sponsored by the Council of Chief State School Officers: Project to Improve Achievement in High Poverty Schools, Long Beach, CA, April 9-12, 2000.

Berman, P., and McLaughlin, M. W. (1978). *Federal Programs Supporting Educational Change, Vol. III: Implementing and Sustaining Innovations*. R-1589/8-HEW. Santa Monica, CA: The Rand Corporation.

Davidson, L., and Toomer-Cook, J. (1998, December4.) Utah Students Rank Poorly. *Deseret News*. Available online: www.deseretnews.com:80/dn/view/0percent2C1249 percent2C20001120 percent2C00.html.

Duttweiler, P.C. (1999). Do We Have the Cart Before the Horses? *Special Report on Standards, Assessment, Accountability, and Interventions for the Edna McConnelll Clark Foundation* (# 1). Clemson, SC: National Dropout Prevention Center.

Duttweiler, P.C. (2000). Do We Practice What We Preach? *Special Report on Standards, Assessment, Accountability, and Interventions for the Edna McConnell Clark Foundation* (# 4). Clemson, SC: National Dropout Prevention Center.

Duttweiler, P.C., and Mutchler, S. E. (1990). *Organizing the Educational System for Excellence: Harnessing the Energy of People*. Austin, TX: Southwest Educational Development Laboratory.

Fuhrman, S. H. (1999). *The New Accountability*. CPRE Policy Brief No. RB-27. Philadelphia: Consortium for Policy Research in Education, University of Pennsylvania.

Goodbye, Yellow Brick Road. (2000, Spring). *Changing Schools in Louisville, 3(1)*, 2-15. Edna Mcconnell Clark Foundation.

Hart, J. (1998, Dec. 10) Test Scores Spell Out Education Weaknesses. *The Boston Globe*. Available online:www.boston.com/dailyglobe2/

344/metro/.

Jenkins, L. (1997) *Improving Student Learning: Applying Deming's Quality Principles in the Classroom.* Milwaukee, WI: ASQ Press.

Maryland State Department of Education. (1998, December 16). 1998 MSPAP Results Show Across-the-board Gains. Available Online: www.msde.state.md.us/pressreleases/19881208.html.

Mizell, H. (2000, April 5). Educators: Reform Thyselves. *Education Week*, 56:40 NECS. (1999). Dropout Rates in the United States: 1988. National Center for Education Statistics, Office of Educational Research and Improvement, U. S. Department of Education.

OERI. (1998). *Tools for Schools.* Washington, DC: Nataional Institute on the Education of At-Risk Students, Office of Educational Research and Improvement, U. S. Department of Education.

Quality Counts 2000. (2000). *Education Week*, XIX (18).

Schargel, F.P. (1994) *Transforming Education Through Total Quality Management: A Practitioner's Guide.* Larchmont, NY: Eye on Education.

Sirotnik, K. A. (1999). Making Sense of Educational Renewal. *Phi Delta Kappan, 80*(8), 606-610.

⑯ 지·역·사·회·협·력

의사소통을 하면서 갖는 최대의 문제점은
서로의 의사가 통했다고 착각하는 것이다.
버나드 쇼

이 장에서는 지역사회 협력의 전략적인 방법에 대하여 논의할 것이다. 변화를 가져오기 위하여 협력하면서 생기는 가치와 함정에 관해 기술하고 효과적인 지역사회 협력방안의 핵심적 요소의 윤곽을 파악하고 다양한 현장에서 지역사회 협력을 통해 일어나는 사례들을 제시하도록 하겠다.

지역사회 협력은 의무

학교는 진공 상태에 있지 않다. 그런 적도 없으며 앞으로도 없을 것이다. 2, 30년 전 학교 행정가들은 학교의 업무와 교육을 모두 행정가, 상담가, 교사들이 일하고 있는 학교 울타리 안에서 해결하려는 경향을 보였다. 1980년대부터 시작되어 새로운 21세기를 맞이하면서 아이들을 교육시키는 일은 정치 지도자나 해당 분야의 전문가만 언급할 수 있는 분야가 아니라 부모뿐 아니라 기업가, 지역사회 지도자들도 모두 집중적인 관심을 갖는 분야가 되었다. 이는 좋은 소식이다. 모든 그룹이 역할을 명확히 하는 비전을 갖고 자원을 끌어오고 문제 해결을 향한 노력을 기울인다면 목표에 도달하기 위한 장애물들은 사라질 것이다.

'아이들의 동반자(Children's Partnership, 1999)'에 의한 최근 설문조사에 의하면 미국인 3명 중 1명 이상이—1997년도 조사에 의하면 4명 중 1명 이상—지역사회를 더 살기 좋은 곳으로 변화시키기 위해 스스로 노력하고 있다고 믿고 있다. 또한 미국 흑인의 47%가 과거 몇 년 전보다 요즘의 공공 정책이 그들에게 더 혜택을 주고 있다고 생각하고 있다.

지역사회의 어떠한 변화도 쉽지 않을 뿐더러 빠른 지름길로 내달릴 수는 없다. 그러나 학교에서의 어떤 변화는 현재 환영을 받고 있을 뿐 아니라 심지어 격려되고 있기도 하다. 그러한 예로는 포괄적인 학교 개혁을 비롯해 특별한 학교들이 벌이고 있는 '학교에서의 직업 장려교육'이나 약물 남용 프로그램, 방과 후 과제 센터, 학부모 참여 프로그램들이다. 오늘날 많은 학교 지도자들이 지역사회 협력을 구하기 위해 연구하고 있으며 실제로 학습 성취에서 영양 프로그램에 이르기까지 다양한 주제들의 해결책을 지역사회에서 취하고 있다. 지역사회 협력은 학교의 행정에 강력한 힘을 발휘하고 있으며 학교와 지역사회 지도자들은 서로의 협력과 노력이 헛되이 낭비되거나 중복되지 않게 하기 위하여 세심한 주의를 기울이고 있다. 예를 들어, 인구 4천5백 명의 작은 도시에 3천 명의 학생들이 학교를 다니고 있다. 18개의 서로 다른 지역사회 협력조직은 자신들의 임무와 사명은 위험한 상황에 있는 학생들이 필요로 하는 것을 해결해 주는 것이라 생각하고 있다(Wright, Smink, and Duckenfield, 1999).

무엇이 지역사회 협력인가?
●   지역사회 협력은 미국의 지역사회와 학교에서 많이 이루어지고 있다.

거의 모든 이슈에 대하여 이미 알려진 조직들이 문제를 다루기 위해 서로 다른 집단을 이루어 일을 하고 있다. 건강한 학교와 지역사회가 되기 위해서는 이러한 모든 힘이 집중 관리될 필요가 있다. 지역사회 협력은 성공을 위한 열쇠이다. 35개의 유명한 사회단체들—적십자, 보이스카웃, YMCA 등—인 연합체에서 협력을 다음과 같이 정의하고 있다.

협력은 많은 기관이나 조직들이 공통의 사명을 성취하기 위해 함께 일하고자 하는 공식적이면서 지속적인 헌신이다. 협력은 의사결정에 참여하고, 상호 간에 파악된 욕구에 부합되는 활동의 자원을 배분하기로 하는 헌신을 요구한다(1991, P.1).

지역사회 협력활동에는 모든 학교를 새롭게 바꾼다거나 고등학교 졸업률을 향상시킨다는 직접적인 목적을 가진 학교와 지역사회 간의 주도적 활동이 포함된다. 이러한 활동은 다양한 방법으로 움직이며 폭넓고도 다채로운 접근법을 취한다. 많은 협력활동들은 지역 학교 문제에 대해 적극적인 반응을 보인다. 또 다른 활동들은 좀더 관심이 모이고 규모가 큰 조직에 의해 운영되기도 하며 때로는 국가적 범위에서 이루어지기도 하는데, 구체적인 이슈나 아젠다에 중점을 두거나 특별한 문제 해결과정과 해결책을 향상시키기도 한다. 모트 재단Mott Foundation은 최근에 대표적으로 스무 곳에서 행해지고 있는 학교와 지역사회 간의 주도적 활동에 관한 연구에 기금을 제공하였는데, 활동을 수행하고 유지하는 역동성을 개발하고 다른 협력활동에서 노력을 기울이기 위해 사용할 수 있는 실천방안을 찾아내는 것이었다(Melaville, 1998). 결과를 보면, 다수의 지역사회 협력활동이 유사한 목표를 갖는 것으로 나타났는데, 교육적 질을 높이고 학습 성과를 향상시키는 것, 아동과 가족에게 더 효율적이고 효과적인 건강과 사회복지 서비스를 제공하는 것, 아동과 청소년의 강점을 신장시키고 발달적 욕구를 인지하는 것, 이웃과 지역사회의 인본주의적, 사회적, 경제적 기초를 강화시키기 위해 확대된 노력 등이 공통된 목표였다. 학교-지역사회 운동을 통하여 발견된 몇몇 소견들은 미래의 지역사회 협력활동을 위한 지침으로 활용될 수 있을 것이다. 대강의 윤곽은 다음과 같다.

어떻게 시작 되었는가?

- ◆ 거의 절반의 학교-지역사회 운동은 개인적이지만 비영리적인 부분에서 시작되었다.
- ◆ 비영리적 영역의 지도자들이 새로운 사고의 지속적인 흐름을 만들 뿐 아니라 운동을 유지할 수 있도록 노력하였다.
- ◆ 대부분의 학교-지역사회 운동은 지난 2년 동안의 계획을 넘어 특별한 활동으로 실행되는 방향으로 움직여 가고 있다.

리더십은 어떻게 이루어지고 있는가?

- ◆ 광범위한 활동에 기여하고 있는 지역사회 협력체들은 단지 학교 지도자로서만 작용하는 것이 아니라 전체적인 정책의 발달과 적용에 관여하고 있다.
- ◆ 학교 관계자들은 이 운동의 활동에 일상적 관리를 주도하고 있다.

참여자들은 어떻게 조직되고 있는가?

- ◆ 모든 학교-지역사회 운동은 광범위한 지역사회 수준에서 상근 활동을 할 수 있는 코디네이터들이 고용된다.
- ◆ 2/3정도는 학교에도 코디네이터를 두고 있다.
- ◆ 많은 학교-지역사회 운동체들은 유급 혹은 무급의 개별 학교에 근무하

는 직원들을 두고 있는 단체들을 포함한다.

◆ 자원봉사자들이 이 운동이 제공하는 많은 부분의 서비스를 담당하고 있다.

기금은 어떻게 활용되고 있는가?

◆ 많은 학교-지역사회 운동은 다양한 출처에서 기금을 받고 있다.

◆ 많은 학교-지역사회 운동은 각각의 지역에서 10만 불 혹은 이에 못미치는 정도의 예산을 받고 있다.

서비스는 어떻게 제공되고 있는가?

◆ 많은 학교-지역사회 운동은 다양한 서비스를 제공하고 있다. 상급 기관으로의 의뢰체계, 사례관리, 일차 보건, 유아와 영아에 대한 프로그램, 취학전 아동 관리, 방과 전후 활동, 멘토링, 지역사회 봉사 서비스, 레크리에이션, 지도력 발달, 직업 교육 및 고용, 훈련활동, 개인지도 및 독서지도 활동, 지역사회 조직, 거주시설 제공, 경제 발달 및 부모 훈련 등등.

◆ 프로그램은 유연할 뿐 아니라 가족들이 친근하게 접근할 수 있도록 시행한다.

프로그램들은 어디에서 운영하고 이용가능한가?

◆ 활동의 대부분은 학교에서 주로 시행된다.

◆ 대부분의 활동은 학교 정규시간 내에 제공된다.

◆ 가장 인기가 없는 시간대는 주말이다.

모트 재단의 조사는 학교 지역사회 운동의 참여자들이 결과를 측정하고 평가체계를 개발하여 도움을 받을 수 있도록 하고 장기적인 기금 모금에 대한 전략과 함께 공공적 지원 정책을 개발할 수 있도록 돕는 영역으로서의 관심도 필요하다고 밝혔다.

학교 정신보건센터(The Center for Mental Health in Schools, 1999)에서 학교-지역사회 협력관계에 대한 자체조사를 통해 다양한 협력활동을 분석하고 지도화하였다. 센터의 조사는 지역사회 협력체들을 팀단위로 접근하여 지역사회가 자원을 어떻게 활용하는지, 자원들을 어떻게 조직하고 서로 협동적으로 일할 수 있게 하는지, 협력을 강화하기 위해 어떤 과정을 개발하는지를 조사하였다. 100개가 넘는 조사 항목을 협력의 형태에 따라 나누어 두 개의 큰 범주로 구분하였는데, 하나는 '학교향상' 범주로 학교의 교육적 요소, 학교의 운영 및 관리능력, 학교의 재정, 학습의 장애를 개선하기 위한 활동과 학교현장 프로그램들 포함하였고 다른 하나는 '지역사회 향상'으로 다음과 같은 12개의 요소들을 포함하였다.

- ◆ 청소년 발달 프로그램
- ◆ 청소년 가족 레크리에이션과 활동 기회
- ◆ 신체 건강 서비스
- ◆ 정신 건강 서비스
- ◆ 심리 사회적 문제들을 위한 서비스
- ◆ 기본적 생활욕구에 대한 서비스
- ◆ 고용 및 직업 개발 프로그램
- ◆ 사회복지 서비스
- ◆ 범죄 및 예방 관련 프로그램
- ◆ 법률 지원
- ◆ 지역사회 조직 지원
- ◆ 경제적 지원(Center for Mental Health in Schools, 1999)

지역사회 협력의 기본 요소

지역사회 협력은 우연하게 생겨나는 것이 아니며, 학교나 지역사회에 중대한 필요성이나 혹은 가치있는 이슈가 제기되었다는 사실만으로 인하여 협력활동이 성공적으로 수행되는 것도 아니다. 성공적인 협력활동이 되기 위해서는 최선을 다해 사람들과 조직체들의 일상적 패턴을 변화시켜야 하기 때문에 사려깊은 생각, 훈련된 지도력, 많은 시간이 필수적이다. 이런 과정을 잘 경험한 단체들이 제공하는 경험으로부터 지침을 얻을 수 있기도 하다. 건강과 사회복지를 위한 전국 자원봉사 단체 평의회는 〈지역사회 협력 매뉴얼The Community Collaboration Manual〉을 발간하여 성공적인 지역사회 협력을 위한 기획과 실행방안을 위한 핵심적 7가지 개념을 소개하였다.

비전의 공유 비전을 공유한다는 것은 서로 다른 조직들이 함께 기꺼이 일하고 상호 파악된 욕구를 서로에게 부합되게 한다는 것을 의미한다. 또한 서로가 신뢰하고 자원을 공유하며 공동의 목표를 수행하기 위한 도움을 제공한다는 것을 의미하기도 한다.

훈련된 지도력 모든 협력체들은 운동의 방침을 제공하고 비전을 육성해 나갈 수 있는 지도자를 필요로 한다. 모든 그룹은 협력의 방침과 지도력이 확고하다는 느낌과 더불어 자신의 기여에 대한 확신을 가질 수 있어야 한다.

과정 중심 운동을 주도하는 과정이 성공의 결정적 요소이다. 그러므로 각각의 이슈는 충분히 검토되어야 하고 모든 참가자들이 공정한 과정에 참여하고 있다는 느낌을 받아야 하며 협력체들의 최종 결과와 방침이 수용될 수 있어야 한다.

문화적 다양성 협력체들은 어떠한 특정 그룹들을 배제시켜서는 안되며 다양한 성원들과 사고에 개방적이어야 한다.

회원 중심 아젠다 설정 협력체에 참여하는 그룹들은 다양한 이유로 참여하게 되므로 각 조직체들의 욕구가 전체적 토론에서 고려되어야 하고 각각의 그룹의 필요성과 전체 운동의 방향이 균형을 이루어야 한다.

다양한 분야의 참여 진정으로 성공적인 협력체가 되려면 협력체의 방침에 벗어나지 않으면서 가능한 한 많은 지역사회와 학교의 조직들이 참여해야 한다. 모든 지지 그룹들에게 관심과 권고를 표현할 수 있는 기회가 주어져야만 한다. 이런 접근은 전체 지역사회가 지역사회 협력체들의 성과와 성취를 수용하는 과정에서 참으로 중요하다.

책임감 지역사회 협력의 과정과 경과를 평가하여 노력에 따른 믿을 만한 결과를 갖는 것 또한 필수적이다. 평가가 프로젝트 기금 제공자를 위해 제공되는 것이든지, 학교와 지역사회에 제공되는 것이든지 간에 평가는 사업의 처음부터 기획되어야 하며 시작부터 끝까지 각 과정에 지속적으로 적용되어야 한다.

문서를 통하여 새로운 지역사회 협력계획을 작성하고 그려 보는 것은 아주 쉬운 일이다. 중요한 단계는 시작 시점부터 참여자들이 갖는 확신이다. 협력체를 사명감 있게 움직이게 하기 위해서는 더 많은 도전이 생겨나고 이를 효과적으로 유지해야만 한다. 물론 협력활동에 장애가 되는 요소들도 많다. 빈틈없는 지도자라면 이런 장애물들을 인지하고 도전을 수용하며 필요한 조정들을 해나갈 것이다. 다음은 이미 파악되거나 경험된 흔한 장애들이다.

- 지역사회의 협력적 노력에 대한 부정적인 과거의 경험
- 협력 조직들 간의 과거나 현재 관계에서의 어려움
- 협력 조직들 간의 경쟁과 영역 분쟁
- 조직체 대표자 간의 성격 갈등
- 지역사회에서의 문화적, 인종적 극단주의
- 협력에 대한 가치와 문화적 규범의 차이(The National Assembly, 1991)

물론, 지역사회 협력도 많은 장애물과 마주할 수 있다. 이 장애물 중에서도 협력적인 목표성취와 성장을 지체시키는 주요한 두 가지 장애물은 훈련된 리더의 부재와 재정적 지원의 결핍 혹은 노력을 통해 안정적 지원을 얻어낼 공격적인 계획의 부재이다. 지역사회 협력을 유지하기 위한 적극적인 전략은 다음과 같은 것들을 포함한다.

- 우선순위에 대한 분명한 의사소통
- 파트너들의 분명한 역할 분담
- 파트너들의 기대와 장점을 세심하게 파악하고 더불어 서로에 대해 분명하게 알기
- 진행과정을 점검하고 수정해 나갈 수 있는 상호 간의 능력

계획기간이 지루해지면 방침에 동조하지 않는 구성원들은 참여를 회피하는 경우도 발생한다. 랜달(Randall, 1995)은 합의점에 도달하기 위해 시도하는 팀들을 위한 안내 지침을 만들었다. 그 지침은 다음과 같다.

- 모든 참여자들이 결정에 영향을 미칠 수 있는 충분한 기회를 가졌다고

느껴야 한다.

◆ 설사 최선의 선택이 아니라도 모든 구성원들이 결정에 대해 동의를 해야
한다.

◆ 최고의 선택이 아니어도 모든 구성원들은 자신의 결정에 대해 최선을 다
해야 하고 자신의 조직이 결정을 지지하도록 해야 한다.

지역사회 협력의 영향

지역사회 협력의 신뢰할 만한 검증 방법 중 하나는 시작시점에 파악되
었던 목표를 달성했는가, 달성하지 못했는가 하는 것이다―중도탈락 예방을
목표로 한 지역사회 노력은 실제로 졸업률을 높였는가?―미국 학교와 지역사
회 공동체들 간의 수많은 협력적 노력은 실패와 성공의 경험을 모두 갖고 있
다. 각각은 서로에게 영향을 미쳤고 어떤 이들은 실패보다는 성공에 대한 더
많은 희망을 갖게 되었다. 모든 협력적 노력에 대한 가치와 영향을 이해하는
것은 방대한 일이지만 대표적 사례를 살펴봄으로써 유용한 정보를 제공하고
자 한다.

지역사회 협력의 장점을 잘 측정한 대표적 사례로 두 가지 주요 프로그램을
들 수 있다. 많은 주―플로리다, 켄터키, 워싱톤을 포함한―에서 몇 년 전부터
시행한 종합 서비스 지역사회-학교운동과 캐시 재단Annie E. Casey
Foundation에 의해 5개 도시에서 시행된 새로운 미래를 위한 운동New
Future initiative이 그 2가지 사례이다.

최근 종합서비스 학교에 관한 문헌에서 종합서비스 학교의 긍정적 영향이
탐색되어지면서 한 학교 개혁에 관한 연구자는 다음과 같이 말했다. "아니라
고 답할 수 있었으면 좋겠지만 그럴 수가 없다. 이제 강력한 가능성을 보고해
야만 한다(Dryfoos, 1998)." 이 정직한 답변은 모든 다른 평가들이 보고하는

흔한 긍정과는 다른 것이다. 드라이푸는 많은 지역사회 프로그램에서 긍정적 결과를 얻었는데 읽기와 수학에서도 향상을 보였고 출석률도 높아졌다고 했다. 특히 아이오와 주 마샬타운Marshaltown의 케어링 커넥션 커뮤니티 학교 Caring Connection Community School는 중도탈락률의 현저한 감소와 중도 탈락자의 복교 비율의 증가를 보여 주었다.

위기 청소년을 위한 새로운 미래 건설하기(Building New Futures for At-Risk Youth, Center for the Study of Social Policy, 1995) 프로젝트의 결과는 다섯 도시에서의 지역사회 협력 프로그램의 결과를 보고하였다. 선택된 각각의 도시—Dayton, Little Rock, Pittsburgh, Savannah, and Lawrence-후에 Bridgeport로 변경—들은 5백만 달러에서 1천2백5십만 달러에 이르기까지 5년 동안 빈곤층 청소년을 지원했다. 지역사회 공동체들은 지역의 행정구조들을 '협력체Collaboratives' 라는 이름으로 바꾸고 선발된 행정가, 기업체 인사, 공적 행정가들을 다양한 기관들과 부모 그리고 지역사회 대표들로 구성했다. 그들의 도전은 위험 상황의 청소년에 부합되는 새로운 정책과 실천을 제공하고 긍정적 결과에 대한 책임을 유지하는 것으로 특별한 목표는 중도탈락률을 감소시키고 학생들의 학업 능력을 향상시키며 10대 임신과 출산을 예방하고 대학진학률이나 취업률을 높이는 것이었다. 이 프로젝트는 위에 언급한 목표에 대하여 눈에 보일만한 양적 신장을 나타내지는 못했으나 위기에 처한 청소년들을 더 나은 길로 인도할 수 있는 다음과 같은 몇 가지 잠정적인 부분에서의 성공을 거두었다.

◆ 위기 청소년들의 문제에 대한 인식을 향상시키고,
◆ 이전에 함께 논의하지 않았던 지역사회 대표자와 지도자들 간의 새로운 대화를 시작하게 하였으며,
◆ 학교에 기초한 풍부한 정보체계를 발달시켰고,

- 지방정부와 협력체들을 둘러싼 새로운 지식의 몸체를 만들었으며,
- 지도력과 기금이 결합된 공적, 사적 분야의 협력적인 관계를 어떻게 만들 수 있는지 보여주었으며,
- 새로운 방식으로 지역사회에 기초한 의사결정 구조를 증명하였다.

새로운 미래의 지역사회 협력

새로운 미래 운동 팀과 다른 협력체들은 우리에게 우리들이 노력하는 과정에서 발생하는 가치와 함정이 무엇인지를 가르쳐 주고 있다. 하지만 이런 지역사회 협력을 위한 노력은 지속될 것이며 교육적 이슈와 지역사회의 관심은 서로 간에 조화로운 노력을 원할 것이다.

또 하나의 가치있는 지역사회 협력은 1998년에 데윗 왈라스 리더스 다이제스트 기금 (DeWitt Wallace-Reader's Digest Fund, 1999)의 보고서에 담겨 있다. 보고서에 의하면 전년도에 총 69개의 지원금 항목을 만들고 총 2천9백8십만 달러를 지급했다. 기금의 목표는 초, 중등학교, 지역사회 조직에서의 교육을 지역사회 조직체들과 학교의 협력으로 향상시키는 것이었다. 지원금의 범주를 보면 공립 학교의 상담가들을 개혁하는 것과 학생들의 방과 후 활동 개선을 위한 학교, 도서관 개혁, 선생님들의 교수 능력 향상을 지원하고 평가하는 일, 직업교육을 개선하고 학생들이 지역사회를 도울 수 있는 프로그램으로 기금 활용을 확장하는 것 등이었다.

효과적인 프로그램과 실천

새로운 지역사회 협력을 설계하고 발달시키는 교육계와 지역사회의 지도자들은 여러 다른 프로그램들과 우수한 실천으로부터 많은 잇점을 얻을 수 있을 것이다. 다음의 예들을 여기에서 살펴보기로 하겠다.

조지아 리얼 엔터프라이즈 일반적으로 지역의 재원 부족과 집중화된 지역사회 공동체의 결여는 농촌 지역의 지역사회 협력 확립과 유지를 어렵게 한다. 그렇지만 조지아 리얼 엔터프라이즈는 지난 20여 년 동안 많은 지역사회의 선구자적 역할을 해 왔으며 미국과 국제적 사회에도 모범이 되어 왔다. 이 프로그램의 핵심은 기업적 지식과 기술, 기업의 발달을 육성하기 위한 경험적인 교육 프로그램을 만드는 것이다. 기업 지도자들과 지역사회 협력자들을 통해 교육과 경제활동의 중요성을 강조하고 있다.

■ 추가정보
Paul F.DeLargy, Program Coordinator
Georgia Real Enterprises
1160 South Milledge Avenue, Suite 210
Athens, GA 30605
706-546-9061

지역사회-학교 동맹운동 지역사회-학교 동맹운동은 1992년 텍사스의 기독교 교육 연합에 의해 시작되었다. 지금은 80여 개 이상의 학교와 지역사회 협력 체들이 남서부 텍사스를 중심으로 활동하고 있다. 학교와 지역사회 동맹 팀은 이웃들에게 조직폭력, 인종적 갈등을 제거하는 일을 하고 대학진학을 위한 장학금을 제공하고 일대일 교육지도 프로그램을 제공하였다. 이러한 활동은 정규적인 학교 교과과정에 포함되기도 하였고 방과 후 센터와 일과 후 다양한 지역사회 프로그램에도 삽입되었다.

■ 추가정보
Ernesto Cortez, Coordinator
Texas Interfaith Education Fund

1106 Clayton Lane, Suite 120wW

Austin, TX 78723

512-459-6551

성공을 향한 길 메사추세츠 주 월세스터Worcester 공립학교의 4가지 전략 목표 중 2가지는 모든 학생이 높은 기준치에 도달하고 학습을 지지하는 지역사회 환경을 창조하는 것이다. 교육에 대한 이런 접근을 확립하기 위해 교육청과 지역사회는 '성공을 향한 길'이라는 프로그램을 만들었다. 이 프로그램은 미 교육부에 의한 21세기 고등학교의 지표로 선정되었다. 성공을 향한 길은 강력한 학습준비와 더불어 잘 계획된 직업 교육 프로그램을 갖고 있으며 지역사회 기업과 고등 교육 기관들과 협력 체계를 만들었다.

- ■ 추가정보

Denis Ferrante, Director

Worcester Public Schools

20 Irving Street

Worcester, MA 01609-2432

508-799-3195

쿼드 컨트리 기술 준비 프로그램 또 다른 성공적인 유형으로는 쿼드 컨트리 기술 준비 프로그램을 들 수 있다. 이 프로그램은 1994년 산학 협동법에 의해 개발되었다. 산학 협동 프로그램은 직장 기반 학습과 학교 기반 학습등을 포함하며 여러 기술 분야와 같은 유형의 산업체들을 연계하여 이해를 높일 수 있도록 체계화한 프로그램이다. 이 프로그램은 학업 중도탈락률을 낮추며 수업 참석률을 개선하고 대학진학을 높이는 결과를 거두고 있다.

■ 추가정보

Diana Rew, Coordinator

Quad-Country Tech Prep/ School-to-Work

Indian River Community College

3209 Virginia Avenue

Fort Pierce, 리 34981-5596

561-462-4886

결과

효과적인 지역사회 협력은 광범위한 지역사회에 영향을 미치는 교육적 이슈를 제기하는 강력한 도구라는 것을 각종 연구와 경험들은 보여주고 있다. 중도탈락률을 낮추려고 협력적 노력을 하는 학교와 지역사회들은 그들이 협력하기 이전의 옛 프로그램들로부터 많은 것을 배우게 되었다. 이 장에서 제공된 관찰과 지침은 성공적인 지역사회 협력을 수행하는 데 유용한 정보를 제공할 것이다.

참고문헌

The Center for Mental Health in Schools. (1999, Winter). *Addressing Barriers to Learning: New Ways to Think, Better Ways to Link.* Los Angeles: Author.

The Center for the Study of Social Policy. (1995, May). *Building New Futures for At-Risk Youth: Findings from a Five-Year, Multi-Site Evaluation.* Washington, DC: Author.

The Children's Partnership. (1999, July). *Next Generation Special Report— Connecting Community Organizing with a Children's Agenda: The Front Lines. Santa Monica,* CA: Author.

DeWitt Wallace-Reader's Digest Fund. (1999). *1998 Grantmaking Report.* New York: Author.

Dryfoos, J.G. (1998, Feb.). *A Look at Community Schools in 1998.*

Occasional Paper #2. New York: National Center for Schools and
Communities.

Melaville, A. (1998). *Learning Together: A Look at 20 School-Community
Initiatives*. Executive Summary. Flint,MI: Charles Stewart Mott
Foundation.

The National Assembly of National Voluntary Health and Social Welfare
Organizations. (1991). *The Community Collaboration Manual*.
Washington, DC: Author.

Randall, M. C. (1995, Fall). Building Consensus: One Approach to Change.
*NCRVE (National Center for Research in Vocational Education)
CenterWork, 6*, 2.

Wright, J., Smink, J., and Duckenfield, M. (1999). *Students Serving
Students*. Clemson, SC: National Dropout Prevention Center.

🔟 직업 교육과 취업 준비

교육과 취업은 두 개의 극단이다.
하지만 두 가지는 서로에게 의지하지 않고는 살아남을 수 없는 것이다.
리챠드 프랑크(존 누벤사의 최고 경영자)

교육과 취업은 서로 다른 길이라는 안이한 사고와 함께 교육과 취업에 대한 논의가 이루어지는 것을 종종 볼 수 있다. 전통적으로 학문적 기술과 직업교육의 기술은 서로 다른 영역처럼 취급되어 왔다. 그러나 국제경제 시대의 변화와 더불어 국제적 교육 환경의 변화를 맞이하고 있는 최근의 상황은 다르다. 현대의 직업 사회는 더 많은 학문적 소양과 직업적 능력을 겸비한 고등학교 교육 과정 이수자를 필요로 하고 있다. 거의 모든 학생들이 직업 일선에 나서고 있으며 심지어 다양한 직종을 겸하고 있기도 하다. 이러한 교육, 경제, 정치 리더들에게서 나타나는 변화는 모든 학생들에게 긍정적인 가능성으로 발휘될 수도 있다. 교육 적성과 직업 적성은 이제 조화되어야 하는 시대가 되었다.

취업 준비의 필요성

●   기본교육과 더불어 직업적 소양교육이 훌륭한 고교 졸업자에게 이루

어지는 것은 매우 바람직한 일이다. 1995년을 기준으로 고교 교육과정 미만의 고용자들은 고교 교육과정을 이수한 노동자의 1959년 임금에도 못 미치는 수입을 벌고 있다. 또한 대학 교육 이수자는 거의 세 배에 달하는 임금을 받고 있으며 앞으로 이러한 임금의 차이는 가속화될 전망이다. 이러한 상황에서 교육자들은 교육과 취업을 위한 준비를 적절히 병행하는 방법을 고심하면서 그 필요성을 주장하고 있다.

최근 뉴욕 직업재단New York's Vocational Foundation, Inc.이 개발한 무빙업 프로그램Moving Up Program은 취업교육을 위하여 현장 교육을 실시하고 이를 고용과 연계하는 내용을 강조하고 있다. 이 프로그램은 위기에 직면한 학생들이 직업을 선택하고 유지하며, 어떠한 일을 선택하였든 직업일선에서 학생들을 보호하고, 미래를 위한 부가적인 교육에 초점을 맞추어 학생을 돕고자 하는 직업적 조언자 역할을 하도록 고안되어 있다. 이 프로그램의 조언자들은 학생들이 많은 불리한 점을 갖고 있어도 지도와 조언을 받아 들여주기만 한다면 학교에 다니면서 직업 역시 유지할 수 있도록 도울 수 있다고 보고하고 있다.

상담과 학생 생활지도의 개선은 오직 소수의 인원들만이 목표로 삼고 있고 학교 개혁을 하겠다고 하는 많은 분야의 사람들은 주로 학업 성취에만 초점을 맞추어 개혁을 추진해 왔다. 하지만 이런 가운데서도 직업 지도 감독자를 위한 국가 콘소시엄National Consortium of State Career Guidance Supervisors은 조용한 개혁을 이끌어 왔으며 1997년에는 〈직업 지도상담 프로그램의 국가적 표준National Standards for School Counseling Programs〉을 출간하기도 하였다. 이 출간물은 크게 3가지 부분, 학생지도 프로그램, 부모의 자녀에 대한 학업 · 직업 · 사회적 개발 장려 프로그램, 직업 정보와 현장 경험 제공에 대한 사회 협조방안으로 이루어져 있다.

직업 교육의 새로운 형태

● 　국제 경제이념에 따라 새로운 직장들이 생겨나고 있다. 전통적인 직장은 중앙통제방식으로 적용되며, 근로자는 단지 지불대상으로 인식되었다. 그러나 최근 직장은 분산조절식이며 근로자에게 교육적 수준의 향상을 요구하고 근로자를 교육적 대상으로 간주하고 있다. 이러한 발전은 직업 교육과 진로 상담 프로그램에 대한 중요성을 제기하는 학교개혁의 물결과 함께 생겨난 것이라고 할 수 있다.

이에 대한 응답으로 공립 고교와 지역사회 대학은 직능교육에서 산학연계 프로그램School-to-Work Program으로 이행하기 위해 노력하여 왔다. 현재 교육의 정황은 혁신적인 교육 환경, 새로운 교육 동반자, 새로운 지도 교과와 이를 위한 제도적 장치를 필요로 하고 있고 고등 교육제도의 새로운 형태를 추구하기에 이르렀다. 공업전문 예비교육, 전문 직업학교, 학생 수습생 제도, 인턴제 도입, 직업예비학교 등의 새로운 학교 형태를 만들고 있다.

기존의 직능교육 프로그램이 소수의 학생들을 대상으로 한 것에 반해 새롭게 출현하고 있는 프로그램들은 학업과 직업 교육을 통합하는 새로운 목표를 추구하고 있다. 그래서 이 프로그램들은 일률적인 교육제도와 중도탈락으로 인해 낙오자가 되던 학생들에게 효과적인 도움을 제공할 수 있는 방안으로 강구되고 있다.

AT & T사의 은퇴한 전대표이사 존 메트칼프John Metcalf는 1999년 전국 직업 정보뉴스National Career Guidance News에 쓴 글에서 모든 학생들에게 자신의 포트폴리오를 갖출 것을 추천했다. 중도탈락 예방 센터는 메트칼프의 제안이 현 실정에서 매우 유용하다는 견해를 갖게 되었다. 포트폴리오는 세 가지 필수불가결한 요소 즉 학업능력, 경력에 따른 기술, 자기 투자 기술로 구성된다. 첫번째 학업과 지식에 대한 기술은 독서와 수학을 포함해 자신의 학업 능력을 간단히 기술하는 것을 말한다. 두번째 자신의 경력과 경험에 대한 기술은 인턴쉽과 도제식 수업 경험 그리고 직업적 개성뿐 아니라 지속적으로 그 분야를 공부하면서 일해나갈 수 있다는 눈에 띄는 증거들을 제시하는 것이다. 세번째 요소는 자기 개발 능력과 리더십, 업무 수행 능력과 대인관계를 네트워크할 수 있는 능력의 근거들이다. 중도탈락예방 센터는 1996년부터 학생기록 카드를 새로 작성하는 시도를 하고 있는데 이것이 자신의 가치에 관한 포트폴리오 작성과 유사하다. 이 카드에는 학생의 사회적 경험, 자원봉사 경력, 클럽활동, 신앙생활을 포함해 자신의 생활전반에 대한 기록이 담기도록 하고 있다.

포괄적인 직업 교육 프로그램

● 확실한 목표를 가지고 있는 학생들은 정보 홍수의 시대, 많은 취업과 직업 유형과 교육의 복잡한 틈새에서 살아 남을 수 있을 것이다. 하지만 평범한 학생들은 위기에 직면하였을 때 지역 정보 정도만을 찾아볼 뿐이며, 지엽적인 노력만을 기울인 뒤 적당한 선택을 해 버리곤 한다. 이런 학생들을 위해서는 직업 안내 그리고 직업 교육 프로그램이 보다 나은 선택을 위하여 도움을 줄 수 있을 것이다. 직업교육 연구 전국 센터National Center for Research in Vocation Education, NCRVE는 직업 교육 프로그램의 구성과 이해를 돕는 중요한 계획을 시작했다. 센터는 직업 개발을 정규 교육과 연결하고 직업 교육과 일의 조화를 삶의 과정으로 정의하고 새로운 계획을 추진하고 있다. 사실 기존의 학교에서 진행된 직업 지도 상담은 학생들에게 국한된 역할만 했을 뿐이었다. 이에 반해 직업 개발 프로그램은 각 연령대의 모든 학생들에게 접근성을 높이고 모든 학생지도 상담가와 산학 협동 담당자, 지역사회 프로그램 시행자들 모두에게 유용한 접근을 시도하고 있다.

이 프로그램은 학업과 직능 개발의 조화로운 통합을 추구하고 있으며 학교

개혁 위원회와 각종 연구조사를 통해 자료를 제공하고 많은 지역 학교와 단체들과 논의를 지속하고 있다. 센터는 고등학교 교육과 직업 교육의 통합을 위해 학업형 모델, 직업 모델, 시장지향적 모델의 3가지 접근방식을 설정하였다. 각각의 유형들은 교사에 의한 단순 주입식 교육을 지양하고 학생 스스로 학습을 주도할 수 있도록 돕고 획일적인 교육보다는 여러 분야의 협동 교육과 직업 상담 능력의 신장, 현장 체험교육의 제공, 폭넓은 시야를 갖도록 하는 것 등의 다양한 교육 개혁안을 가지고 있다. 적당한 직업의 선택, 진로상담의 부재로 인해 취업문제가 해결되지 않아 학교에 머물기를 주저하거나 학교를 배회하는 학생들에게는 큰 도움이 될 것이다.

산학 협동의 기회

● 　오늘날의 직업 시장은 직업에 관련된 기술뿐 아니라 학문적 지식의 요구도 높아졌다. 1994년 산학 협동 법률이 예산의 지원과 함께 직장을 구하는 학생들을 돕기 위하여 제정이 되었다. 이 법률의 목표는 교육을 개선하고 학생들이 학업을 지속할 수 있으며 학업과 직업교육의 통합에 따른 이점을 활용하여 향상된 상태에서 학생들이 직장으로 진출할 것을 돕는 것이다. 산학 협동 운동은 사회적 배경과 환경을 고려하여 시작되었다. 대체로 이 산학 협동 운동은,

◆ 산학 협동 교육을 정규 교육의 공식적 부분으로 하거나 졸업 후 교육의 정규 부분으로 확립하고,
◆ 고용주들의 적극적인 참여를 추진하고,
◆ 실제 혹은 유사한 직업 경험을 가질 수 있도록 돕고,
◆ 공식적, 비공식적 기술 습득을 거쳐 직장으로 옮겨 갈 수 있도록 하고 있다.

산학 협동운동은 학생들이 학교 교육과 직업 교육 어느 것을 통해서든 현실의 세상에 대한 경험을 얻도록 하고 있다. 그런 점에서 산학협동운동은 교육의 새로운 정의를 개념화하고 있다.

일 기반 학습Work-Base Learning, WBL은 산학의 조화로운 연계를 통해 배움을 권장하는 의도적인 학습 체계이기 때문에 유년 시절의 체험 학습과는 다르다(Stasz and Stern, 1998). 일 기반 학습은 인턴제, 유급 근로를 포함하며 공업 전문 교육이나 취업 상담 및 취업 알선을 포함하기도 한다. 사실 이러한 프로그램이 전혀 새로운 것은 아니다. 실제 1917년 스미스-휴즈 법안 Smith-Hughes Act에 의해 소개된 협동교육과 유사한 것이다. 그러나 이 일 기반 학습은 지역 직업 프로그램이나 모든 학생에게 더욱 흥미로운 기회 제공과 지역 참여 산업에 대한 커다란 이점을 제공하는 중요한 것이다. 이러한 유용성은 다음과 같은 일 기반 학습의 목적에 대해 살펴봄으로써 알 수 있다.

- ◆ 학생의 동기 유발과 학문적 성취에 기여한다.
- ◆ 일과 연관된 개인의 능력과 사회적 능력을 신장시킨다.
- ◆ 산업 혹은 직업에 대한 탐구와 계획을 제공한다.
- ◆ 산업과 직업에 대한 넓은 식견을 갖게 된다.
- ◆ 특정직업 또는 일반직의 고용에 필요한 지식과 기술의 습득을 용이하게 한다.

학교 기반 학습School-based Learning, SBL은 학교 내의 모든 교과 영역과 모든 단계에서 매우 혁신적인 교사들에 의해 다양한 형태로 추진되고 있다. 학교에 기반한 학습은 직업 탐구와 학업, 직업 교과의 학업적 기반 마련 그리고 직업과의 통합을 포함하고 있다. 또한 학교라는 안전한 울타리 안에서 일에 대한 경험과 적성을 개발할 수 있도록 지도한다. 학교 기반 학습 또한 산학 협동의 전체 프로그램 일부로써 교육에 대한 유용한 기회를 제공한다.

중도탈락 예방으로 인한 이점

● 1992년 미국 교육부의 직업 및 성인 교육위원회는 미국 내 다양한 공동체와 학교모델을 통하여 중도탈락 예방을 위한 프로젝트들을 3년에 걸쳐 살펴보았다. 매우 다른 프로젝트를 진행하고 있었지만 지배적인 주제는 '학생들을 체제에 어떻게 적응시킬 것인가,'라는 질문에 대한 답이기보다 '학교 체제를 어떻게 학생들의 욕구에 부응하도록 변화시킬 것인가?'에 대한 답들이었다(Hamby, 1992). 특히 13개의 프로그램을 3년간 분석했는데 놀라운 지속성을 갖고서 성공적인 사업들을 하고 있다는 것이 발견되었다. 각각의 프로그램들을 정리해 보면 학업에 대한 강조, 다양한 직업 연구의 배치, 실제적인 고용 혹은 취업의 구조, 일상 생활 속에서 개인적 · 사회적 문제를 돕기 위한 삶의 기술 증진의 4가지 요소를 포함하고 있다. 이 평가를 진행하면서 살펴본 결과 모든 프로젝트들은 교육적 전략을 다양하게 접근하고 시도한 바 있다. 이 프로젝트들 속에서 발견되는 일관된 전략은 다음과 같은 것들이다. 컴퓨터를 통한 교육, 다방면에서의 기술 습득, 교사를 통한 교육방식과 개인 교습의 적절한 배합, 사회활동의 증진, 협동 교육의 활용, 학교지원과 통합 교육 과정 등이다(Hamby 1992).

다른 연구조사에 의하면 취업 지도 프로그램은 학업과 개인 개발에 대한 근본적인 이점이 있다고 한다. 그리고 개인적이거나 소규모 학급을 특별히 지도할 때 더 효과를 발휘하고 성공적이었다(Jensen, 1999). 젠센에 의하면 이런 지도 프로그램을 더욱 성실히 수행한 학생일수록 높은 점수를 받으며 더 긍정적으로 생활하는 것으로 밝혀졌다.

● 무빙업 모델은 다른 프로그램을 받고 있는 17~20세를 대상으로 비교해 보면 훨씬 더 인상 깊은 결과를 보이고 있다. 고등학교 졸업장이나 GED도 없는 학생들이 90%에 다다랐지만 직업 상담가에 의해 그들은 87%의 성취율과 78%의 취업률을 보였다. 이 수치는 뉴욕 시의 39%의 학생 취업률보다 훨씬 앞선 것이다. 한 해가 지난 후에 추후 조사를 해 보아도 62%가 여전히 고용되어 있었으며 31%의 대상자들은 같은 기간 내에 임금이 상승되기도 했다. (Proscio and Elliott, 1999).

햄비Hamby에 의해 조사된 취업과 관련된 13가지 중도탈락 예방 프로그램 또한 대상 학생의 90%가 학업을 유지하여 졸업을 이루어 새로운 조명을 받고 있다. 이러한 성과는 상담과 사회 협동 교육, 가족의 역할, 직업 선택 개발, 여름 학교, 소규모의 학급 편성, 지역사회의 관심과 지원 등의 훌륭한 교육적 지원체계에 힘입어 가능한 것이었다.

산학 협동운동의 시작은 여러 효과적인 교수법을 낳았다. 교사는 학생의 지식, 기술 그리고 취업준비의 학생을 돕기 위해 새로운 방식을 사용한다. 교사와 상담가는 학생의 적성과 관심사를 고려하여 취업을 원하는 부모와 학생에게 적합한 정보를 제공하게 된다. 끝으로 교사는 학업 능력과 성공적인 고용률에 요구되는 기술의 조화로운 통합을 위해 학급운영활동을 체계화한다.

산학 협동운동의 효과적인 실천은 지역사회에서의 자원봉사, 인턴십, 멘토링, 직업 적성 탐색과 같은 활동을 고용경험과 함께 제공함으로써 효과적인 실천이 되고 있다. 몇 가지 주요 모델은 특별히 언급되어야 할 필요성이 있다.

학교 전체의 개혁   마이애미 주의 마이애미-데이드Miami-Dade 지역의 윌리엄 터너 예술학교The William H. Turner Technical Arts High School는 학교 전체의 개혁 모델을 채택한 학교이다. 이 학교의 교수 전략의 핵심에는 통합 교과전략이 있었다. 학생과 교사들이 모두 7가지 아카데미―예를 들면 경영, 보건, 농업 등―중 하나에 등록하도록 하였다. 학생들은 졸업장과 더불어 산업체에서 제공하는 기술자격 인증서를 발급받았다. 이 프로그램은 미 교육부와 경제 잡지의 후원을 받았고 현재 터너학교는 미국의 새로운 신흥 명문 고교 10개 중 하나의 학교가 되었다.

■ 추가정보

Darrel P.Berteaux, Principal
William H.Turner Technical Arts High School
10151 northwest 19 Avenue
Miami, FL 33147-1315
305-691-8324

다음의 직업 지도 프로그램들은 본보기가 될 만한 내용을 담고 있다. 각각의 프로그램들은 몇 개의 지역에서 성공적인 결과들을 보여주고 있다. 이 프로그램들의 공통된 특징은 직업지도, 상담, 협동, 의사소통 노력, 리더십, 교육평가 등의 중요 요소들을 포함하고 있고 현재 여러 분야에서 효과를 입증받고 있다.

■ 추가정보

Janice Jolly, School-to-Work Coordinator
Dorchester District Two Career Development
1101 Boone Hill Road
Summerville, SC 29477
843-832-7026

Colleen O'Reilly-Wiemerslage, Counseling Chair

La Crosse Central High School Career Center
1801 Losey Blvd.South
La Crosse, WI 54601
608-789-7900

Phyllis P.Nixon, Counselor
Rich South High School, Horizon Program
5000 Sauk Trail
Richton Park, IL 60471
708-747-5500

결론

오늘날 국제경제의 도전 시대를 맞이하여 모든 학생들은 자신이 선택한 진로에 대해 적절한 준비를 하는 데 도움받을 수 있는 양질의 교육을 고대한다. 학업을 중도 포기하는 학생들이 이런 교육의 기회로부터 오는 이득을 누리지 못하게 된다면 이 학생들은 항상 기회의 제한에 직면할 수밖에 없을 것이다. 직업 교육과 직장 개발은 미국의 직업, 교육자, 경영자, 정책 입안자들이 마땅히 해야 할 투자이며 광범위하고 포괄적인 직업 지도와 직업 개발 프로그램에 대한 관심이 촉구되어야 한다. 위험에 처한 학생뿐 아니라 모든 학생들에게 이 장에서 소개된 모델들은 가장 중요한 프로그램이라고 할 수 있다.

Carnevale, A. P. (1998). *Education and Training for America's Future.* Washington, DC: The Manufacturing Institute.

Clark, D. (1999, April-May). What We Have Learned. *NAIEC (National Association for Industry-Education Cooperation) Newsletter*, 35, 1-2.

Franke, R. J. (1997). *Education: For Employment or for life.* Address given in Boston to company officers by Richard J. Franke, president and chief executive officer, John Nuveen and Co., Inc. Investment Bankers, Chicago, IL.

Hamby, J. V. (1992). *Vocational Education for the 21st Century.* Clemson, SC: National Dropout Prevention Center.

Jensen, L. (1999, Spring). Comprehensive Guidance Program—How Students, Parents, and the Community Benefit. *National Career Guidance News, 12,* 1, 3.

Maddy-Bernstein, C., and Matias, Z. B. (1999, Spring). Improving Career Guidance and Counseling Programs Through Professional Development. NCRVE (*National Center for Research in Vocational Education) CenterWork, 10,* 2-3.

Metcalf, J. P. (1999, Spring). Build a Value Portfolio: To Prepare for a Life of Success. *National Career Guidance News, 12,* 18-19.

Moore, D. (1999, Spring). Integrating Academic and Vocational Curriculum. NCRVE (*National Center for Reseach in Vocational Education) CenterWork, 10,* 1, 4.

National Dropout Prevention Center. (1996). *Service Learning Passport for Life.* (Booklet). Clemson, SC: Author.

Proscio, T., and Elliott, M. (1999). *Getting in, Staying on, Moving up: A Practitioner's Approach to Employment Retention.* New York: Public/Private Ventures.

Stasz, C., and Stern, D. (1998, Dec.). Work-Based Learning for Students in High Schools and Community Colleges. *NCRVE(National Center for Research in Vocational Education) CenterPoint, 1.*

⑱ 폭 력 ┃ 예 방 과 ┃ 갈 등 ┃ 해 결

만약, 학생이 교사나 다른 학생들과 논쟁을 벌이거나 또는 의견 차이를 보인다면,
학교에서 누가 중재를 위해 개입해야 하는가?
학교에서는 이따금 "글쎄요" 라고 대답한다.

다이나스키 & 글리슨

이 장에서는 학교 중도탈락 문제에 원인이 되는 요소인 폭력과 갈등에 대한
이슈를 다룬다. 갈등 해결과 폭력 예방을 위한 통합적인 프로그램 요소를 제
시하고 검토하고 효과적인 모델의 영향과 이익에 대해 기술한다. 모든 학생
들이 안전하게 지낼 수 있는 학교를 만들기 위하여 학교와 지역사회가 어떻
게 유용한 자원이 될 수 있는지와 그런 프로그램들에 관한 정보를 제공할 것
이다.

폭력 예방 프로그램의 필요성

● 폭력은 우리 사회에 널리 퍼져 있다. 폭력은 텔레비전, 영화, 직장, 테
이프, CD, 비디오게임, 스포츠에서 나타난다. 우리 사회에 퍼져 있는 폭력은
또한 공립학교 체계에도 퍼져 있다. 교육 통계청NCES에 따르면 1996~1997
년까지의 폭력에 대한 예는 다음과 같다.

- ◆ 강간 사건 또는 성폭력이 약 4,000건
- ◆ 무기를 사용하는 신체적 공격이나 싸움이 약 11,000건
- ◆ 강도사건이 약 7,000건
- ◆ 무기를 사용하지 않은 신체적 공격이나 싸움이 약 190,000건
- ◆ 절도가 약 115,000건
- ◆ 고의적 파괴 사건이 약 98,000건

교사에 비해 학생들은 학교에서의 폭력이 더 많은 것으로 느낀다. 3학년에서 12학년의 교사 중 77%가 학교나 그 주변을 안전하게 느끼고 있는 반면, 50%의 학생은 학교나 그 주변을 안전하지 않다고 느꼈다(Educational Development Center, 1996). 학교가 안전하다고 느끼지 않는 학생들은 결석하기 쉽다. 약 16만 명의 학생들이 신체적 손상에 대한 두려움 때문에 매일 학교수업에 빠지고 있다(Educational Development Center, 1996). 폭력에 대한 두려움 때문에 학교에 가지 않는 학생, 실제 폭력 행동 때문에 정학당한 학생, 폭력 때문에 방해받는 교실의 학생들은 배울 수가 없다. 그 결과 그들 중 일부는 학교를 중도탈락하게 된다(Duttweiler,1994).

중도탈락 연구에서 나타난 가장 중요한 발견은 중도탈락의 잠재성이 있는 학생들을 초기에 발견하여 효과적인 예방을 하는 것이다(Duttweiler and Smink, 1997). 학교에서 무언가 개입을 해 주어야 할 문제들, 사회적 그리고 교육 과제와 관련된 문제 행동은 저학년 과정에서 확인될 수 있고 또 확인되어야만 한다. 저학년에서의 문제와 학교에서의 성공과는 매우 중요한 관계가 있다. 도심 학교의 학생들에 관한 장기적 연구에 따르면 유치원에서 3학년까지의 학생 행동 평가 즉 교실에서의 소란, 무례한 행동, 반항적 태도, 부적절한 반응과 같은 행동들은 14~15세의 교실 내 비행 행동과 관련이 깊고 규율을 가르치는 방법과도 관련이 있음이 밝혀졌다. 저학년 시기의 반사회적이고 공

격적인 행동들은 고등학교 중도탈락을 예측할 수 있는 중요한 요인인데 이는 선생님으로부터 적절한 지시를 받아 책임감 있게 행동하는 것을 배우지 못해 동료 그룹들로부터 소외되기 쉽기 때문이다(Duttweiler and Smink, 1997).

폭력과 중도탈락이 연관되어 있음을 보여주는 것은 학생들의 행동에 대한 학교의 반응을 통해서이다. 1993년 대도시 교육생활에 대한 교사들의 연구를 보면, 학교에서 정학당한 학생의 81%가 폭력 행동에 관여되어 있었다. 비록 정학과 제적이라는 처벌은 폭력 관련 학생에 대한 강경한 경고이지만 이는 또한 학교가 폭력 학생을 거절한다는 메시지로 전달될 수도 있다. 그래서 학생들은 학교가 그들을 학교 밖으로 밀어낸다는 느낌을 받게 되고 중도탈락의 위험성이 높아지게 되는 것이다(Rogers, 1994).

한 연구에서는 엄격하게 행동을 요구하는 것, 학생들의 다양성을 무시한 부적절한 커리큘럼 편성, 일관되지 않은 교실 운영 등이 일부 학생들의 문제행동을 부추긴다고 보고하였다(Gable et al., 1998). 우리는 또한 폭력적인 가정에 있는 학생들이 더 위험한 상황에 있다는 것을 알고 있다. 청소년들을 위험에 빠뜨리는 상황에 대한 연구에서 웰스Wells는 학교와 집에서 생기는 갈등과 관련된 다양한 요소들을 언급했다. 이것은 집과 학교 문화 차이의 갈등, 비효율적인 원칙 적용, 부정적인 학교 풍조, 유급과 정학, 출석과 무단결석, 임신, 약물남용, 부족한 동료 관계, 범죄활동 증가, 가족생활의 역기능, 아동 학대, 비효과적인 양육 등이 포함되어 있다(Wells, 1990).

이러한 갈등이 해결되지 않고, 문제가 조정되지 않는 상황이 지속되면 학생들은 결국 학교에서 중도탈락하는 위험한 상황에 처하게 된다. 1990년 교육통계청에 의해 수행된 연구에서 학생들이 학교를 떠나는 이유의 34%가 교사와의 갈등이었고 25%가 학교라는 체제에 적응하지 못하여 떠나는 것으로 나타났다(U.S. Dept. of Education, 1990).

학교를 기초로 한 폭력 예방의 요구는 현재 중도탈락의 위기에 처해진 학생들뿐만 아니라 모든 학생들에게도 적용되고 있다. 모든 학생들이 안전한 학교생활을 하기 위해, 교육자는 무엇을 점검해야 할지, 무엇을 수행해야 할지, 어떤 행동을 취해야 할지 알아야 한다. 다시 말해 교육당국은 포괄적인 폭력 예방 계획을 수행해야 한다. 진정한 효과적 폭력 예방은 학교 교과과정에 포함되는 교육이라야 가능하다. 이는 학교에서의 단체활동에 필요한 긍정적 태도뿐 아니라 효과적인 대인관계 기술이 학교 교육을 통하여 강화될 수 있어야 하는 것을 의미한다(Hamby, 1999).

폭력 예방과 갈등 해결

갈등은 우리 일상생활에서의 한 부분이다. 그러나 갈등을 건설적으로 활용하기보다는 제거되거나 없어져야 할 문제로 봐 왔다. 문제상황에 부딪혔을 때 어린 학생들은 종종 문제를 회피하거나 의존적으로 행동하는 경향이 있다. 이런 반응들은 부적절한 행동으로 인해 세상을 살아가는 데 위험을 안길 수도 있다(Rogers, 1994).

어린 학생들은 의견불일치와 논쟁은 당연히 있을 수 있는 것이며 갈등을 제거하는 것이 현실적 목표가 아니라는 것을 배워야 한다. 또한 학생들은 갈등을 줄이고, 다룰 줄 알며 풀어나갈 수 있는 방법을 알아야 한다. 그런 점에서 모든 학교, 모든 학생들은 폭력 예방과 갈등 해결을 배워야 한다. 학교의 계획에는 예방과 중재의 전략들이 포함되어야 한다. 그 과정은 지역사회의 지원을 받아 시작되어야 하고 평가 또한 이루어져야 하며, 학교의 지원자들과 전체 학교 조직이 모두 참여하여야 한다.

폭력 예방을 위한 포괄적 또는 학교 전체적 접근의 가장 중요한 구성 요소는 현장 연구에 기초한 갈등해결 프로그램에 있다. 첫 단계에서는 갈등 해결과 중재 기술을 교사, 상담가, 직원, 행정가들에게 가르치는 것이다. 훈련된 교육자들이 먼저 전체 학교 환경, 교실, 운동장, 복도, 체육관, 사무실에서 갈등 해결과 중재 기술을 활용해야 한다. 학생들은 어른들의 역할 모델을 모방하기 때문에 교직원들의 참여는 전체 학교를 변화시키는 데 중요한 역할을 할 것이다. 그래서 전체 학교 구성원이 습관적으로 갈등 해결과 중재 기술을 사용하기 시작할 때 학생들은 다른 영역에서의 적용도 가능해질 것이다.

갈등 해결 훈련은 적극적 경청이나 비난 없는 효과적인 대화, 비폭력적 해결 브레인 스토밍과 같은 간단한 방법과 다른 사람의 감정에 대해 공감하고 인식의 다양성을 늘리는 것으로 시작된다. 갈등 해결은 양자가 모두 만족할 수 있는 해결점을 찾으려고 노력해야 한다. 초점을 문제나 사람으로부터 옮겨와서 바로 해결책에 두는 것이다. 이 전략은 일단 분노가 사라진 뒤에 더 잘 실현될 수 있다.

또한 포괄적 폭력 예방 사업의 중요한 요소는 또래 간의 중재이다. 학생들도 갈등 해결과 중재 기술을 훈련받는다. 중재 프로그램이 적절하게 실행될 때, 학생들은 갈등 해결을 돕기 위한 중립적인 제3자로 또래 중재자가 될 수 있다. 심지어 초등학교 학생들도 어떻게 중재자가 될 수 있는지 배울 수 있고, 갈등을 통해서 그들의 동료애를 성공적으로 제시할 수 있다.

갈등 해결과 중재 기술은 중도탈락 예방 전략에서도 효과가 있다. 하지만 최근 20여 개의 중도탈락 예방 프로그램을 점검한 결과 연구자들은 여전히 다음과 같은 질문을 던졌다. "만약, 학생이 교사나 다른 학생들과 논쟁을 벌이거나 또는 의견차이를 보인다면, 누가 중재를 위해 학교에서 개입을 해야 하는가? 학교에서는 이따금 '글쎄요' 라고 대답하거나 또는 '중도탈락을 막기 위한 개별화된 접근법에 대해서는 그다지 여지가 없네요' 라고 말할 뿐이다. (Dynarski and Gleason,1999)."

전략의 구성

● 　갈등 해결을 위한 프로그램과 커리큘럼은 양적으로는 충분해 보인다. 약 78%의 공립학교에서 교육적 프로그램의 일부로서 폭력 예방, 분노 조절, 갈등 해결 커리큘럼을 채택하고 있다(U.S. Department of Education and Justice, 1998). 그러나 대부분은 사회사업가와 학교상담가에 의해서 단편적인 방법으로 실행되어오고 있다. 사회사업가와 학교상담가들은 일반적으로 프로그램의 질과 효과성에 대한 경험적 평가가 부족한 편이다. 각 프로그램은 반드시 효과에 대한 경험적 증거가 동반되어야 한다(Wahler, Fetsch, and Silliman, 1997).

　폭력 예방과 갈등 해결을 위한 포괄적인 프로그램을 실행하는 학교는 다른 중요한 사업에 들이는 같은 정도의 노력을 기울여서 우선적으로 실행될 수 있게 해야 한다.

- ◆ 갈등 해결을 촉진하는 기술에 관해 협력적으로 사고하는 문화적 풍토를 조성한다.
- ◆ 지지 기관을 통해 학생들의 기본적 욕구를 충족한다.
- ◆ 어른과 학교 후원자들이 적극적으로 참여한다.
- ◆ 지역 경찰서로부터 경찰을 지원받는다.
- ◆ 괴롭힘 방지 프로그램을 실시한다.
- ◆ 갈등 해결 커리큘럼을 실행한다.
- ◆ 분노 조절 기술을 가르친다.
- ◆ 또래 중재를 제공한다.
- ◆ 폭력 조직을 통제한다.
- ◆ 위기 관리 계획을 가진다.

학교 직원들은 공격적인 행동과 폭력적 행동에 대한 초기 경고 징후를 찾아낼 줄 알아야 하고, 폭력이 증가하지 않도록 조기에 개입하는 방안을 가져야 한다. 초기 개입 프로그램은 만연한 폭력이 미치는 폐해를 인식하고 이를 극복할 수 있도록 돕는 데 기초를 두어야 한다. 취학전 아동과 유치원 아동에게도 상대방에 대한 공감이나 충동 조절, 분노 조절에 대한 갈등 해결 기술을 가르칠 수 있다. 취학전 혹은 초등학교에서 실행되는 프로그램들은 비폭력적 행동 수단을 가르치고 이 기술들은 생활기술로써 청소년기와 성인기까지 지속되고 발전될 수 있을 것이다(Duttweiler, 1995).

갈등 해결 프로그램은 취학전 아동에게도 해당하며 점차로 모든 학년, 모든 나이의 학생들에게 적용될 수 있다. 학생들이 갈등을 건설적으로 해결할 수 있도록 전체 학교 체계를 통해 확산시켜 나가는 것이다. 이런 갈등 해결 기술의 숙지는 학교, 가정에도 스며들어 효과를 발휘할 수 있을 것이다. 결과적으로 이 이익은 전체 지역사회의 이익이 될 것이다.

효과성에 대한 증거

갈등 해결, 중재, 폭력 예방에 있어 기대되는 효과는 높은 수준의 의사결정, 대처기술, 스트레스 관리기술, 동기 강화로 나아가 사려 깊은 관심, 헌신, 단결, 문제해결 기술로 이어질 것이다(Johnson and Johnson, 1995). 갈등 해결, 폭력 예방 프로그램과 관련된 많은 결과 자료들이 보고되어 질적 신뢰를 얻었다. 학생들은 학교에서의 기분이 좋아졌다고 얘기한다. 또한 교장들은 의뢰를 보내는 학생 수가 감소했다고 하고 교사들은 학생들 사이에서 갈등 발생이 줄었다고도 한다.

세컨드 스텝Second Step 프로그램을 지원하는 아동위원회Committee for Children는 그들의 프로그램에 대한 독자적인 평가를 수행했다. 조건이 비슷한 12 개의 학교를 짝을 지어 통제집단과 실험집단을 설정하였다. 부모의 동의를 얻은 2학년과 3학년 4개의 학급들을 참여시켰다. 프로그램을 교사들에게 가르쳤으며, 교사들은 학생들을 가르쳤다. 프로그램을 교육받은 학생들에게서는 공격성이 감소하고 중립적이면서 친사회적인 행동이 명백히 증가하였다. 북 캐롤라이나 지역의 중학교 한 학년을 대상으로 프로그램을 시행한 결과 학교 내 처벌은 42% 감소하였고 학교를 나오지 못하게 하는 처벌도 97%나 줄었다. 세컨드 스텝 프로그램을 교과과정으로 채택하지 않은 학교의 학생들은 학년이 올라갈수록 더 나쁜 결과를 보였고 특히 신체적, 언어적 공격성이 증가하였다(Comittee for Children, 1997).

네바다 주 라스베가스 지역의 클라크 카운티 지역의 Clark County School District 프로그램 평가를 보면 다음과 같다.

◆ 동료 중재자들은 그들이 중재했던 갈등의 86%를 성공적으로 해결했다.
◆ 학교 내에서 신체적 싸움이 줄어들었다.
◆ 중재자들의 자아존중감이 증가했다(Talley, 1997).

미국 법무부에 따르면, 갈등 해결 교육의 저자들이 말하기를 "갈등 해결 교육 프로그램에 의하여 청소년들에게 갈등을 다루는 방법을 가르치는 것으로 청소년 시설, 학교, 지역사회에서의 폭력이 감소할 수 있고 또한 그들이 인생을 살아가면서 필요한 의사결정 기술을 익힐 수 있게 되었다"고 한다(LeBoeuf and Delany-Shabazz, 1999).

교육연구사무국Office of Educational Research은 학교폭력 예방 활동의 수행이 낮은 학교들을 개혁하기 위한 모델로서 타인들과 잘 지내고 갈등을 평화적으로 해결하고 삶에 필요한 기술들을 지속적으로 명백하게 가르치는 프로그램을 제공해야 한다고 했다(Talley, 1999).

효과적인 프로그램과 실천

● 　현재 학교폭력 예방 프로그램들은 풍부하게 개발되어 있고 전국적으로 교류를 나누면서 진행되고 있다. 많은 프로그램들이 매우 높은 성공률을 보이고 있으며 연구의 기초가 되고 있으며 우수한 훈련을 제공하고 있다. 프로그램 코디네이터들은 전국적으로 교류를 이루고 학교 정보를 나누며 이를 조정하기 위해 네트워크를 취하고 있다.

샌프란시스코 지역사회 위원회 프로그램 　이 자원과 훈련조직은 1976년부터 만들어져 활동하고 있다. 그들이 개발한 커리큘럼은 오늘날 선보이는 다른 교과과정을 위한 모델이 되고 있다. 이 프로그램의 개발자들은 전체 학교적 접근의 제안자들이다.

　■ 추가정보
　The Community Board Program
　1540 Market Street, Suite 490
　San Francisco, CA 94102
　415-552-1250
　Fax 415-626-0595
　cmbrds@conflictnet.org

학교폭력 예방센터 　'어디에서나 폭력을 반대하는 학생들의 조직Student Against Violence Everywhere, S.A.V.E'은 학교와 지역사회의 폭력 예방을 위해 학생의 참여를 적극적으로 증진시킨 전략이다. 비폭력 메시지를 전하는 것이 S.A.V.E. 접근의 특징이다. 학생들에 의해 구성된 지부가 전국에 걸쳐 학교마다 존재한다. 구성원들은 모든 학년의 학생들이 포함된다. 일반적으로 S.A.V.E.는 초등학교에서는 교과과정의 하나로 선택되지만, 중고등학교 지부는 교과과정 이외의 활동으로 이루어진다. 각 학교는 지역 학교폭력 예방 센터에 등록을 하여 S.A.V.E.는 현재 전국적인 네트워크를 이루고 있다.

■ 추가정보
Joanne McDaniel, Interim Director
Center for the Prevention of School Violence
313 Chapanoke Road, Suite 140
Ralegh, NC 27603
800-299-6054 or 919-773-2846
Fax : 919-773-2904
Joanne_mcdaniel@ncsu.edu
http://www.nationalsave.org

세컨드 스텝 프로그램 아동 위원회가 현재 세컨드 스텝 프로그램을 진행시키고 있으며, 이 프로그램은 취학전부터 중학교에 이르기까지 주로 학교에서 이루어지고 있는 사회기술 과정이다. 세컨드 스텝 프로그램은 폭력을 불러일으킬 수 있는 아이들의 태도와 행동을 변화시키기 위해서 교육한다. 교과과정은 아이들의 충동적이고, 공격적인 행동을 감소시킬 수 있는 사회기술과 사회능력향상 기술을 가르친다. 세컨드 스텝 프로그램은 학교와 가족 구성원을 포함하는 통합적 계획을 갖고 있다. 이 프로그램은 각 학년 수준을 하나로 하여 분노 조절, 공감, 충동 조절로 이루어진 3가지 기술을 동일하게 가르치도록 되어 있다.

■ 추가정보
Committee for Children
2203 Airport Way South, Suite 500
Seattle, WA 98134
800-634-4449

Fax : 206-343-1445

info@cfchildren.org/violence.htm

결론

● 폭력과 갈등은 학생들이 중도탈락을 하게 만드는 이유일 뿐만 아니라, 학생들이 문제행동을 일으키고 무단결석을 하며 정학이나 위험에 놓이게 하는 요소에 명백히 기여하는 것이다. 모든 학교는 갈등해결 및 폭력예방을 위하여 포괄적으로 연구된 프로그램의 적용을 통하여 이익을 얻을 수 있을 것이다.

참-고-문-헌

Committee for Children. (1997). Executive Summary of Second Step Curriculum. Seattle, WA Duttweiler, P.C. (1995). *Effective Strategies for Educating Students in At-Risk Situations.* Clemson, SC: National Dropout Prevention Center.

Duttweiler, P.C. (1994). *Is School Reform Serving the At-Risk Population?* The National Dropout Prevention Center: Journal of At-Risk Issues, Vol. 1, No. 2.

Duttweiler, P.C., and Smink, J. (1997). Critical Strategies for Effective Dropout Prevention. *School Safety Journal.* 4-9.

Dynarski, M., and Gleason, P. (1999). *How Can We Help? Lessons from Federal Dropout Prevention Programs.* Princeton, NJ: Mathematica Policy Research, Inc.

Educatonal Development Center, Inc. (1996, May). *Schools and Violence.* National Network of Violence Prevention Practitioners Fact Sheet, Vol. 1, No. 3. Washington DC.

Gable, P.S., Quinn, M., Rutherford, R.B., Jr., Howell, K., and Hoffman, C. (1998). *Addressing Student Problem Behavior — Part II: Conducting a Functional Assessment.* Washington, DC: Center for Effective Collaboration and Practice.

Hamby,J.V. (1999). *Developing a Comprehensive Violence Prevention Plan: A Practical Guide.* Clemson SC: National Dropout Prevention Center.

Johnson, D.W., and Johnson, R.T. (1995). *Teaching Students to Be Peacemakers*(3rd edition). Edina, MN: Interaction Book Company.

LeBoeuf, D., and Delany-Shabazz, R. V. (1997). *Conflict Resolution*. U.S. Department of Justice, Office of Juvenile Justice: Fact Sheet #55.

National Center for Education Statistics (NCES). (1996-97). *Violence and Discipline Problems in U.S. Public Schools*. U.S. Department of Education.

Rogers, M. (1994). *Resolving Conflict Through Peer Mediation*. National Dropout Prevention Center: Solutions and Strategise, No. 9.

Talley, S. (1999). *What Does It Take to Reform a Low-Performing School?* Office of Educational Research: National Institute on the Education of At-Risk Students. Baltimore, MD.

U.S. Department of Education. (1990). *National Education Longitudinal Study of 1988*—First Followup Study. National Center for Education Statistics.

U.S. Departments of Education and Justice. (1998). *Annual Report on School Safety*. NCES 98-251/NCJ 172215. Washington, DC: Author.

Wahler, J. J., Fetsch, R. J., and Silliman, B. (1997). *Research-Based, Empirically Effective Violence Prevention Curricula: A Review of Resources*. The Character Education Partnership.

Wells, S.E. (1990). *At-Riks Youth: Identification, Programs, and Recommendations*. Englewood, CO: Teacher Idea Press.

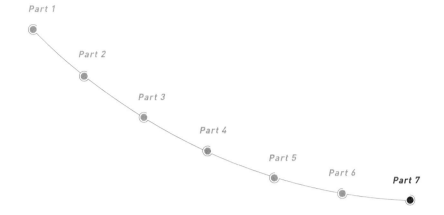

관점과 처방

미국 학교들의 중도탈락 문제를 깊이 살펴보았고 문제 해결을 위한 가장 가능성 있는 전략들을 살펴보았다. 이 책의 마지막 장들에서는 더 넓은 관점에서 우리를 둘러보고 새로운 도전을 하기 위한 기회를 가져 보려 한다. 세계의 여러 나라들은 그들의 잠재력을 충분히 개발하기 위한 교육적 이슈들을 다루고 있다. 이런 이슈의 영향으로부터 자유로운 학교나 지역사회는 없다. 문제 해결의 한 부분이 될 수 있는 관심을 나누기를 요청한다.

⓳ 교 육 · 개 혁 의 · 세 계 적 · 현 황

기술과 발달된 능력에 의해 지배되는 경쟁적 경제 하에서 고등학교 졸업은 노동 시장에서 경쟁하기 위한 기회와 취업 세계로의 입문, 가장 기초적인 생활을 보장하기 위해 필요로 되는 최소한의 요구이다. 더 많은 교육과 훈련은 나은 직업, 수입, 삶의 기회를 제공한다. 최소한의 요구조차 충족시킬 수 없는 젊은이라면, 많은 시간을 일하더라도 발전의 기회가 주어지지 않는 질 낮은 삶 속에서 젊음을 보내게 될지도 모른다.

인간자원개발부(캐나다)

학교의 중도탈락 문제는 미국의 문제만은 아니다. 자료에 따르면 극적인 결과들을 보여 주기도 하는 전지구적 문제이기도 하다. 노동력을 기초로 하는 경제에서 지식을 기초로 하는 경제로 변화하는 시점에서, 모든 국가에 있어서 21세기의 성공 여부는 교육에 달려 있다. 고령화 사회로 가고 있는 선진 국가들은 교육받고 기술적으로 잘 훈련된 노동 인구를 더욱 보호하려 들 것이다. 육체 노동에 의존하는 신흥국가들은 그들의 노동자를 퇴출시키고 기계로 대치하기 위해 고생 할 것이며, 농업사회로부터 지식정보산업을 육성해야 하는 사회로 이행하는 것은 엄청난 분화를 요구할 것이다.

신흥국가들은 빠르게 그들의 인구를 교육시켜야 하지만 대부분의 국가들은 다른 심각한 문제들, 즉 국민의 자발성이나 교육적 프로그램을 지원할 수 있는 능력 등으로 인해 많은 문제에 직면하고 있다. 아시아의 재정 위기와 동유럽과 중앙 아시아의 공산주의 붕괴는 국가적 재정문제를 악화시키고 있다. 아프리카의 많은 나라들이 내전을 겪고 있으며 사하라 사막 이남의 에이즈 창궐에 의한 파멸은 각 나라들의 교육환경에 강한 충격을 주고 있다. 어떤 나라들은 종교적 이유로 소년들은 교육하였으나 소녀들에게는 교육의 기회조차 주지 않기도 했다. 어떤 나라는 너무 가난해서 4학년 혹은 6학년까지만 교육하고 있다. 어떤 학생들은 전쟁이나 도시봉기에 의해 교육이 중단되고 있고 어떤 학생들은 가족을 돕기 위하여 학교를 중단하고 있다.

이 장에서는 세계적인 차원에서 중도탈락의 문제를 검토할 것이며 지역과 나라에 따른 유사점과 차이점을 검토할 것이다.

유럽

● 미국, 유럽, 캐나다는 성숙한 경제 체계를 갖고 있으며 개발 도상국가들과는 다른 도전에 직면하고 있다. 많은 선진 국가들은 초,중등학교에 대한 출석 기회를 보장하고 있으며 적어도 16세까지의 교육을 보장하고 있다. 강력한 직업 혹은 견습적 교육 프로그램을 갖고 있는 나라들은 다른 나라들에 비해 낮은 중도탈락률을 나타낸다.

많은 유럽 국가들은 오늘날 직장에서 요구하는 교육의 변화를 위해 교과과정을 수정하고 있다. 동시에 그들은 증가하고 있는 이민자들이 그들의 교육 체계에 잘 적응하도록 하고 있으며 교육받은 인구들의 기능적 문맹상태를 변화시키려 하고 있다. 기초적인 읽기, 쓰기, 셈하기의 능력에 어려움을 겪고 있는 인구의 10~30%에 해당하는 그룹의 핵심인 성취부진자들은 초등학교에서 기초 학습 능력검사에 불합격하고 나아가서는 중학교에서 중도탈락을 하게 된다. 1999년 경제개발협력회의OECD는 덴마크 인구의 4.3%가 학교나 직장 어느 곳에도 출석한 적이 없으며 영국의 경우는 이 비율이 19.4%에 달한다는 발표를 하였다. 유럽의 일부 학교는 학교 폭력 사건과 총기 사건을 다루기 시작하였다. 동유럽의 경우, 공산주의 붕괴가 부가적인 교육적 문제를 야기시켰다. 즉 추운 교실, 부족한 책과 도구 그리고 선생님의 임금이 지급되지 않는 재정적 문제를 안고 있다.

미국처럼 유럽 국가들도 중도탈락률을 각기 다르게 산정하고 있다. 아래의
표는 각각의 다른 중도탈락률을 크게 두 가지로 산정하여 만든 것이다. 어쩔
수 없이 이 표는 불투명성을 갖고 있다.

국 가	중등학교를 졸업한 25~34세의 인구 비율(1996)%	중도탈락 통계
오스트리아	82	
불가리아	정확한 데이터가 없음	7~16세의 학생들의 4%만이 중도탈락
키프로스	정확한 데이터가 없음	15세 이전에는 중도탈락이 없음
체코	92	없음
덴마크	74	없음
핀란드	83	1년에 약 100명 정도의 학생
프랑스	74	정확한 데이터가 없음
독일	86	의무교육과 부모의 기소에도 불구하고 매년 10%가 떠남
헝가리	80	6%의 중도탈락 비율. 소수 인종의 30~40%의 중도탈락 비율
아이슬란드	정확한 데이터가 없음	1%보다 낮음
라트비아	정확한 데이터가 없음	중도탈락 비율이 증가하고 있음
네덜란드	72	정확한 데이터가 없음
노르웨이	정확한 데이터가 없음	아주 소수의 중도탈락
폴란드	88	지방의 2%
포르투갈	32	1991~1992년 3%
러시아	정확한 데이터가 없음	19.8%
스페인	50	14세에는 100%, 15세에는 93.9% 16세에는 80.3%가 졸업을 함
스웨덴	87	중도탈락 위험의 학생들은 정기적인 교육 프로그램으로 보내지기 때문에 중도탈락은 없음
스위스	87	15세에 2%
터키	23	1994-1995년 40%의 중도탈락 비율
영국	87	현재 단지 3% 이내로 중도탈락이거나 교육목표를 실패함

David Blunkett, Secretary of State for Education and Employment, United Kingdom, "New Start in the North East", March 2000

중도탈락 통계 자료들은 다양한 기구로부터 얻은 것으로 여기에는 'The Center for Europe's Children', 'Children 1st', 'Council of Europe', 'Scottish Office', 'UNICEF', 'the World Bank', 'OECD', 'UN High Commissioner for Human Rights' 등이 포함된다.

캐나다

● 　캐나다 인적 자원 노동부는 18세에서 20세의 중도탈락자 천8백 명을 1991년에 무작위 추출하여 설문조사를 시행했다. 설문조사의 결과 높은 실업률 수준, 한 어머니 가정의 수와 빈곤한 아이들, 문맹, 가족 순수입의 감소, 시장에 대한 국제적인 경쟁 증가, 교육기관들의 효과성 등의 문제와 깊은 관련을 맺고 있다는 것을 보여주었다.

국제 시장에서의 성공을 위해서는 경제적 생산성과 기술적 혁신 그리고 잘 훈련된 고임금의 도전적이고 만족도 높은 인력이 필요하다. 1989년부터 2000년까지 새롭게 생긴 40%의 일자리는 적어도 16년 이상의 교육과 훈련을 받은 사람들을 필요로 한다. 미래의 새로운 직업들은 적어도 고교 졸업 이상 혹은 그에 상응하는 단계를 요구할 것이며 고등학교 졸업 이하의 학력으로 직업을 구하기는 거의 어려울 것이다(Human Resources Development Canada, 1995).

40%의 중도탈락자들은 학교를 떠날 때가 16세 혹은 그 이하였다. 32%는 9학년을 마치거나 9학년도 마치지 못했다. 중도탈락자들의 대다수가 한부모 가정 혹은 부모가 없는 상태, 고등학교 졸업을 중요하게 여기지 않는 부모를 둔 가정 출신이었으며 대부분 빈곤층에 해당되었다. 1991년에 캐나다는 18~21%의 고등학교 중도탈락률을 가졌었다. 이 20%의 고등학교 중도탈락자들에 대해 캐나다 국민 개인과 캐나다 사회가 짊어질 비용이 너무 높다는 보

고서가 발표되기도 하였다(Human Resources Development Canada, 1995). 중도탈락한 학생들은 중도탈락 이유를 다음과 같이 열거하였다.

◆ 학교를 좋아하지 않는다.

◆ 학교의 코스에 만족하지 않는다.

◆ 학교 규칙을 싫어한다.

◆ 선생님들과 문제가 있다.

◆ 공동 교과와 방과 후 활동에 참가하지 않는다.

◆ 다른 학생들보다 수업에 적게 참여한다.

◆ 수업을 안 듣는다.

하지만 중도탈락자들의 대다수는 학교에서 잘 지내왔었다. 그들의 37%는 학교 성적에서 주로 A학점과 B학점만 받았었다. 나머지 40% 학생들은 평균 C학점을 받았다. 또한 개인적이거나 가족 관계의 이유로 학교를 떠나게 되었다고 말한 학생들의 50%는 학점 평균이 A 또는 B였다(Human Resources Develoment Canada, 1995).

개발도상 국가

1999년 태국의 좀피엔Jompien에서 세계 각국의 대표자들은 학교 중도탈락의 영향을 인지하고 2000년까지 각국마다 교육을 개혁할 계획을 갖자고 선언하였다. 하지만 이런 선언에도 불구하고 1억1천3백만의 아동과 여성의 2/3가 여전히 학교 밖에 있다. 2000년 4월 세네갈의 다카르Dakar에서 181개 국가들의 외교관들은 '교육은 가장 기본적인 인간 권리이다' 라는 선언을 재확인했고 경제발달과 평화를 위해 교육은 가장 핵심적인 열쇠 중 하나라고 선언했다. 그 회의에 제출된 정보는 다음과 같은 내용을 담고 있었다 (Education Forum, 2000).

◆ 아프리카 사하라 사막 이남의 국가들은 교육비보다 3배나 많은 돈을 빚을 갚는 데 쓰고 있다.

◆ 인도는 무기를 사는 데 교육비 2배의 예산을 집행하고 있다.

◆ 1990년 이래로 정부의 교육 보조 예산은 25% 이하이다. 많은 학교들이 책을 사기 위한 예산을 공개하고 있다.

◆ 8억7천5백만으로 예상되는 10년 전에 비해 성인들의 문맹률이 더 높아졌다. 성인의 문자 해독률은 1970년 63%에서 1980년 80%로 증가했다. 2010년까지 문자해독률은 83%까지 증가할 것이다. 하지만 그래도 6명의 성인 중 1명은 문맹의 상태로 남는 것을 의미한다. 여성들은 성인 문맹률의 64%에 해당된다. 아프리카 성인의 40%는 문맹이며 쓰지도 못한다. 특정 서아프리카 국가의 여성은 80%가 문맹상태에 있다.

◆ 공산주의 몰락은 동유럽과 중앙 아시아 국가들의 교육에 대한 공공비용을 삭감했다.

◆ 1999년의 잠비아는 에이즈로 인해 교대 혹은 사대 졸업생 수보다 많은 선생님들이 사망했다.

◆ 코트디브와르는 매일 1명의 선생님들이 에이즈로 죽는다. 우간다에서는 15살 이하의 아이들 중 11%가 에이즈로 고아가 되고 있다. 에이즈로 인한 죽음의 80%는 아프리카에서 발생한다. 3천4백만이 넘는 어른과 아이들이 에이즈에 감염되어 있는데 이 중 아프리카에만 2천4백만 명이 살고 있다. 1만6천 명의 새로운 감염자들 중에 절반은 15세에서 24세 사이의 사람들이다.

◆ 아프리카의 많은 국가들은 학교에서도 물이 부족하다. 책상도 거의 없고

교과서는 함께 사용한다. 많은 학교들이 화장실이 없다. 선생님들은 준비되어 있지 않고 훈련도 채 되지 않은 상태이다. 하지만 많은 선생님들은 반복된 학습에 자부심을 보이지만 대부분 잘못된 신념을 가진 채 높은 기준에 대한 헌신으로 오해하고 있다. 평균 학급당 학생수는 37명부터 70명에 이른다.

◆ 잠비아의 경우 60% 이하의 학생들이 학교를 진학한다. 이들의 대부분이 중도탈락한다. 매년 초등학교에 23만2천 명이 진학하지만 7학년 전에 5만 명이 탈락하고 7학년 후에 12만 명이 중도탈락한다. 단지 2만2천 명 정도만 12학년에 이른다. 교실의 3/4만이 칠판과 분필을 갖고 있고 학생의 2/3만이 연필을 지니고 있다.

◆ E-9—세계에서 많은 인구를 가진 9개의 국가로 세계인구의 절반을 차지하는 방글라데쉬, 브라질, 중국, 이집트, 인디아, 인도네시아, 멕시코, 나이지리아, 그리고 파키스탄—에 세계 문맹인구의 3/4이 존재한다.

◆ 초등학교 입학률의 경우 1950년대 이래로 계속 증가하였는데 이를 위해 아프리카에서는 10개 이상의 요소가 관련되어 있었고 라틴 아메리카는 5개 이상의 요소, 아시아에서는 4개 이상의 요소가 관련되어 있었다.

◆ 남부 아시아의 경우 여학생들은 학교를 평균 6년 다니는데 이는 남학생에 비해 평균 3년이 적은 것이다. 농촌 지역의 경우 여학생들은 남학생에 비해 3배 이상 중도탈락률이 높다.

아랍 국가

● 15세 이하의 학생들이 학교에 다니지 않는 비율은 아랍국가들에서 가장 높게 나타난다. 4명 중 1명 약 1천만 명의 아이들이 학교에서 벗어나 있다. 아랍국가에서의 문맹 성인 총수는 670만 명이다. 레바논이 가장 낮은 5.5%이

지만 마우리타니아는 53%에 이른다. 여성의 문자해독률은 50% 정도이고 남성의 문자해독률은 70% 정도이다. 이는 여성 중 33%만이 학교를 다니고 남성은 73%가 학교에 등록하는 차이에서 오는 것이다. 대부분의 아랍국가들은 아동기 교육을 정부의 책임으로 여기지 않고 있다. 입학전 교육과 유치원 교육은 아랍국가에서 15%를 밑돌고 있다(BBC News, 2000).

라틴 아메리카와 카리브 해안의 국가들

●   낮은 출생률과 교육 개혁은 라틴 아메리카에 긍정적인 경제효과를 미치고 있다. 하지만 이 지역의 세 사람 중 한 명은 여전히 극도의 빈곤 상태에서 살고 있다. 초기 아동기와 다른 혁신적 프로그램들은 주로 중산층들이 사는 도시 지역에서 발견된다. 많은 농촌지역과 농업 사회는 학교까지의 교통수단 부족과 자금 부족으로 고민을 하고 있다. 카리브 해안의 3~5세 사이의 아동 중 80%가 유치원에 등록하고 있고 초등학교 입학은 1990년에 7천430만 명에서 1999년에 8천 680만 명으로 높아졌다. 1999년 7~14세의 아동 중 97%는 학교에 등록을 하였다. 브라질은 읽고 쓸 줄 아는 사람의 비율을 90%까지 성취했다. 멕시코는 초등학교 입학과 문자 해독 능력이 있는 사람의 비율이 100%까지 이르렀다(Education Forum, 2000).

하지만 여전히 불균형 상태는 넓게 퍼져 있다. 전체 지역의 비문맹 비율은 88% 정도이다. 우루과이의 비문맹 비율은 98%이지만 온두라스는 21%에 불과하다. 아이티와 볼리비아에선 30%가 넘는 아이들이 학교에 가지 않는다. UNICEF에 의하면 4명 중 1명이 학교에 등록하고 2/3의 학생들이 초등학교를 졸업하지 못하고 아이티의 경우 문맹률은 55%를 보이고 있다.

아시아 국가들

●   일본에서의 중도탈락 문제는 미국보다 훨씬 덜 심각하다. 많은 산업국가들처럼 일본도 빠르게 고령화 사회로 진입하고 있다. 사실 일본은 다른 어떤 산업국가보다 노령화가 빨리 진행되었다. 65세 이상의 인구가 2010년에는 전체 인구의 17.2%가 될 전망이고 2020년에는 전체 인구의 26.9%를 차지할 전망이다—미국과 비교하면 각각 12.7%, 16~17%에 해당된다— 이렇게 증가한 고령화 인구는 높은 훈련과 교육을 받은 노동력에 더욱 의지해야 할 것이다. 뉴욕 타임즈 기사에 의하면 일본은 최소한 고등학교는 마쳐야 하는 사회라고 한다. 하지만 일본도 1천만 명의 중, 고등학교 학생 중 작년에 12만 명 약 1%의 학생들이 중도탈락을 했고 2년 전에 비해 20%가 증가한 것이며 이유는 주로 자유분방한 성, 약물 중독과 청소년 범죄로 인한 것으로 추정하고 있다 (French, 2000, p. A1).

남부 아시아의 상황은 심각하다. 부탄에서는 빈곤으로 인하여 4명 중 1명의 아이는 학교를 다니지 못하고 있고 성인들의 56%만이 글을 읽을 수 있다. 아시아 개발은행에 의하면 캄보디아의 경우 교육되고 숙달된 노동력의 부족이 국가의 발전을 저해하고 있다. 아시아 개발은행에 의하면 캄보디아 정부는 교육과 건강관리에 충분한 재정을 지원하고 있지 않다. 전체 교육비 중 정부 지원분은 25%에 불과하며 인구의 40%가 학교 출석을 하지 않고 있고 32%는 문맹이며 1% 이하의 인구가 고등학교를 진학한다(Reuters, April 27, 2000).

퍼레이드 매거진Parade Magazine에 의하면(February 27, 2000, p.15), 중국에 적어도 2억 명의 어른들은 읽을 능력이 없다. 빈곤에 의해서 학교 중도 탈락을 많이 하거나 부모의 영향으로 인해 일을 교육보다 더 중요한 것으로 본다.

몇몇 국가들은 이 지역 안에서도 발전이 가능하다는 것을 보여 주었다. 17

년간이나 전쟁을 치르면서도 적당한 국가 재정을 유지한 스리랑카는 학교를 유지하였을 뿐 아니라 국민의 거의 97%가 글을 읽고 쓸 줄 알도록 성장시켰다. 그리고 여성에 있어서도 90%에 해당하는 여성들이 읽고 쓸 줄 알게 되었다. 방글라데쉬는 교육 예산이 주변 국가에 비해 2배나 되고 이를 초등학교 입학과 읽고 쓰는 능력을 키우는 데 소비한다. 반면 인도의 경우, 초등학교 입학은 여전히 71%정도에 머무르고 있다(BBC News, 2000).

서남 아시아 국가들

전쟁으로 인하여 아프카니스탄은 초등학교 연령대의 단지 4~5%만이 학교를 다닌다. 중학교와 고등학교의 출석 비율은 더 낮다. 1996년 이슬람의 법률들은 다른 주제에 비해 종교적 교육을 강조하도록 바뀌었다. 아프가니스탄에서 법으로 여성의 직장 내 취업과 여학생의 학교교육을 금지하도록 하였다. 카불과 다른 많은 도시들에서도 여학생들은 학교에 가지 않고 여성 교사들도 다른 여성 노동자들과 마찬가지로 집으로 돌려보내졌다. 세계의 아동을 보호하는 사명을 갖고 있는 유니세프는 다음과 같은 통계를 발표하였다.

◆ 개발도상 국가들의 초등학교 연령대의 1억3천만여 명 이상 아동들 중 7천3백만 명의 소녀들이 기초적인 교육없이 성장하고 있다. 이것은 초등학교 연령대의 40%에 해당하는 아동들이 결코 학교를 가지도 못하고 있으며 기초적인 교육 기회를 얻기도 전에 탈락한다는 것을 의미한다. 다른 수백만 명의 아동들은 거의 학습이 일어날 수 없는 기준 이하의 학교 환경으로 보내지고 있기도 하다.
◆ 1999년 말 기능상 문맹으로 평가되어진 사람들은 세계 인구의 1/6보다 많은 8억5천5백만 명에 이른다. 세계 문맹의 2/3는 책을 읽지 못하거나

그들의 이름도 쓸 줄 모르는 여성들이다.

◆ 학교에 참석해야 하는 횟수는 더 높아지고 유아와 가임 연령의 어머니들의 사망률은 낮아지고 있다.

◆ 모든 아이들이 학교에 참석하는 비율을 100%로 증가시키려면 향후 10년 이상의 기간 동안 70억 달러 이상의 비용이 필요하다. 이는 미국에서의 연간 화장품 소비액이나 유럽에서의 연간 아이스크림 소비액보다 적은 비용이다.

◆ 훈련된 노동력이 없는 개발도상 국가는 교육을 통하여 인간의 자원을 극대화한 국가에 비해 세계적 기업 공동체에서 인기를 얻지 못한다.

◆ 빈곤한 삶을 살아가는 사람들의 수는 6억 이상의 아동을 포함하여 12억 이상으로 증가하였다.

◆ 국제 노동기구에 의하면 개발도상 국가에서 일하는 노동자들 중 5~14세의 아동들이 적어도 2억 5천 명을 차지한다고 한다.

◆ 라틴 아메리카의 일부 지역 중에서 가장 가난한 20%의 사람들의 수입은 전체 국가 수입의 3% 이하에 해당된다.

◆ 양질의 교육은 한 세대 내에서도 사회를 변화시킬 수 있는 힘을 가지고 있다(UNICEF, State of the World's Children, 1999).

결론

선진국가들은 보통 학교 중도탈락의 문제를 해결하기 위한 교육적, 기업, 정치적 구조의 자원이나 인프라 구조들을 갖고 있으나 개발 도상 국가들은 보통 그렇지 않다. 국가의 지도자들은 미래 국가의 성장을 위한다는 명목 아래 국방비에 돈을 쏟아 부으나 교육에는 투자를 하지 않는다.

오늘 교육을 받지 않은 아동은 미래에 문맹 상태의 어른이 될 것이다. 21세기의 세계 시장의 경쟁에 있어 교육은 가장 중요한 자원이다. 교육의 잠재성은 개개인이나 개별 가족 혹은 지방정부를 넘어 국가의 경계를 뛰어넘는 것이다. 세계는 가장 기본적인 인간 권리를 아동에게 부정하는 여유를 가질 시간이 없다.

참 고 문 헌

Asian Development Outlook 2000 Report: Cambodia Development Hurt by Low Education. Reuters, April 27, 2000.

BBC News, April 26, 2000 online: www.news.bbc.couk/hi/english/world/from-our-own-correspondent/newsid-726000/726727.stm

Blunkett, David. (2000, March). "New Stat in the North East."

Education at a Glance - OECD Indicators. (1998).

Education Forum. (2000). Newsletter of the World Education Forum in Dakar.

French, Howard W. (2000). Dropouts' Career in Japan: Painting the Town. *New York Times*, March 5, 2000, p. A1.

Human Resources Development Canada. (1995). "High School May Not Be Enough."

Parade Magazine, February 27, 2000, p. 15.

United Nations Children's Emergency Fund (UNICEF). (1999). State of the World's Children.

㉒ 미국 교육개혁을 위한 처방은 무엇인가

그것은 최고의 시간인 동시에 최악의 시간이었다.

찰스 디킨스 《두 도시 이야기 》中

학교는 울타리 안에서 내일의 어른들을 키우고 있다. 그들이 책임감 있는 시민이 되려면 역사와 정치에 관한 지식을 가져야 할 것이다. 그들이 세계의 문화 유산을 존중하려면 예술, 음악, 문학을 이해하고 감상할 줄 알아야 할 것이다. 그들이 긍정적인 방식으로 사회에 기여하려면 갈등을 평화적으로 해결하는 방법을 알아야 한다. 그들이 생산적인 일꾼이 되려면 폭넓은 지식과 기술을 갖추어야 한다. 우리의 아이들이 미래에 성공적이기 위해서는 오늘 학교에서의 교육이 성공적이어야 한다.

어떤 사람도 미래에 관한 완벽한 청사진을 제시할 수는 없다. 그러나 교육과 기회 사이의 명백한 연관성을 보여줄 수는 있어야 한다. 우리는 많은 수의 학생들이 학교를 중도탈락하도록 더 이상 내버려둘 수 없다. 우리의 중요한 인적자원을 그렇게 낭비할 수는 없지 않은가. 학교는 직업을 가질 수 있도록 준비된 학생들에게 졸업의 기회를 제공해야 한다. 현재 환영받고 있지 못한 직업을 포함하여 아직 상상해 보지 않은 회사들 안에서도 학생들이 성공할 수 있도록 도와야 한다. 물론 학교의 기본적 기능이 훈련된 일꾼을 키워내는 것만은 아니지만 모든 사람들이 일을 해야만 살아갈 수 있다는 책임감은 키워야 하는 것이다.

세계적 경쟁에 대응하기 위해 교육 기준의 향상이 요구된다. 그러나 단순한 기준의 향상이 모든 학생들이 도달할 수 있는 수준이 아니라면 쓸모가 없다. 코넬대학과 미시간대학의 경제학자들은 해마다 3~7%의 비율로 중도탈락 학생들이 증가해 나갈 가능성을 발견했다. 이것은 2만6천 명에서 6만5천 명의 학생들이 매년 중도탈락하는 것을 의미한다(Teacher Magazine, May 2000). 그 학생들은 잠재적으로 미래에 수입이 낮은 직업을 선택하여 저소득층에 머무르게 될 것이다(Olson, 2000, p.6).

역으로 기준을 낮추는 것은 우리가 도움을 주고자 하는 학생들에게 또 다른 상처가 될 수도 있다. 단기적 관점에서 기준을 낮추는 것은 부진한 학생들의 자존심을 그저 추켜세워 주는 것에 불과할 수 있기 때문이다. 하지만 장기적 관점에서 보면 그것은 학생들을 준비되지 않은 상태에서 학교를 떠나게 하는 것과 다를 바 없다. 진정한 성취는 견고한 자존심의 기초 하에서만 이루어지는 것이다.

미국의 학교들은 실패하고 있는 학생들의 치료에 많은 노력을 할애하고 있다. 하지만 대부분의 노력은 단지 계절학교를 열거나 학년을 반복하도록 하는 것으로, 낙제한 학교에서 똑같은 시스템을 같은 방법으로 같은 내용으로 반복하게 하는 것에 불과하다. 이는 새삼스러울 것도 없이 많은 학생들이 다시 포기하고 중도탈락하게 만든다.

미국이 만일 21세기를 풍요롭게 하고 싶다면 모든 아동과 청소년을 위한 더 좋은 일거리들을 창출해야 한다. 그 첫번째 걸음은 어떤 아이들은 성취할 수 있고 어떤 아이들은 성취할 수 없다, 또는 어떤 아이들은 졸업할 만하지만 어떤 아이들은 그렇지 않다는 생각을 버려야 한다. 중도탈락에는 차이가 없어지고 있다. 도시, 빈곤, 인종의 문제를 넘어서고 있기 때문이다. 우리가 중도탈락이 불가피한 것이라는 신화를 받아들이는 동안, 학생들은 길거리에서 계속 넘어지고 말 것이다. 오랫동안 이어져 온 중도탈락의 신화를 새로운 개념으로 대치해야만 한다. 학생뿐 아니라 부모, 선생님 그리고 사회에 미친 폐해를 생각하면서 우리는 새로운 신념에 기초하여 행동해야만 한다.

고등학교를 졸업하지 않고 GED를 통해 고등학교 자격을 얻는 사람들의 숫자가 증가하고 있다. 1998년의 통계에 의하면 1971년에 비해 GED를 통해 고등학교 자격을 얻은 사람이 2배에 이르고 그 수는 150만 명을 넘어서고 있다. GED는 수학, 독서, 사회, 과학 그리고 쓰기를 포함하고 있는데 현재 전체 고등학교 졸업생의 1/7이 학교가 아닌 이 GED를 통해 졸업 자격을 얻고 있는 셈이다(Education Week, 2000).

이 장에서는 행동을 위한 대담한 처방을 제공할 것이다. 학교가 운영하는 방식에서나 아이들을 다루는 방법에서나 변화가 필요하다. 부모, 선생님, 선생님들을 훈련시키는 교육기관들에 큰 기대를 걸고자 한다. 지방자치체, 주정부, 연방정부의 지도자들이 새로운 교육적 기준과 목적을 설정하도록 도전하고자 한다. 기업과 미디어에도 학생들의 성취를 향상하는 데 일조하도록 요구할 것이다. 그리고 우리는 우리의 책임을 다할 것이다. 미국의 학생들이 더 이상 제대로 가치를 평가받지 못해서는 안된다.

학 교

● 　학교는 성공한 사업들이 그렇듯이 철저히 '학생-고객' 중심으로 운영되어야 한다. 학교 밖에서 오늘날의 젊은이들은 운동, 컴퓨터, 일, 놀이 모든 면에서 오히려 적극적이다. 학교는 학생들이 동등하게 참여하고 재미를 느끼며 지적으로 자극받을 수 있어야 한다. 학생들은 배움에 관해 동기화되어 있고 대부분의 학생들은 처음에는 활기찬 학습자로서 학교를 시작한다. 그러나

학교라는 체계에 오랫동안 머무르면서 학습에 대한 책임이 선생님에게로 옮겨가고 너무나 많은 학교들이 용광로에 석탄을 넣고 틀에 철을 녹이는 공장처럼 운영되어 왔다. 학교는 학생들을 수동적인 수용자로서 다루지 않아야 하며 자기 스스로 학습활동에 적극적으로 참여하는 참가자로 다루어야 한다.

학생들에게 배워야 한다는 것에 대한 합리성을 보여주어야 한다. 우리는 더 이상 분절된 지식을 가르치는 것을 중단해야 하고 전체적인 안목을 가르쳐야 한다. '무엇을 생각할 것인가'를 가르치는 데 매달리지 말고 '어떻게 생각할 것인가'를 가르치면서 문제를 잘 해결하게 하고 해석을 잘 하며 창조적으로 생각할 뿐 아니라 어떻게 동료와 협력하여 일할 것인지를 가르쳐야 한다.

사실 학교 개혁을 위한 혁신적이면서 창의적인 생각이 모자란 상태는 아니다. 우리는 효과를 증명하고 있는 전략들을 갖고 있으며 이를 선택해서 적용하는 것의 문제가 남아 있을 뿐이다.

◆ **초기 교육은 효과적이다.**

풍부한 입학 전 아동 프로그램과 그 재원을 이용할 수 있도록 만들어야 한다.

◆ **멘토링은 효과적이다.**

학생들이 개인적 훈련을 구조화하고 관계를 지지할 수 있어야 한다.

◆ **대안적 교육은 효과적이다.**

다양한 학습 스타일에 개방적인 프로그램들을 적용할 수 있어야 한다.

◆ **전문성의 발전은 효과적이다.**

선생님들을 높은 수준에서 학생들의 성취를 촉진시킬 수 있도록 훈련할 필요가 있다.

◆ **개별화 교육은 효과적이다.**

다른 장소에서 다르게 배울 수 있는 유연한 학습기회를 제공해야 한다.

◆ **교육적 기술의 발전은 효과적이다.**

가르침과 배움의 과정에서 기술에 제공하는 길을 발견할 것이다.

◆ **지역사회 협력은 효과적이다.**

학습과정을 지지하는 교실 바깥의 파트너들과 연대해야만 한다.

◆ **갈등 해결 전략은 효과적이다.**

안전하고, 양육적인 학교환경을 지지하고 제공해야만 한다. 학생들이 학교로 문제를 가져오고 학교는 그 문제를 다룰 수 있다는 것이 인식되어야 한다.

이 전략들과 또 다른 전략들—지역 공동체학습, 학교 밖 지역사회 프로그램, 직업 교육—은 초기 장에서 설명한 바 있다. 이 전략들을 효과적으로 적용한 수많은 모델들 중 중요한 것들도 소개한 바 있다. 물론 더욱 창조적인 다른 접근들도 있을 것이다. 많은 아동들이 읽기를 더 잘할 수 있도록 장학금을 조성하는 방법, 10대에게 더 많은 멘토를 연결하는 방법, 방과 후 활동을 위해 컴퓨터를 더 지원하는 방법, 저녁 시간에 학교를 개방할 수 있는 방법, 방과 후에 직업교육을 학교에서 연이어 하는 방법 등, 이러한 방법들은 학생들에게 분명 영향을 미칠 것이다. 그리고 학교 출석률을 높일 것이다. 모든 학생들에게 영향을 미칠 수 있는 학교를 만드는 길을 우리는 찾아야 한다.

학생

● 너무도 흔히 우리는 위험한 학생들이 직면하고 있는 문제들에 대한 책임을 학생들 탓인 것처럼 말해 왔다. 우리는 전통적인 교육방법이 옳다고 가정하고 그래서 실패하는 학생들에게 잘못을 그들의 탓으로 여기게 했던 것이다. '전체를 위한 하나'가 되는 교육을 강조하고 이에 저항하는 학생들을 '위

험' 상태에 있다고 보았고 그들에게 낙인을 찍어 왔다.

그러나 모든 학생에게 동일하게 어울리는 교육체계는 없다. 절대로 가능하지 않다. 학생 집단을 가장 잘 조직화할 수 있는 체계로 생각해 왔던 사람들은 이런 현실을 놀랍게 느낄 것이다. 특히 선생님으로서 학교에 돌아온 사람들은 더 놀랄 것이다. 지금 우리는 더 나은 방법을 알아야 하고 그래서 학생들에 대한 학교의 접근을 변화시켜야 한다.

학생과 학생의 배움은 학교에서 일어나는 여러 일들 중 가장 핵심에 위치한다. 학교에 참여하고 있는 학생들에게 '무엇을 더 배우는 것이 낫겠니?' 라는 물음이 끊임없이 학생들에게 주어져야 한다. 교실에서의 방해들은 학생의 배움에 그 이상의 가치를 끌어내지 못한다. 체육 수업을 하면서 그저 공을 아이들에게 던져주는 것만으로 교사의 할 일이 끝나는 것이 아니다. 설명되지 않은 복사물을 나누어 주는 교사는 학생들의 배움에 가치를 부여하지 못한다. 지도감독되지 않고 구조화되지 않은 강당은 학생들의 배움에 도움이 되지 못한다. 학교는 학생들이 배워야 하고 배울 수 있도록 다양한 기술을 사용할 수 있어야 한다. 학생들의 수행을 평가하는 것은 반드시 타당하고 진정한 방법으로 지속적으로 이루어져야 한다.

학생들은 동료들 사이에서 더 이상 경쟁만 하도록 내버려두어서는 안 된다. 대신에 각각의 학생들이 지적으로 성장할 수 있도록 돕고 이를 의미있고 책임 있게 측정할 수 있어야 한다. 학생들은 자신의 교육에 영향을 미치는 의사결정과정에서 의견을 내도록 해야 한다. 하루 6시간 동안 학생들이 원치 않는 장소에 자신을 가둔다는 느낌을 갖는다면 결국은 실패하는 교육이 되고 말 것이다.

부모

● 대부분의 경우 부모들은 아동의 첫번째이자 가장 중요한 선생님이다. 부모는 유아기부터 청소년기까지 자신의 아이를 양육하고 성장시킬 1차적 책임자이다. 비록 아이들을 학교에 보내 교육을 맡기긴 하지만 부모들의 노력 여하에 따라 아이들이 달라지기도 한다. 아동들은 자신들의 시간 중 91%를 부모의 영향 하에 있고 단지 9%만을 학교에서 보내기 때문이다. 따라서 부모에게 자녀의 학습과정을 지원하고 격려하는 방법을 배우도록 해야 하는 것이다.

통계에 의하면 부모의 관여는 학년이 올라가면서 줄어들게 된다. 학생이 학년이 올라가면서 또래 압력, 폭력, 약물 그리고 미디어로부터 영향을 더 많이 받는 반면, 부모의 개입은 줄어드는 실정이다. 부모들이 학교로 돌아와야 한다. 단지 관찰자나 후원자로서가 아니라 양육자로서 돌아와야 한다. 부모가 학교에 참여할 수 있도록 학교는 부모들의 시간적 압박을 배려해 줄 수 있어야 한다. 부모들이 직장에 나가 있거나 학생의 동생을 돌보아야 할 때 부모 모임을 만드는 것은 아무 의미가 없기 때문이다.

교사

● 21세기는 정보, 지식, 그리고 과학기술이 지배할 것이다. 교사들은 끊임없이 정보를 조달하는 사람이 되어야 한다. 현재 정보의 양이 5년마다 2배 이상이 되는 환경이기 때문에 교사들은 학생들이 정보를 지식으로 전환하는 힘을 갖게 하고 그들 스스로 정보를 다룰 수 있는 도구와 기술을 사용할 수 있게 하기 위한 안내자가 되어야 한다.

교사들은 연구와 분석, 작문, 수리적 추리력, 문제 해결, 갈등 해결을 위한 기술을 학생들에게 가르쳐야 한다. 교사들은 홀로 혹은 집단적으로 정보를 모으고 가공하고 적용할 수 있는 자신감 있고 독립적인 사람으로 발전해야 한다. 그리고 그들은 단지 교실 안에서의 혁신자로만 머무르는 것이 아니라 학교 전체의 혁신자가 되어야 한다.

교사들은 새로운 방법들을 받아들여야 한다. 오늘날 너무 많은 교실에서 교사가 존재하지 않은 채 작문시간이 이루어지고 있다. 교실에서 훌륭한 작업의 결과로 좋은 작문이 나오지 않는 이유이기도 하다.

교사들은 흔히 학생들이 무엇을 배워야 하는가가 아니라 교습 스타일과 기술에 대해 평가받고 있다. 이것은 학생들의 향상된 학습에 더 가치를 두고 변화해야 할 부분의 강조와 방향을 깨닫지 못하게 하는 원인이 된다.

또한 훈련과 경험이 부족한 교사들을 고위험 학생의 비율이 높은 학교로 발령을 내고 있다. 정부, 시장, 교육청, 감독자들과 교육기관 자체가 더 나은 판단을 해야만 한다. 위험 학생들을 조기에 적절한 책임감을 갖고 분별해 내고 특별히 고안된 프로그램과 교재들을 제공해야만 한다. 위험 인구가 많은 학교들에 더 혁신적이고 경험이 많은 교사들이 일할 수 있도록 하고 기금 마련 방안을 찾아내야 한다.

교육자들을 교육하는 방법을 변화시켜야 한다. 최근 교실 경험이 전혀 없는 학자들이 미래의 교사들을 가르치고 있다. 그 중에는 공립 학교의 경험이 전혀 없는 학자들도 있다. 교육대학의 학장들은 우리의 공교육 체계 내에서 미래의 교사들이 훈련받을 수 있도록 교육 프로그램을 조정하고 모든 아이들이 배울 수 있도록 돕는 프로그램을 훈련받을 수 있게 해야 한다. 평생 교육을 육성하기 위해 유치원부터 대학에 이르기까지 결함이 적은 교육체계로 변화되어야 한다.

의사, 치과의사 그리고 다른 전문가들은 줄곧 그들의 기술을 향상시켜 오고 있다. 반면 교사들은 그렇지 못하다. 교사들은 오직 교실 안에서만 가르치면 된다는 흔한 오해로 고통을 받고 있다. 전문적인 교사가 되려면 동료들과 협력하고 새로운 교수법들을 탐색해야만 한다. 교사는 자신이 스스로 학생으로서 지속적인 평생 교육에 참여하고 있어야 한다.

마지막으로 우리는 우리의 노력들을 조화롭게 해야 한다. 현재 교사, 학교, 지역사회 공동체 기구들이 서로 고립된 방식으로 일을 하고 있다. 따라서 유치원 교사부터 대학 교수에 이르기까지 모두 동일한 사회교육 체계 내에 있다는 것을 인식해야만 한다. 모든 학생들의 이익을 위하여 우리 자신부터 협력해서 일해 나가는 것을 배워야 한다.

정부 지도자

●　　오늘날의 미국 사회는 새로움 속에 도취되어 있다. 많은 경우, 시도되어 본 적 없고 검증되어 본 적 없으며 확대적용되기 어려운 모델들이 우리의 교육체계에 고착되려고 한다. 정치가들은 추가비용이 들지 않거나 그들이 임기를 마친 후에 그 결과를 알 수 있는 임시방편을 내놓거나, 근시안적인 사고에서 나오는 단기간의 해답만을 제시하고 있다.

지도자들은 가치롭고 높은 우선순위를 지닌 교육에 투자해야 한다. 돈을 투자해야 하는 것이다. 지방, 주정부, 연방 예산에서는 교육투자에 대한 삭감을 멈추어야 한다. 학교는 적은 기금으로 동일하되거나 더 나은 결과를 성취할 것으로 예상할 수 없는 사업이다. 아동들은 부족한 지역사회 자원을 놓고 지방 자치체와 경쟁할 수가 없는 대상이다.

교육개혁은 미국 국가 아젠다의 최상위로 옮겨져야 한다. 연방정부는 성공적인 학교와 확대적용이 가능한 모델 프로그램으로부터 얻은 결과들을 확산하고 목표를 정하고 기준과 평가방안을 만들어 주정부에 참여해야 한다. 이 또한 많은 돈을 필요로 한다.

다가올 10년 안에 미국 전역의 학교들은 대부분의 선생님과 행정 스태프들이 변화되어야할 필요성을 갖고 있다. 만일 학교들이 우수한 교사들을 고용하려면 그들의 책임감과 교육자격에 걸맞는 급여를 제공해야만 할 것이다 — 놀랍게도 어떤 공동체들은 교사들에 비해 위생 담당자에게 더 많은 급여를 제공하는 경우도 있다.

교육적 인프라 구조에 대한 관심도 필요하다. 많은 학교들이 20세기 초반에 지어졌다. 어떤 건물은 이제야 석탄 난로를 바꾸고 있다. 정부 지도자들은 교사와 학생들이 사고로부터 희생당하는 비극을 겪기 전에 이런 낡은 인프라들을 개선하는 데 비용을 들여야 한다. 어떤 주에서는 이미 교육에 드는 비용보다 교도소에 들이는 비용이 더 많기도 하다. 자료에 의하면 그 감옥 안의 3/4은 학교 중도탈락자였다. 한 사회가 자원을 교육이 아닌 것에 묶어 둔다면 그것은 분명 잘못된 것이다. 교육은 한 번 지불하면 되지만 무지는 지속적으로 치루어야 하는 댓가이다. 우리가 교도소를 위한 재원을 마련할 수 있다면 교육을 위한 재원도 마련할 수 있을 것이다.

기업체

●　　학교와 기업은 학생들이 졸업할 수 있도록 하는 과정에 깊은 공동 관심사를 나누고 있다. 중도탈락 학생들은 직업을 얻거나 경력을 쌓는 데 어려움을 겪는다. 교육과 직업이 위축되면 사회적으로는 비생산적인 선택상황, 즉 범죄와 복지의 댓가를 치루어야 한다. 따라서 기업체들은 최대한 능력을 발휘할 수 있는 적극적이고 똑똑한 취업자들을 구하고 있다. 직장에서 요구하는 기술을 학생들이 숙달하지 못하면 미국 기업들의 선택은 제한적일 수밖에 없다. 기업은 비용을 치루더라도 다른 곳으로 옮겨갈 수밖에 없다. 기업활동을 언어가 통하지 않는 다른 곳에서 하던지 학교를 향상시켜 취업자로 만들어내든지 해야 하는 것이다.

기업 공동체들은 학교에서 보다 적극적인 역할을 할 필요가 있다. 비록 많은 기업가들이 학생들의 수준에 한탄을 하지만 그들은 학교에 밀접한 관련을 갖고 도와준 경험이 많지는 않다. 긴밀한 자문과 더불어 학교와 기업이 오랜 시간 '취업-고용관계'를 협력해 나간다면 둘 모두 이익을 얻을 것이다. 기업 매니저들은 취업 문제를 학교로 가지고 들어가고 학생들에게 실제 현장에서 필요한 기술을 가르치고 면접을 지도해야 한다.

어떤 기업가들은 기업세계에서의 성공과 학생들의 성적 등급 사이에 비례적 관계가 있으면 하고 바란다. 반면, 일부 기업에서는 학생들의 성적표나 학생에 대한 자문 즉 학생의 출석, 성적 등에 관해 일체 인정을 하지 않는다. 학교의 평가를 믿지 않는 것이다. 이런 경향은 반드시 변화해야 하는 요소 중의 하나다.

교육은 21세기 경제 성공의 초석이다. 미국의 기업이 전세계 시장에서 성장하려면 세계적 수준의 공교육을 창조하는 데 초점을 두어야 한다. 많은 외국인 학생들이 수준 높은 미국의 대학들을 다니고 있다. 이 외국인들 중에 공립 학교에 다니는 사람들은 얼마되지 않는다. 미국의 초, 중등학교 학생 수는 대학생보다 훨씬 많고 학생들의 성취 수준을 높일 수 있는 길은 초,중등학교의 수준을 높이는 것이 비용에 따른 효과적 측면에서 더 크다고 할 수 있다. 그럼에도 불구하고 미국의 기업, 재단, 조직들은 여전히 대학에 기금을 제공하고 미국 교육의 근거인 공립 초,중등학교를 위한 기금의 필요성을 무시하고 있다.

기업체들이 공교육을 성장시키기 위해 투자를 한다면 더 많은 것을 얻을 수 있다. 교육계 인사들은 너무 정치가에게만 아젠다를 제시한다. 기업가들은 보통 세번째 순위를 차지하는 정도이다. 우리는 미국의 교육계, 기업계에 도전하고자 한다. 전국 교육 협의회National Education Association, 미국 교사 연맹American Federation of Teachers, 질적 발전을 위한 미국 사회American

Society for Quality, 전국 기업 연맹National Alliance for Business, 전국 제조산업 협의회National Association of Manufacturing 등 이런 기구들은 공교육 강화를 자신의 필수적 업무로 설정하고 협력해야 한다.

미디어

◉   오늘날의 거대 미디어들은 가족, 학교, 사회가 일반적으로 여기는 가치와는 다른 많은 가치들을 만들어내고 증진시킨다. 텔레비전, 라디오, 할리우드, 음반 산업, 전문 스포츠사들은 즉각적 만족, 물질 만능, 성적 매력, 부, 유흥업, 약물, 알코올, 폭력 등을 고무하고 찬양하는 반면 다양성, 헌신, 책임감, 고된 일들을 위한 교육, 공동체 활동, 갈등 해결, 존중에 대해서는 거의 관심을 보이지 않는다. 이런 공허하고 불안한 흐름을 거스르기 위해 학교는 모두를 위한 교육적 성취를 지지하고 원칙과 가치를 유지하기 위해 많은 노력을 기울인다. 우리는 미디어가 우리 사회에 혜택을 가져올 수 있는 방식으로 미국 젊은이들의 성향을 이끌어 나갈 막중한 책임이 있음을 인정할 것을 요구하고 있다. 미디어는 이윤을 만들어나가는 것만큼이나 이러한 책임에 봉사해야하는 것이다.

우리의 책임

◉   우리는 우리의 학교에 관한 자만에서 벗어나야 한다. 우리 아동들은 좋은 선생님을 만나야 하고 우리 공동체는 좋은 학교를 가져야 한다. 우리의 주정부들은 좋은 교육적 기준과 책임감을 가져야 한다. 하지만 이것만으로는 부족하다. 우리 나라의 모든 아동들이 좋은 선생님을 가져야 하고 모든 공동체들이 좋은 학교를 가져야 하며 모든 주들이 좋은 기준과 책임을 가져야 한

다. 우리는 충분한 교육과 높은 성취는 모두가 도달할 수 있는 목표가 되어야 한다고 주장한다.

경제 발전을 위한 열쇠는 공교육이다. 미국의 표면적 문제들―복지, 의료비, 세금, 범죄―의 핵심에는 교육문제가 자리잡고 있다. 그 핵심을 외면하고 사회적 문제의 해결에 도달할 수가 없다. 그리고 다른 사회제도의 변화를 시작하려면 교육문제를 개혁하는 것을 시작하지 않고서 가능할 수도 없다.

우리가 보고 있는 것처럼 교육은 또한 경제적인 이슈이다. 우리는 세계 최고의 학교들과 우리 학교들을 비교해야만 한다. 우리 기업들은 세계 시장에서 경쟁하고 있다. 미국 기업은 잘 훈련되어 있고 준비된 고용인을 원하고 있다. 미국 기업들이 미국 내에서 훈련되고 준비된 고용인을 발견할 수 없다면 기업들은 외국에서 그런 고용인들을 찾아야 할 것이다. 마찬가지로 세계는 지금 저임금, 저기술의 노동자가 넘쳐난다. 중도탈락한 학생들이 구할 수 있는 최선의 직업은 매우 제한되어 있다. 인간 자원에 대한 국가적 잠재력을 극대화하기 위해서는 모든 학생들이 학교를 유지하고 학교에서 성공할 수 있도록 도와야만 한다.

교육적 변화는 불가피하다. 우리는 제대로 기능을 하지 못하는 공교육 체계를 인내하기 어려울 정도가 되었다. 왜 공교육 체계를 개혁하지 않는지 이해가 되지 않고 어떻게 개혁할 것인지 논의가 되지 않고 누가 이 변화를 이끌어갈 것인지에 대해서도 분명하지 않다. 부모들, 기업가들, 정치 지도자들과 교육자들 모두에게 학교 개혁의 몫이 있다. 우리 모두는 교육 개혁에 도전을 해야만 한다.

한 가지 명백한 것이 있다. 미국은 공교육의 능력을 최대화해 본 적이 없고 그저 최대한의 잠재적 능력을 발휘할 수 있도록 충분히 기다려 왔다는 것이다. 그런 점에서 더 이상 우리 모두는 학교를 그만두는 학생들을 허용하는 도덕적, 사회적, 경제적 이유들을 버려야 한다.

교육은 미국을 평등하게 만드는 힘이었다. 사회적 계층의 이동을 가능하게 하고 미국사회의 경제적 격차를 줄이는 데 교육은 힘을 발휘했었다. 부모에 비해 더 나은 교육을 받은 아동들은 계층 상승을 통해 보다 나은 삶을 살았다. 격변하는 미래 경제를 위한 열쇠는 우리 전체의 교육체계를 상승시키는 것이 핵심이다.

이 책에서 소개된 15개의 효과적인 전략은 학교, 교육자, 부모, 대학, 교육 및 사범 대학들에게 많은 짐을 안기는 것일 수도 있다. 그러나 많은 학교들이 성공을 나누고 관심을 나눈다면 쉽게 벗어던질 수 있는 짐일 수도 있다.

이 책은 학교 중도탈락 문제가 교육 개혁의 핵심적 요소라고 하는 것을 강조하였다. 중도탈락 예방을 위한 15개 전략—초기교육, 가족개입, 교수 개발, 직업 교육, 지역사회 협력—의 윤곽을 소개하였다. 이런 전략을 성공적으로 수행한 프로그램들을 간략히 소개하기도 하였다. 각각의 전략은 저마다 다른 것이지만 조화롭게 추진할 수도 있으며 각각이 큰 힘을 발휘할 수도 있을 것이다.

다양한 전략을 탐색하라. 그리고 실행해 보라. 어디서든 시작하고, 빨리 시작하자. 미국의 미래는 이런 전략을 시작하는 우리들에게 달려 있다.

참고문헌

Olson, Lynn. (2000). Study Links Dropout Rate with Course Requirements. *Education Week*, March 29, 2000, p.6.

Teacher Magazine. (2000, May). Findings.

모두가 사랑으로 성장하는 학교, 사랑을 통해 깨우침에 이르는 공간

성장학교 별은 2002년도 2월에 준비를 시작해 현재까지 4년간 운영되어온, 상처받은 아이들을 위한 학교이다. 40여 명의 재학생과 상근교사 6명, 지역사회 교사 50여 명, 학부모들과 함께 성공인 아닌 사랑을 목표로 꿈과 희망을 만들어가고 있는 학교이다. 본래 치유적 대안학교 별이라는 이름으로 개교했으나 학생들의 요구로 치유라는 말을 빼고 성장학교로 바꾸었다. 민주적 학교운영과 창의적 교육, 깨우침을 통해 긍정과 낙관적 삶을 지향하는 교육을 하기 위해 노력하고 있다. 프레네 교육, 협동학습, 지역사회 학습을 중요 교과 구성원리로 하고 있으며, 학생 선택학습, 부모 희망학습, 교사 희망학습을 반영하여 교과를 구성한다. 교과만큼이나 학생과 교사, 교사와 학부모의 대화와 관계를 중시하고 학급회의를 가장 중요한 학습시간으로 생각하고 있다. 생활과 유리되지 않은 배움을 실천하기 위하여 생활예술, 생활체육, 민주적 생활, 지역사회참여 학습을 실천하며 지역사회와의 관계를 깊이 있게 추구하고자 한다. 대안교육이라는 용어에 대해 아직 신중하지만 새로운 학교이상, 학교모델을 추구하면서 한국 교육의 진화과정에 참여하고자 하는 진지한 학교이다.

학교를 살려라!
배움을 중단시키지 않는
사회로 가기

Franklin P. Schargel, Jay Smink 지음
김현수, 조경진, 성장학교 별 교사회 옮김

초판 1쇄 인쇄 | 2006년 5월 18일
초판 1쇄 발행 | 2006년 5월 22일

펴낸곳 | (주)청년의사
주소 | 서울시 마포구 신수동 99-1 루튼빌딩 2층
전화 | (02)2646-0852
FAX | (02)2643-0852
전자우편 | webmaster@fromdoctor.com
홈페이지 | www.fromdoctor.com

펴낸이 | 이왕준
편집주간 | 박재영
책임편집 | 김민아(licomina@fromdoctor.com)
디자인 | 김태린
인쇄 | 동아문화사

ISBN | 89-91232-07-8
가격 | 12,000원